IMPOSTO TERRITORIAL RURAL
Incidência, isenção e deveres instrumentais

CIP-BRASIL. CATALOGAÇÃO NA PUBLICAÇÃO
SINDICATO NACIONAL DOS EDITORES DE LIVROS, RJ

A683i

Arantes, Fernanda Teodoro
Imposto territorial rural : incidência, isenção e deveres instrumentais / Fernanda Teodoro Arantes. - 1. ed. - São Paulo : Noeses, 2021.

260 p. ; 23 cm.
Inclui bibliografia
ISBN 978-65-898880-7-9

1. Imposto territorial rural. 2. Propriedade territorial - Impostos. I. Título.

21-71198 CDU: 34:336.226.212.1(81)

Leandra Felix da Cruz Candido - Bibliotecária - CRB-7/6135

Fernanda Teodoro Arantes
Mestre em Direito Tributário pela PUC-SP. Especialista em Direito Tributário pelo IBET Instituto Brasileiro de Estudos Tributários. Professora do IBET. Juíza do Tribunal de Impostos e Taxas do Estado de São Paulo - TIT/SP. Advogada.

IMPOSTO TERRITORIAL RURAL
Incidência, isenção e deveres instrumentais

2021

editora e livraria
NOESES

Copyright © Editora Noeses 2021
Fundador e Editor-chefe: Paulo de Barros Carvalho
Gerente de Produção Editorial: Rosangela Santos
Arte e Diagramação: Renato Castro
Revisão: Microart
Designer de Capa: Aliá3 - Marcos Duarte

2021

editora e livraria
NOESES

Editora Noeses Ltda.
Tel/fax: 55 11 3666 6055
www.editoranoeses.com.br

As relações jurídicas pertencem ao domínio do concreto.

Provêm de *fatos*, que são no tempo-espaço localizados. Sem a interposição do fato, que a norma incidente qualifica como fato jurídico, não ocorre o processo *eficacial* da efetivação da relação jurídica.

Lourival Vilanova

Dedico esta obra
aos meus pais, José Humberto Prata Teodoro e
Maria Eugênia Marxsen Teodoro,
ao meu irmão, José Humberto Prata Teodoro Jr.,
ao meu marido, Marcelo Moraes Arantes e
aos meus filhos Antônio e Francisco.

AGRADECIMENTOS

Sou eternamente grata à minha família, que sempre me apoiou e acreditou no meu crescimento intelectual.

Em especial, aos meus pais, José Humberto e Maria Eugenia, que acompanharam, mesmo de longe, os esforços do meu trabalho científico, e me encorajaram a lutar para conquistar meus objetivos; ao meu irmão, Beto, que me influenciou a enfrentar os desafios do caminhar; ao meu marido, Marcelo, que me proporcionou a conquista desse sonho e acompanhou de perto, com muita sabedoria e paciência, o drama por mim vivido ao tentar conciliar a vida acadêmica, profissional e familiar; e aos meus filhos, Antônio e Francisco, que mesmo sem saberem, fizeram parte deste trabalho, principalmente ao serem privados do convívio com a mamãe em suas atividades diárias.

Às minhas tias Maria de Lourdes, Maria Inez e Maria Amélia, por me admirarem incondicionalmente e vibrarem com todas as minhas conquistas. Aos meus avós Walter e Leda, que muito se orgulhariam da neta.

À minha sogra Gilda, sogro Beto, cunhado Rafael, cunhada Ana Paula, concunhada Cintia, por me tratarem com tanto carinho, principalmente nessa fase em que muitos desencontros precisei proporcionar.

Infinitamente, ao Professor Paulo de Barros Carvalho, por ser exemplo de pessoa e profissional, principalmente por nos estimular ao aprendizado do novo, sempre com muita humildade e sabedoria. Agradeço, especialmente, pelos encontros realizados no grupo de estudos, nesses últimos três anos em que participei e pelas aulas nos créditos de Lógica, fundamentos jurídicos da incidência, no mestrado da PUC-SP.

Ao meu orientador, Robson Maia Lins, que acreditou em mim e me aceitou como sua orientanda, disposto a colaborar com o enriquecimento do meu trabalho, inclusive me apoiando na escolha do tema: o Imposto Territorial Rural.

A todos os colegas do mestrado e do grupo de estudos do professor Paulo de Barros Carvalho, que sempre estiverem atentos às minhas dúvidas e colaboraram com suas colocações.

Aos meus alunos do IBETSP, que com suas dúvidas e colocações me ajudaram a refletir sobre minhas premissas e conclusões, inclusive com o próprio conteúdo do material estudado.

A todas as amigas e colegas de profissão que foram referência e exemplo de grandes mulheres.

PREFÁCIO

O livro que os leitores têm em mãos é fruto da dedicação exemplar e dos estudos aprofundados de Fernanda Teodoro Arantes durante o mestrado na Pontifícia Universidade Católica de São Paulo – PUC-SP, concluído com êxito após excelente defesa de sua dissertação, da qual tive a honra de compor a banca examinadora na qualidade de orientador. Não surpreende que todo esse esforço tenha resultado na edição de uma obra com rigor científico e adequada sistematização, que muito acrescentará ao mundo acadêmico pela relevância e atualidade do tema.

Inicialmente, a autora fixa as premissas sobre as quais desenvolverá seu raciocínio, valendo-se do Construtivismo Lógico-Semântico como instrumento metodológico de construção de sentido e tendo, como ponto de partida, a investigação da norma jurídica em sentido amplo e em sentido estrito para, então, adentrar aos aspectos semânticos e pragmáticos do conceito de tributo. Registro que a autora, ao fixar premissas sólidas em nível de Teoria Geral do Direito, não o faz de forma solta ou graciosa, procurando sempre explicar ao leitor as razões concretas e individuais que levaram às conclusões muito bem urdidas.

Traçado o panorama geral a respeito do processo de positivação e de construção normativa que serão usados como base para o desenvolvimento teórico do trabalho, a autora tece minuciosas considerações atinentes ao estudo da regra-matriz de incidência tributária. Aqui, Fernanda Teodoro deixa bem assentada a importância de se adotar uma teoria da norma consistente, estruturada nos níveis sintático, semântico e pragmático, para bem estudar o conceito fundante do direito tributário: o tributo.

Assim, são cuidadosamente estudados cada um dos critérios do antecedente e do consequente normativo que compõe a regra de incidência tributária e a regra-matriz dos deveres instrumentais, dedicando-se, inclusive, ao exame do binômio fundamental na identificação da espécie tributária – hipótese de incidência/base de cálculo –, bem como à relação entre a materialidade e a alíquota.

Em seguida, a autora ingressa especificamente à análise do tributo que se propôs a estudar, o Imposto Territorial Rural, congregando os enunciados constitucionais que edificam a norma de competência apta a nortear a estrutura dos enunciados tributários no plano infraconstitucional.

Nessa linha, desenvolve conceitos introdutórios importantes para embasar a construção da regra-matriz de incidência do ITR, tais como a subsunção, a isenção e não incidência, a fiscalidade e a extrafiscalidade, sem se descurar um só momento da postura analítica da norma jurídica, ao mesmo tempo em que também amarra os conceitos no "plano S4", em que a arrumação das normas ganha *status* de sistema.

Sob esses parâmetros, estabelece a estrutura das normas jurídicas fiscal e extrafiscal do referido imposto, que se diferenciam, sobretudo, quanto ao critério material e à alíquota. Nesse ponto, traz interessantes reflexões a respeito do possível esvaziamento dos efeitos da extrafiscalidade, considerando as noções atuais da função social da propriedade.

Aliás, devo advertir que a leitura desta obra trouxe à baila o tema da extrafiscalidade e dos valores jurídicos constitucionais que circunscrevem seus limites e alcance, lembrando-nos de que essa discussão deve continuar como um eixo importante das discussões jurídicas doutrinárias e jurisprudenciais, precisamente porque dizem respeito aos limites da capacidade do sistema tributário de direito positivo para, além da fiscalidade que lhe é ínsita, promover políticas públicas em sentido amplo. De mais a mais, outra questão que ainda permanece nebulosa é a distinção entre os fatos jurídicos que implicam relações jurídicas de natureza extrafiscal e os fatos jurídicos (ilícitos) que implicam relações jurídicas sancionatórias, de forma que o código lícito/ilícito possa ser bem divisado no uso dessas categorias do direito positivo.

Assim, a partir das sólidas balizas consolidadas no início do trabalho, a autora enfrenta a construção da regra-matriz de incidência tributária do Imposto Territorial Rural, conferindo especial atenção à materialidade do tributo. Nesse particular, examina aspectos do imóvel rural, da fiscalidade e extrafiscalidade do ITR e das várias camadas que permeiam os conceitos e critérios da função social da propriedade privada.

No que tange ao critério quantitativo, a autora dá ênfase ao valor da terra nua e à regra isencional das áreas alagadas, explorando o caráter exemplificativo das hipóteses de isenção veiculadas na Lei 9.393/1996. Ainda, tece importantes considerações a respeito da progressividade do tributo em pauta e dos princípios da capacidade contributiva, da isonomia e do não confisco, com amparo na jurisprudência da Suprema Corte.

Enfim, investiga de forma clara e precisa cada um dos critérios da regra-matriz de incidência do Imposto Territorial Rural abordando questões polêmicas, sempre calcada nas manifestações da melhor doutrina.

Ato seguinte, aprofunda-se no estudo dos deveres instrumentais que envolvem o Imposto Territorial Rural, sem deixar de lado as manifestações do Poder Judiciário e dos tribunais administrativos sobre o tema.

A obra se encerra com o estudo de casos práticos – como a incidência do ITR nas áreas de exploração mineral e em aterros sanitários, bem como em áreas embargadas para a realização de qualquer atividade – conectando-os com o referencial teórico trazido anteriormente, de forma a possibilitar uma análise crítica de didática sobre o assunto.

Dito isso, só posso parabenizar a autora pela obra sólida, bem fundamentada teoricamente e excepcionalmente aplicada pragmaticamente, reflexo de sua intensa atividade docente e profissional. Recomendo a leitura a todos e cumprimento a Editora Noeses por mais esta obra de particular relevância para os estudos do Direito Tributário.

Robson Maia Lins

Doutor e Mestre em Direito Tributário pela PUC-SP.

Professor da Graduação, Especialização,
Mestrado e Doutorado da PUC-SP.

Professor da Especialização e Mestrado do IBET.

Ex-Presidente e atual Conselheiro do
Conselho Nacional de Educação (CNE).

Advogado.

LISTA DE ABREVIATURAS

ADA – Ato Declaratório Ambiental

APP – Área de Preservação Permanente

CAR – Cadastro Ambiental Rural

CARF – Conselho Administrativo de Recursos Fiscais

CC – Código Civil

CF – Constituição Federal

CPC – Código de Processo Civil

CTN – Código Tributário Nacional

DIAC – Documento de Informação e Atualização Cadastral

DIAT – Declaração do Imposto sobre a Propriedade Territorial Rural

ERESP – Embargos no Recurso Especial

GU – Grau de Utilização

IN – Instrução Normativa

IPTU – Imposto sobre a Propriedade Territorial Urbana

ITR – Imposto Territorial Rural

MP – Medida Provisória

RE – Recurso Extraordinário

RESP – Recurso Especial

RMIT	–	Regra Matriz de Incidência Tributária
RL	–	Reserva Legal
STF	–	Supremo Tribunal Federal
STJ	–	Superior Tribunal de Justiça
TRF	–	Tribunal Regional Federal
VTN	–	Valor da Terra Nua
VTNt	–	Valor da Terra Nua Tributável

SUMÁRIO

1. INTRODUÇÃO

Com base no método de estudo utilizado por Paulo de Barros Carvalho, sob forte influência do jurisfilósofo Lourival Vilanova, e na forma lógica, por ele desenvolvida, como estrutura mínima irredutível da norma jurídica incidental, tentaremos, durante todo o percurso deste trabalho, construir a Regra Matriz de Incidência Tributária (RMIT) do Imposto Territorial Rural (ITR), de isenção e dos deveres instrumentais.

Iniciaremos esclarecendo sobre o método do constructivismo lógico-semântico, utilizado na construção hermenêutica deste estudo científico, com o intuito de facilitar a compreensão daquele que pretende prosseguir no desenrolar do discurso, sob o crivo da verdade ou falsidade das proposições aqui construídas.

Permearemos pelo campo da teoria geral do direito para trazer seus conceitos e definição, além de critérios de classificação das unidades lógicas, para estruturar a norma jurídica e construir o ato ilocucionário na direção do ato perlocucionário que buscamos atingir, por meio do presente ato locucionário.

Além disso, transitaremos pela Constituição Federal, principalmente pelos princípios e outras normas jurídicas constitucionais que norteiam a criação do ITR, como diretrizes e balizas a serem respeitadas pelo legislador infraconstitucional.

Adentraremos pelas leis e regulamentos que instituem o ITR, como também pelas normas jurídicas produzidas pelos tribunais administrativos e judiciais, inclusive por aquelas postas no sistema pela Suprema Corte Federal, para, só então, concentrarmo-nos na construção da norma jurídica do ITR, com a elaboração da respectiva RMIT. Após um longo trajeto argumentativo, esperamos passar credibilidade e confiança sensíveis ao nosso *ethos*, por meio do *logos* aqui construído, e colher de cada um que se debruçar sobre este trabalho um bom e estimulante *páthos*, para usarmos a retórica de Aristóteles.

O estudo foi dividido em duas partes. A primeira traz esclarecimentos teóricos, sobre premissas epistemológicas, referenciais filosóficos, método de estudo e análise mais sintática e semântica da norma em sentido estrito. Na sequência, apresenta a análise normativa para construção da norma de incidência tributária, de isenção e dos deveres instrumentais do ITR, concluindo com uma análise pragmática da norma construída com o intuito de solucionar alguns casos práticos, que auxiliarão na compreensão prática do material científico elaborado.

2. MÉTODO DE ESTUDO APLICADO PARA MELHOR APROXIMAÇÃO CIENTÍFICA AO OBJETO DO CONHECIMENTO

O método de estudo que adotaremos e que fará parte da nossa experiência, a todo momento, neste discurso, é o do constructivismo lógico-semântico, desde a construção do referencial filosófico, às premissas e às conclusões, para o conhecimento da norma de incidência, isenção e dos deveres instrumentais do ITR.

2.1 Constructivismo lógico-semântico

O constructivismo lógico-semântico é uma escola e um método de estudo. Seu referencial filosófico é o da filosofia da linguagem, vertente da filosofia do conhecimento científico.

Essa forma de pensar se iniciou com o movimento conhecido como giro linguístico de Ludwig Wittgenstein e seu famoso *Tracthus logico-philosophicus*, quando se passou a considerar que o conhecimento se opera mediante a construção linguística e não mais por meio de uma relação entre sujeito e objeto, como mera ponte de ligação, teoria muito difundida pela filosofia da consciência e da verdade por correspondência.

Com essa nova forma de pensar, a compreensão dos objetos se dá pela linguagem. É a relação entre significações, de forma que daquilo que não conseguimos emitir proposição sobre, não conhecemos, por mais que exista no mundo real como objeto físico ou relato histórico. O conhecimento passou a depender da linguagem.

A filosofia da linguagem[1] ganhou força como característica fundamental do Círculo de Viena, mais precisamente do Círculo de M. Schlick,[2] movimento filosófico mais importante entre as duas grandes guerras mundiais, também chamado de neopositivismo ou de neoempirismo, pela tradição empirista[3] da Universidade de Viena.

A tendência ao rigor lógico levava ao empirismo lógico,[4] que tinha como característica fundamental reduzir a filosofia à análise da linguagem. O movimento foi pioneiro nessa opção filosófica e exerceu, sobremaneira, grande influência à filosofia contemporânea do constructivismo lógico-semântico, na criação do seu modo de pensar.

Uma das grandes contribuições desse movimento foi reduzir a filosofia a uma teoria do conhecimento, consistente em esclarecer uma realidade. Deixa de ser um sistema de significação

---

1. "Os problemas tradicionais de filosofia não passam de pseudoproblemas, visto que é possível reduzi-los a problemas empíricos, por meio da análise lógica da linguagem" (QUELBANI, Mélika. *O círculo de Viena*. São Paulo: Parábola Editorial, 2009. p. 16).

2. M. Schlick tinha excessivo apego a Wittgenstein (QUELBANI, Mélika. Ibidem, p. 14).

3. "Empírico: é o atributo do conhecimento válido, do conhecimento que pode ser posto à prova ou verificado, e opõe-se à metafísica, enquanto atributo de uma pretensão cognitiva infundada, não verificável" (ABBAGNANO, Nicola. *Dicionário de filosofia*. São Paulo: Martins Fontes, 2015. p. 377).

4. "Empirismo: corrente filosófica para a qual a experiência é critério ou norma da verdade, considerando a palavra experiência no significado de reconhecimento de que toda verdade pode e deve ser posta à prova, logo eventualmente modificada, corrigida ou abandonada" (ABBAGNANO, Nicola. *Dicionário de filosofia* cit., p. 377). "Empirismo lógico: com esse nome ou com o nome de positivismo lógico indica-se a orientação instaurada pelo *Círculo de Viena* e depois seguida e desenvolvida por outros pensadores, especialmente na América do Norte e na Inglaterra. *A característica fundamental dessa corrente é a redução da filosofia à análise da linguagem*" (grifo nosso) (Idem, p. 381).

duvidosa, e passa a se preocupar com o controle epistemológico de seus fundamentos e com a análise lógica de seus conceitos. "Essa filosofia se define, então, como a sintaxe e a semântica da linguagem científica",[5] como verdadeira gramática da ciência.

Há uma purificação da filosofia com a eliminação de todos os elementos psicológicos em proveito dos elementos lógicos, na tentativa de tornar claras e nitidamente delimitadas as proposições construídas, como atividade de esclarecimento da linguagem que se move no campo do possível, capaz de ser verificada.

Como vimos, o objeto da ciência passa a ser a verdade, o da filosofia o sentido e a "ciência não pode avançar sem proceder aos esclarecimentos de seus conceitos, ou seja, sem a filosofia".[6]

E, para que uma proposição tenha sentido, é necessário um contexto, como já ensinavam Wittgenstein e Carnap, com o movimento do giro linguístico:

> Como bem mostrou Wittgenstein (nisso seguido de Carnap), com efeito, uma proposição só tem um sentido se os termos que a compõem têm já de início uma significação e se esses termos são posteriormente conectados e organizados seguindo as regras de sintaxe.[7] Mas, apesar de necessárias, essas duas condições não são suficientes, senão um enunciado como "César é idêntico" teria sentido, dado que as duas condições enunciadas acima foram preenchidas.
>
> Na realidade, cada termo deve ter uma significação em um contexto dado [...].[8]

Isso porque o sentido se baseia na significação dada pelo contexto, pois o conteúdo semântico é dinâmico e se altera com base no contexto, devendo ser redefinido de contexto

5. QUELBANI, Mélika. A filosofia científica e o princípio do sentido. *In:* QUELBANI, Mélika. *O círculo de Viena*. São Paulo: Parábola Editorial, 2009. p. 25.

6. Idem, p. 30.

7. Essas duas condições de fato não são independentes (WITTGENSTEIN, Ludwig. *Tractatus logico-philosophicus*. Tradução de Luiz Henrique dos Santos. São Paulo: Edusp, 1993).

8. QUELBANI, Mélika. A filosofia científica e o princípio do sentido cit., p. 31.

para contexto. Por isso dizemos que a significação não é absoluta, mas dinâmica.

Nesse mesmo sentido são os esclarecimentos de Ferdinand de Saussure, que muito bem reforçou essas construções do giro linguístico, demonstrando que a significação do significante depende da relação que mantém com os outros termos da linguagem e não com a coisa a qual se refere. O exemplo utilizado para denotar tal afirmação exposto por Dardo Scavino é o seguinte:[9] "O significante 'árvore' tem uma significação na língua espanhola, mas seu sentido muda quando falamos de 'árvore de cereja' e de 'árvore genealógica'. O sentido, portanto, modifica-se de acordo com o sintagma ou com a sucessão discursiva".

É nesse sentido que seguimos nosso conhecimento. A filosofia da linguagem nos permitiu perceber que todo texto para ter sentido precisa de um contexto, pois a significação a ser criada depende do contexto no qual está inserido e não da relação do significante com o seu objeto, conforme se acreditava na filosofia da consciência e verdade por correspondência.[10]

Por exemplo, quando falamos a palavra "manga", podemos pensar na fruta, na manga da camisa, na manga de chuva, entre outros significados, mas a significação adotada dependerá do contexto.

É com base nesses referenciais da filosofia da linguagem como teoria do conhecimento científico que se baseia o

---

9. SCAVINO, Dardo. *A filosofia atual*: pensar sem certezas. Tradução de Lucas Galvão de Britto. São Paulo: Noeses, 2014.

10. "A teoria do conhecimento, originalmente, centrava-se no estudo da relação entre sujeito e objeto, fazendo-o a partir do objeto (ontologia), do sujeito (gnosiologia) ou da relação entre ambos (fenomenologia). Com base na filosofia da consciência, via-se a linguagem como instrumento que ligava o sujeito ao objeto do conhecimento, sendo a verdade resultado da correspondência entre a proposição linguística e o objeto referido. Com o advento da filosofia da linguagem, cujo marco inicial é a obra de Wittgenstein (*Tractatus logico-philosophicus*) passou-se a considerar a linguagem como algo independente do mundo da experiência e, até mesmo, a ela sobreposta, originando o movimento hoje conhecido como giro linguístico" (TOMÉ, Fabiana Del Padre. *A prova no direito tributário*. 4. ed. São Paulo: Noeses, 2016. p. 8).

constructivismo lógico-semântico, com a preocupação ao rigor semântico e sintático da proposição a possibilitar sua verificação empírica, e não enunciados ocos ou ruídos sem sentido.

Lourival Vilanova foi o pioneiro no desenvolvimento e na aplicação desse método, inclusive, por ele assim nomeado. Ao dar ênfase aos planos lógico e semântico, não desprezou o plano pragmático de toda linguagem que a ela é indissociável, pois, como vimos, não existe significação sem contexto e o contexto faz parte do plano pragmático.

Como ensina Paulo de Barros Carvalho,[11]

> O modelo constructivista se propõe amarrar os termos de linguagem, segundo esquemas lógicos que deem firmeza à mensagem, pelo cuidado especial com o arranjo sintático da frase, sem deixar de preocupar-se com o plano do conteúdo, escolhendo as significações mais adequadas à fidelidade da enunciação.

É nesse caminhar que pretendemos prosseguir, sempre nos preocupando com o arranjo lógico das frases e esclarecimentos sobre as significações adotadas para o conteúdo apresentado, na intenção da fiel compreensão do enunciado pelo enunciatário.

Ao adentrarmos no conhecimento do ITR e sua norma de incidência, realizaremos um esforço na construção de sentido do texto jurídico que nos obrigará a compor, decompor, articular, separar, organizar, desorganizar os enunciados jurídicos, analisar o contexto no qual estão inseridos para chegarmos ao conteúdo e ao sentido da mensagem legislada pela significação.

Além disso, como estamos dentro do fenômeno comunicacional que é o direito, também será importante observarmos quem é o autor da mensagem, o canal utilizado, o destinatário, se há código comum a ambos, e o contexto em que a comunicação se dá, tudo isso como forma de aproximação do nosso objeto.

---

11. CARVALHO, Paulo de Barros (Coord.). *Constructivismo lógico-semântico*. Organizado por Aurora Tomazini de Carvalho. São Paulo: Noeses, 2014. v. I, p. 4.

É com base nesses referenciais que colheremos informações para descrever conceitos a serem utilizados na construção do discurso, como importantes premissas que amarrarão as conclusões alcançadas, no objetivo de emitirmos proposições verdadeiras sobre o objeto de estudo, ou, ao menos, passíveis de verificação empírica.

Realizaremos uma tarefa de construção lógica e semântica da realidade. Esse rico método reduz o direito em linguagem. Tudo dependerá da construção que faremos da linguagem. Ao pautarmos o conhecimento científico no referencial filosófico do giro linguístico, o sentido nunca será extraído do texto, mas construído de acordo com os referenciais de cada um e com o contexto no qual o texto é vivenciado.

Como exemplificado diversas vezes por Paulo de Barros Carvalho, não é possível extrair a significação da água. Ao vermos a água dentro de um copo, teremos de construí-lo porque são planos distintos. Primeiro temos o signo, aquilo que nos é representado, que nos possibilita pensar no seu significado que nos leva à respectiva significação.

Outra afirmação, também muito utilizada em seu grupo de estudos, que serve para reforçar o que já dissemos linhas acima, é a de Paulo de Barros Carvalho, ao afirmar que não existe texto sem contexto. E exemplifica: se pensarmos numa placa com os seguintes dizeres: “proibido usar biquíni”, a qual conclusão chegaremos? Qual mensagem ela quer transmitir? Depende. Se estiver na entrada de uma praia de nudismo terá um significado e se estiver na porta de uma igreja, outro.

O contexto dá sentido ao texto. Por isso a importância de sempre contextualizarmos nossas afirmações. Já a interpretação literal não nos permite ir ao contexto, e acaba por nos oferecer soluções simplistas e descomprometidas; a compostura frásica do direito é apenas o ponto de partida para a sua compreensão.

Conforme avalia Paulo de Barros Carvalho, o desprestígio da interpretação literal é algo que dispensa meditações mais profundas, bastando recordar que, prevalecendo como método de interpretação do direito, seríamos forçados a admitir que os meramente alfabetizados, quem sabe com o auxílio de um dicionário de tecnologia jurídica, estariam credenciados a identificar a substância das mensagens legisladas, explicitando as proposições de significado da lei.[12]

Além disso, a interpretação literal do texto não permitiria mais de uma conclusão, todos teríamos de chegar à mesma conclusão, já que o sentido estaria na própria literalidade.

Um exemplo pragmático da interpretação literal recente é em relação ao art. 1.035 em conjunto com o art. 1.037 do CPC de 2015 que assim determina:

> Art. 1.037. Selecionados os recursos, o relator, no tribunal superior, constatando a presença do pressuposto do *caput* do art. 1.036, proferirá decisão de afetação, na qual:
>
> I – identificará com precisão a questão a ser submetida a julgamento;
>
> II – determinará a suspensão do processamento de todos os processos pendentes, individuais ou coletivos, que versem sobre a questão e tramitem no território nacional;

Na decisão de afetação pelo art. 1.036, de matéria a ser julgada em repercussão geral ou em recurso repetitivo, os tribunais inferiores, como o Tribunal Regional Federal da 3ª Região, vêm entendendo que se na decisão de afetação não estiver expressamente determinada a suspensão do processamento de todos os processos que versem sobre igual questão, estes não deverão ser suspensos, conforme decisão a seguir proferida nos autos do Recurso de Apelação em Mandado de Segurança 0003638-08.2013.4.03.6130, pelo Desembargador Federal Fábio Prieto, da Sexta Turma, publicado em 12 de setembro de 2017:

12. CARVALHO, Paulo de Barros. Poesia e direito – o legislador como poeta: anotações ao pensamento de Flusser. *In:* HARET, Florence; CARNEIRO, Jerson Carneiro (Coord.). *Vilém Flusser e juristas*. Comemoração dos 25 anos do grupo de estudos de Paulo de Barros Carvalho. São Paulo: Noeses, 2009. p. 64.

PROCESSO CIVIL. AGRAVO INTERNO. REPERCUSSÃO GERAL. SUSPENSÃO DO ART. 1.037, II, CPC: NÃO APLICÁVEL. IPI. INCIDÊNCIA NO DESEMBARAÇO ADUANEIRO E NA SAÍDA DO PRODUTO.

1. O art. 1.035, § 5º, do Código de Processo Civil de 2015, dispõe que, nos processos em que reconhecida a repercussão geral, no Supremo Tribunal Federal, a suspensão será determinada pelo Relator. Não houve tal determinação, no caso concreto.

2. O Superior Tribunal de Justiça, em julgamento realizado no regime de que tratava o art. 543-C, do Código de Processo Civil de 1973, afirmou a legalidade da incidência tributária na saída da mercadoria importada.

3. A incidência tributária tem fundamento nos arts. 46, inciso I, e 51, parágrafo único, ambos do Código Tributário Nacional, recepcionados pela Constituição Federal.

4. Agravo interno conhecido, em parte, e improvido.

Essa forma de aplicação dos arts. 1.035 e 1.037 do CPC de 2015 não condiz com o sentido e com a estrutura lógica da própria norma, não considera uma interpretação sistemática do Código, tampouco o contexto do texto.

Na análise lógica fica fácil perceber que o comando normativo determina como deve ser a decisão de afetação. Reconhecida a afetação, é obrigatório identificar precisamente o tema e suspender os demais processos de igual teor. Não é uma faculdade, uma permissão ou uma hipótese alternativa entre os incisos.

Assim, se houver afetação, deve existir tanto a identificação do tema quanto a suspensão dos demais processos, ou seja, o simples fato de assim não constar na decisão de afetação não permite interpretar que a sua falta autoriza a não suspensão dos demais processos de mesmo tema.

Além disso, fazendo uma compreensão semântica da norma, fica fácil perceber pelo contexto que o que se preza atualmente (e o que se prezava na época da construção do novo Código de Processo Civil) era – e ainda permanece – a uniformização da jurisprudência, a razoabilidade, a economia processual, a isonomia, a segurança jurídica, a não discriminação e a previsibilidade do direito.

Esse é o contexto tanto da norma posta quanto do momento atual do julgador, motivo pelo qual o sentido da norma não pode ser outro: dada a afetação deve haver a consequente e imediata suspensão dos demais processos.

Esse exemplo demonstra como muitas vezes uma aplicação rasa da norma, sem se aprofundar na sua estrutura sintática e definição semântica, prejudica o sistema jurídico e a sociedade, trazendo maior descrédito aos julgadores.

Por isso, veremos ao longo do nosso discurso que a análise normativa deve privilegiar os três planos (sintático, semântico e pragmático), sem os quais conduz o intérprete a erro, facilmente verificável, quando de uma análise empírica.

Assim, para não cometermos tal equívoco, salientamos a importância de termos referenciais bem delimitados, e premissas bem construídas, que sustentarão a conclusão do discurso, conforme a narrativa vai se amarrando lógica e semanticamente, dando sentido à significação que a leitura do texto jurídico nos desperta, na construção da norma jurídica.

Em boa hora são os esclarecimentos de Aurora Tomazini de Carvalho[13] sobre o constructivismo lógico-semântico como método de estudo:

> "Constructivismo", porque o sujeito cognoscente não descreve seu objeto, o constrói mentalmente em nome de uma descrição. E assim o faz, amparado num forte referencial metodológico, que justifica e fundamenta todas as proposições construídas, desde que estas estejam estruturalmente e significativamente amarradas a tais referenciais, o que justifica o "Lógico-Semântico" do nome. O cientista constrói seu objeto (como a realidade que sua teoria descreve) a partir da ordenação lógica e semântica de conceitos.

Conforme explica Tárek Moysés Moussallem,[14] "o direito como objeto cultural nasce de uma escolha humana,

13. CARVALHO, Aurora Tomazini de. *Curso de teoria geral do direito.* O constructivismo lógico semântico. São Paulo: Noeses, 2009. p. 15.

14. "A existência do direito positivo é resultado da intervenção do homem junto ao mundo circundante, é um objeto cultural e, por assim ser, traz consigo todas as

responsável por dizer, como deve ser o direito, por ato de valoração, ou seja, recorta as condutas sociais que devem ser normadas e como devem ser regradas".

O nosso desafio será exatamente construir a significação interpretativa desse texto jurídico, advindo de um ato de fala, posto no sistema, por ato de valoração, com todos os vícios da linguagem inerente ao nosso objeto de aproximação que é a linguagem.

Para isso, tentaremos utilizar um discurso estruturado, com conteúdos claros, que possibilite o acompanhamento preciso, pelo enunciatário, da verdade sobre as normas jurídicas do ITR.

Acreditamos tratar de suma importância a apresentação desses esclarecimentos epistemológicos iniciais. Entendemos que facilitará a compreensão do interlocutor que, ao acompanhar o texto, poderá se socorrer desses contornos que ditarão o tom do discurso.

Com essa dinâmica em mente, será possível induzir ou deduzir a conclusão e só depois confirmá-la, ou infirmá-la se houver algum vício de linguagem, por uma experiência epistemológica.

Para finalizarmos esse capítulo, relevante levarmos conosco o conceito do constructivismo lógico-semântico, método de trabalho que nos guiará a refletir, investigar e construir as proposições jurídicas válidas dentro do sistema jurídico, com um discurso verdadeiro.

Em suma, conforme resumiu Aurora Tomazini de Carvalho,[15] com a clareza discursiva que lhe é inerente,

> [...] Se o direito é texto temos que saber como lidar com textos e entender que o sentido é uma construção do intérprete. Isto

---

características inerentes aos objetos culturais" (MOUSSALLEM, Tárek Moysés. *Revogação em matéria tributária*. São Paulo: Noeses, 2005. p. 51).

15. CARVALHO, Aurora Tomazini de. *Curso de teoria geral do direito*. O constructivismo lógico-semântico cit., p. 38.

> torna tudo mais fácil, porque deixamos de gastar esforços em procurar um conteúdo nos documentos normativos. E nos voltamos para a construção de uma interpretação mais elaborada, que convença.

O direito como texto nos obriga a conhecer nosso objeto de estudo com utilização de métodos de aproximação e amparados na filosofia da linguagem.

2.2 Planos da linguagem

Como no Constructivismo lógico-semântico o objeto de análise é a linguagem, e toda linguagem tem três planos: sintático, semântico e pragmático, indissociáveis, nada mais prudente que tecermos breves comentários sobre esses instrumentos de construção do discurso científico aos quais nos socorreremos a todo instante, ao adotarmos o método constructivista, pautado na filosofia da linguagem, como teoria do conhecimento.

2.2.1 Plano sintático

No plano sintático, ao analisarmos o direito como linguagem preocuparemo-nos em reduzi-lo ou traduzi-lo em linguagem formal, assim como o fez Paulo de Barros Carvalho ao criar a regra matriz de incidência tributária.

Essa tarefa nos obriga a decompor, desarticular, analisar, recortar, para avançarmos na construção da proposição jurídica, por uma perspectiva lógica, ou seja, por uma forma jurídica, daí a importância de conhecermos a lógica jurídica, mais precisamente a lógica deôntica, a lógica das normas.[16] Para isso, valeremo-nos das lições de Lourival Vilanova.

O direito usa uma linguagem prescritiva, exerce sua função de prescrever comportamentos jurídicos, mesmo ao

16. VILANOVA, Lourival. *Estruturas lógicas e o sistema do direito positivo*. Prefácio à 1ª edição. 3. ed. São Paulo: Noeses, 2005. p. 20.

utilizar formas declarativas. Portanto, é responsável por dizer como deve ser o comportamento nas relações intersubjetivas, sendo a permissão (P), a obrigação (O) e a proibição (V), seus modais deônticos. Com base nessas construções relacionais modalizadas do dever ser, orienta o comportamento humano na ordenação prescritiva, ou seja, posta no sistema jurídico, e as estruturas lógicas lhe oferecem sustentação.

Um dos axiomas da lógica é o da não contradição. Duas normas contraditórias não podem ser simultaneamente válidas. Se uma é válida a outra é, necessariamente, contraválida, é uma relação simétrica. A lógica não diz qual das duas é válida, para isso é necessário outra norma que assim disponha, de igual ou maior hierarquia.

Assim, sempre que formarmos uma proposição sobre o nosso objeto devemos nos preocupar com a estrutura interna e com a articulação com outras proposições, numa relação de proposições, unidas por conectivos ou operadores lógicos que realizam atividade sintática de relacionar proposições: e, ou, se ... então.

Dos operadores lógicos, apenas o negador é monádico, ou seja, se refere à fórmula situada imediatamente à sua direita; os demais são diádicos ou binários.

Como conectivos entre proposições temos i) a conjunção "e" representada pelo (.); ii) o condicional "se então" representado pelos (→, ⇒, ⊃); iii) o bicondicional "se e somente se" representado pelos (↔, ≡, ⇔); iv) o disjuntor includente "e, ou" representado pelo (^); v) o disjuntor excludente, "ou" um exclui o outro, representado pelo (≠); e o vi) negador representado pelo (¬), que são necessários para analisarmos as tabelas de verdade, cuja verdade da fórmula molecular depende da verdade da fórmula atômica.

A forma lógica se manterá constante, mesmo que os enunciados sejam falsos, pois, para verificar a verdade dos enunciados requerem-se critérios extralógicos, conforme ensina Lourival Vilanova.[17] Segundo o autor, a validade indepen-

17. VILANOVA, Lourival. *Estruturas lógicas e sistema de direito positivo* cit., p. 46.

de da correção gramatical e da verdade empírica, conforme o exemplo a seguir: "toda árvore é um metal, esta coisa é uma árvore, então esta coisa é um metal". Podemos dizer que é formalmente válido o enunciado, porque é válida a propriedade da forma lógica de se relacionar.

A lógica nada informa sobre o mundo, fato, coisa, relação, ciência, física etc., ela nos fornece fórmulas lógicas compostas de variáveis e de constantes. As variáveis são os sujeitos e predicados (categoremas) e as constantes (sincategoremas) são functores que ligam proposições (interproposicionais), ou articulam internamente essas proposições (intraproposicionais) ou quantificam os sujeitos, como: todo, algum, é, e, não, ou, se – então, se e somente se – então.

A estrutura da fórmula lógica é formada sempre por constantes que conferem relação entre as matérias dadas pelas variáveis. Como ocorre na norma jurídica em que temos uma hipótese "H" e um consequente "C" que são duas variáveis conectadas pelo functor constante (dever ser), interproposicional, e no consequente C temos uma relação obrigacional, conectada por um functor intraproposicional (dever ser) modalizado.

O que pretendemos é chegarmos à abstração para alcançarmos a fórmula lógica que são estruturas articuladas com variáveis e constantes que levam à construção da forma inferencial. Ex. S é P (todo homem é mortal) – Sócrates é homem – Sócrates é mortal.[18]

A fórmula lógica possui sua linguagem, com vocabulários para os símbolos de constantes e os símbolos de variáveis e as regras para sua construção dotada de sentido sintático. Evita-se a ambiguidade e multisignificados ao retirar o véu da fórmula lógica, ou seja, ao converter a fórmula em proposição concreta, como linguagem interpretada que é a lógica, pois ela tem seu ponto de partida na linguagem, no caso, a linguagem jurídica, e a ela volta pela desformalização.

---

18. Idem, ibidem.

Uma das regras da lógica é a substituição. Quando formalizamos em "x" certa pessoa ou coisa ou proposição, devemos sempre substituir pela mesma coisa, ou seja, deve existir uniformidade na substituição para a mesma variável.

No direito tributário essas variáveis se exprimem em estar permitido, obrigado ou proibido, a depender da modalização deôntica do functor (sincategorema) intraproposicional, porque a função do direito não é descrever os comportamentos intersubjetivos, mas regulá-los como devem ser. É implicacional. A lógica empregada é a deôntica e não a alética (do ser).

O "dever ser" é o functor das linguagens normativas, e sendo o direito uma norma, o dever ser estará sempre presente na sua linguagem.[19]

Modalização do dever ser será sempre em permitido (P), obrigatório (O) ou proibido (V), ou seja, divide-se em três modais para regrar a conduta pelo legislador. O quarto excluído seria o necessário, pois uma norma que prescreve como deve ser a conduta necessária carece de sentido, assim como aquelas que prescrevem o que é factualmente proibido. O direito só pode incidir no campo do possível.

Com base nessas informações iniciais da lógica nos respaldaremos para a análise sintática do enunciado jurídico na construção da proposição normativa. Procuraremos utilizar

---

19. "O dever-ser é o operador diferencial da linguagem das proposições normativas, um de cujos subdomínios é o do direito. As regras técnicas do fazer, as regras dos usos e costumes, as regras gramaticais do falar corretamente, as regras da etiqueta e das convenções sociais, são do tipo das p-normativas. O dever-ser tem a categoria sintática de um sincategorema, quer dizer, é uma significação ou conceito incompleto, não por-si-bastante para perfazer um esquema ou fórmula bem construída. Na proposição 'dado o fato de ser homem, dever-ser a personalidade (jurídica)', com os categoresmas refiro-me a entidades do mundo e a qualificações que se lhe adjudicam como propriedades num universo de normas de direito. Mas, o "dever-ser" a coisa, a pessoa, a ocorrência nenhuma se refere. Exerce o papel de um conceito funcional (Pfaender, Logic, págs. 185-188), diferente de conceitos de objeto. Ou então de um conceito relacionante. Mas, cifra-se sua presença em cumprir funções sintáticas. Neste sentido, é o conceito ou termo lógico funcional. O dever-ser é o modal específico das proposições normativas, uma das subclasses sendo as do direito" (VILANOVA, Lourival. *Estruturas lógicas e sistema de direito positivo* cit., p. 69).

esses princípios da lógica deôntica sempre que o trabalho científico assim o desejar.

2.2.2 Plano semântico

No plano semântico pretendemos nos aproximar da linguagem que participou da constituição do direito positivo, partindo do signo para o significado, chegando à significação.[20]

Nesse plano focaremos nossos esforços na estrutura trilateral ou triádica relacional de Husserl: (i) no suporte físico teremos o nosso ponto de partida, com o conjunto dos textos do direito; (ii) o significado é aquilo que o texto nos remete, representa, repertório comum da nossa língua; e (iii) a significação é construída com base no repertório, conhecimento anterior, e contextualização do jurista, a ideia, conceito. Fácil perceber que essa tarefa irá variar de observador para observador, pois muito dos referenciais de vivência daquele que se dispõe a interpretar o enunciado jurídico interferirá na construção do sentido.

Toda construção de sentido é valorada. Interpretar é atribuir sentido ao texto e valores aos símbolos. Para melhor definirmos essa estrutura trilateral ou triádica de todo signo, o faremos com uma denotação exemplificativa.

Se lermos a palavra "carro" como suporte físico, saberemos dizer o que significa carro, mas a imagem que cada um constrói do carro em sua mente será a significação, que se alterará de contexto para contexto e de pessoa para pessoa.

Outro exemplo para ilustrar esse triângulo semiótico é trazido por Aurora Tomazini de Carvalho:[21]

---

20. "A linguagem não só fala do objeto (Ciência do Direito), como participa de sua constituição (direito positivo) o que permite a ilação forte segundo a qual não podemos cogitar de manifestação do direito sem uma linguagem, idiomática ou não, que lhe sirva de veículo de expressão. Mantenho presente a concepção pela qual interpretar é atribuir valores aos símbolos, isto é, adjudicando-lhes significações e, por meio dessas referências a objetos" (CARVALHO, Paulo de Barros. *Direito tributário*: fundamentos jurídicos da incidência. 9. ed. São Paulo: Saraiva, 2014).

21. CARVALHO, Aurora Tomazini de. *Curso de teoria geral do direito.* O constructivismo lógico-semântico cit., p. 27.

> A palavra "cadeira", por exemplo, é um signo: as marcas de tinta "CADEIRA" gravadas no papel é o seu *suporte físico*. Este suporte físico refere-se a uma realidade individualizada, por nós conhecida como "assento para uma só pessoa, com costas" – seu *significado*. E, suscita na mente de quem lê e o interpreta um conceito (ideia), variável de pessoa para pessoa, de acordo com os valores inerentes a cada um, que é a sua *significação*.

Como exposto por Paulo de Barros Carvalho,[22] "por analogia a símbolos linguísticos quaisquer, é válida a construção segundo a qual o texto escrito está para a norma jurídica tal qual o vocábulo está para sua significação".

Ou seja, o sentido do signo não está nele mesmo, mas, sim, na relação com a realidade que exprime, e o plano semântico está exatamente aqui, em analisar o conteúdo significativo atribuído ao texto jurídico.[23]

Os elementos colaterais influenciam muito nessa construção de sentido dos textos jurídicos ao decodificá-lo, pois, todo texto está inserido num processo histórico cultural, na ideologia social de sua época de positivação e da sua época de interpretação, contextos não jurídicos que dialogam com o texto jurídico, uma intertextualidade externa muito importante que molda as valorações do intérprete na análise interna do contexto jurídico.

Em outras palavras, sem a intertextualidade interior e exterior ao texto não seria possível interpretá-lo. A atividade interpretativa recai tanto na análise interna do texto quanto externa a ele, sobre circunstâncias históricas nas quais o texto foi produzido, como também sobre a atual circunstância

---

22. CARVALHO, Paulo de Barros. Poesia e direito – o legislador como poeta: anotações ao pensamento de Flusser cit., p. 65.

23. "O ingresso no seu plano semântico possibilita a análise dos conteúdos significativos atribuídos aos símbolos positivados. É nele que lidamos com os problemas de vaguidade, ambiguidade e carga valorativa das palavras e que estabelecemos a ponte que liga a linguagem normativa à conduta intersubjetiva que ela regula" (CARVALHO, Aurora Tomazini de. *Curso de teoria geral do direito*. O constructivismo lógico-semântico cit.).

histórica vivida no momento da interpretação, pois não há texto sem contexto.[24]

Conforme Paulo de Barros Carvalho, ao explicar a diferença entre texto e contexto, como textos internos e externos, "fala-se numa análise interna, recaindo sobre os procedimentos e mecanismos que armam a estrutura do texto, e numa análise externa, envolvendo a circunstância histórica e sociológica em que o texto foi produzido". E complementa Aurora Tomazini de Carvalho: "a primeira análise tem como foco o texto como produto do processo comunicacional e a segunda recai sobre o texto enquanto instrumento de comunicação entre dois sujeitos, abarcando as manifestações linguísticas e extralinguísticas".[25]

O texto interno não existe sem o texto externo, um depende do outro. O texto externo é responsável por criar o texto interno e o texto interno volta-se ao externo, mas pela perspectiva não de quem o positivou, mas sim de quem o interpreta, que o contextualiza para lhe outorgar sentido.

A análise histórico-evolutiva da sociedade pode dizer muito sobre o significado da norma ao considerarmos que a norma regula as condutas humanas na direção de certos valores desejados pela sociedade, como linguagem de segundo grau. Mas isso ocorre na perspectiva daquele que a interpreta, tanto para construir o significado quanto a significação.

---

24. "Desse modo, podemos mencionar o texto segundo um ponto de vista interno, elegendo como foco temático a organização que faz dele uma totalidade e sentido – operando como objeto de significação no fato comunicacional que se dá entre emissor e receptor da mensagem – e outro corte metodológico que centraliza suas atenções no texto enquanto instrumento da comunicação entre dois sujeitos, tomado agora como objeto cultural e, por conseguinte, inserido no processo histórico-social, onde atuam determinadas formações ideológicas. Fala-se, portanto, numa análise interna, recaindo sobre os procedimentos e mecanismos que armam sua estrutura, e numa análise externa, envolvendo a circunstância histórica e sociológica em que o texto foi produzido" (CARVALHO, Paulo de Barros. *Direito tributário, linguagem e método*. 5. ed. São Paulo: Noeses, 2013).

25. CARVALHO, Paulo de Barros. *Direito tributário*: fundamentos jurídicos da incidência cit.

A vontade do legislador, como interpretação autêntica, ou seja, como criador da norma, nada diz sobre a norma, pois nunca chegaremos na vontade do legislador. O processo de construção da norma vai muito além disso. Ingênuo é aquele que ainda acredita existir uma única vontade alcançável.

Dizemos isso com a maior convicção, pois, recentemente, acompanhamos a criação de uma norma de perto, assessorando juridicamente a Deputada Federal relatora da MP do Funrural 793, de 2017, que acabou se tornando a Lei 13.606 de 2018.

Nossa função era justamente garantir que o desejo da deputada estivesse no texto, tarefa de construção de sentido, ou seja, mera interpretação. No entanto, considerando os vários arranjos envolvendo os demais partidos, a Fazenda Pública, o Presidente da República e a sociedade, muito pouco do que era a vontade da deputada relatora pode ser reconhecido, hoje, com a publicação e a positivação da norma. São muitos os arranjos políticos que dificultam, ou melhor, impossibilitam qualquer crédito para se definir o sentido da norma com base na vontade do legislador.

Com esse relato, o que queremos dizer é que a vontade da norma está na finalidade a qual pretende alcançar, finalidade esta que será construída com base no texto, referencial histórico-cultural e o contexto do texto e do jurista, independentemente da vontade daquele que aparece como seu criador ao ser positivada.

Desse raciocínio comunga Aurora Tomazini de Carvalho:

> [...] Neste sentido, a atribuição de um conteúdo ao texto não está vinculada ao que o emissor (legislador) quis dizer, muito menos à vontade da lei. Embora seja construída em nome dessas prerrogativas, está relacionada unicamente aos vínculos que se estabelecem entre os textos, os referenciais histórico-culturais e o contexto de cada intérprete.[26]

---

26. CARVALHO, Aurora Tomazini de. *Curso de teoria geral do direito.* O constructivismo lógico-semântico cit., p. 33.

Nesse sentido, o direito, visto como um objeto complexo, com vícios inerentes à linguagem (palavras ambíguas e potencialmente vagas), construção e contextualização por aquele que o interpreta, considerando se tratar de uma linguagem de segundo grau, e objeto comunicacional, deve-se manter íntegro às finalidades pretendidas, adequando-se às rápidas mudanças sociais.

Conforme observado por Paulo de Barros Carvalho,

> É curioso notar que o direito positivo, sendo, como é, um subsistema do sistema social total, mesmo que paralisado no campo da produção legislativa, equivale a dizer, ainda que suas normas gerais e abstratas permaneçam imutáveis, sem qualquer atualização de forma, continua em movimentação, alterando-se no tempo, o quadro de suas significações. O fenômeno se explica por força, principalmente, da maleabilidade dos planos semântico e pragmático.[27]

Essa adequação do sistema jurídico à realidade social, preservando a função da norma a ser atingida, ocorreu, recentemente, com a definição de livro para a aplicação da imunidade constitucional, estando dentro dessa classe os livros *on-line*. Isso, porque a função, o valor proposto com a imunidade tributária é o acesso fácil ao fomento à leitura. O valor maior, portanto, vai além do intuito meramente arrecadatório, mas é cultural, educacional.

Por isso, dizemos que a semântica de toda palavra é dinâmica, se altera com a pragmática, principalmente nos dias atuais, com o aumento da tecnologia e da velocidade das informações.

Essa alteração semântica é natural e ocorre justamente porque o legislador não pode prever em dado momento histórico a evolução dos padrões culturais futuros.

Em muitas normas, entretanto, essa finalidade não fica tão clara e o esforço interpretativo é ainda uma exigência muito maior, como, por exemplo, a celeuma na amplitude

27. CARVALHO, Paulo de Barros. *Direito tributário*: fundamentos jurídicos da incidência cit., p. 158-159.

significativa do vocábulo "gênero", muito bem retratada pela União de Juristas Católicos de São Paulo.[28]

Assim como na definição do conceito do ICMS a ser excluído da base de cálculo do Pis/Cofins, entre o destacado ou recolhido, reconhecida como a tese do século a ser pacificada pelo STF no julgamento do RE nº 574.706 que firmou entendimento de que o ICMS não compõe a base de cálculo do Pis/Cofins.

2.2.3 Plano pragmático

No plano pragmático estamos diante dos usos das normas, como elas são aplicadas, postas no sistema jurídico, revogadas do sistema jurídico, são os atos de fala expedidos dentro de um contexto. E a significação adotada dependerá exatamente da pragmática, ou seja, do contexto em que o ato de fala foi utilizado.

Quando a norma é posta no sistema jurídico por um ato de fala do agente competente, sua função pragmática é a de prescrever uma conduta, assim como o aplicador do direito o faz ao aplicar a norma para o caso concreto ou suspender sua aplicação para determinado caso por ineficácia, assim como o próprio legislador o faz ao revogar a norma. Essas são formas de uso da linguagem jurídica prescritiva, o plano pragmático da linguagem, que nos permite chegar ao contexto, indissociável da sintática e da semântica.

Em outras palavras, pragmática nada mais é que a relação do signo com o contexto. Ou seja, é a pragmática que dá sentido ao texto, e como não há texto sem contexto, a pragmática estará sempre presente no direito por meio dos atos de fala.

28. "A ideologia de gênero é uma negativa do princípio constitucional, já desfigurado pelo STF, quando se auto-outorgou poderes constituinte para estender o conceito constitucional de família a uma 'família biologicamente impossível' [...] O certo é que a ideologia de gênero busca negar a natureza. Busca criar uma 'nova natureza' não biológica, lastreada na manipulação da consciência da juventude, ao sustentar que as crianças nascem sem sexo definido, devendo escolher o gênero que desejam adotar, ainda quando crianças" (MARTINS, Ives Gandra da Silva. *Ideologia de gênero*. São Paulo: Noeses, 2016. p. 5).

A pragmática nos proporciona investigar os usos da linguagem pelos atos de fala, em seu aspecto prático, como agente competente, local, datas do evento, do fato e da publicação, as relações jurídicas, obrigações e significação para chegarmos ao contexto que é o seu uso.

Em suma, na pragmática a investigação do contexto é fundamental para a análise do uso da linguagem jurídica. É ela quem dá sentido ao texto posto no sistema jurídico por ato de fala.

Como ensina Clarice Von Oertzen de Araújo,[29]

> [...] chegando ao exame da dimensão pragmática da ordem jurídica, estamos nos dirigindo ao seu aspecto mais positivo, concreto. O estudo da incidência não deixa de possuir uma dimensão pragmática, a qual será tanto maior quanto for o grau de concretude das normas examinadas. A dimensão pragmática de uma ordem jurídica cresce em razão direta à sua positivação.

Ou seja, é o uso da linguagem com a emissão de atos de fala jurídicos que irão contextualizar a situação concreta para chegarmos à significação do texto jurídico, fornecendo dados que nos permita a construção de sentido.

Assim, podemos dizer que o plano pragmático ocorre com os atos de fala, ou seja, quando temos linguagem jurídica posta no sistema, que nos permitirá chegar ao contexto jurídico.

Imperioso constatar que o direito positivo se constitui por atos de fala, portanto, não há direito sem linguagem. Conforme ensina Tárek Moysés Moussallem,[30] "o fato jurídico não ocorre fora do mundo linguístico do direito positivo. A mesma sorte seguem os conceitos de norma, de relação, de revogação, de direito adquirido, etc.".

---

29. ARAÚJO, Clarice Von Oertzen de. Semiótica e investigação do direito. *In:* CARVALHO, Paulo de Barros (Coord.). *Constructivismo lógico-semântico*. Organizado por Aurora Tomazini de Carvalho. São Paulo: Noeses, 2014. v. I, p. 146.

30. MOUSSALLEM, Tárek Moysés. *Revogação em matéria tributária* cit., p. 62.

Assim, sempre que estivermos diante de um ato de fala jurídico, fatos jurídicos enunciativos, teremos, necessariamente, marcas desse ato, enunciações, que nos levará a um contexto. A pragmática estará exatamente nessa relação entre o signo e o contexto.

Se a pragmática está nessa relação entre o signo e o contexto, e para que tenhamos o signo, necessário um ato de fala jurídico, podemos concluir, então, que a enunciação presente no enunciado jurídico é que nos possibilitará chegar ao contexto.

A enunciação dos atos de fala normativos é responsável por nos levar ao contexto. Sem ela, o contexto seria inatingível. As marcas da enunciação não são o contexto em si, mas o veículo que nos levará ao contexto do texto.

Como nos ensina Tarek Moysés Moussallem,[31]

> os fatos enunciativos nos permitem construir o evento da enunciação normativa. É a linguagem constituindo a realidade [...] Se, por um lado, o sujeito é o criador do enunciado, por outro, o enunciado é criador do sujeito, tudo se passando em uma continuidade linguística.

Nesse sentido, entendemos que a investigação do plano pragmático de qualquer ato de fala jurídico está estritamente interligada com as marcas da enunciação, que nos permitirão chegar ao contexto do texto. Outro, no entanto, é o contexto daquele que interpreta o texto. Esse dependerá de cada um, é cultural. A ideologia de quem interpreta sempre estará presente e será realizada por ato de valoração.

2.2.4 Percurso gerador de sentido

O percurso gerador de sentido organiza, estrutura os passos que percorremos, ao interpretar. Essa elucidação é extremamente importante e nos conscientiza sobre uma atividade

31. MOUSSALLEM, Tárek Moysés. *Fontes do direito tributário*. 2. ed. São Paulo: Noeses, 2006. p. 62.

muitas vezes feita de forma automática. Essa consciência dos passos que damos ao interpretar nos alerta para os cuidados que devemos ter, principalmente quando estamos diante de textos jurídicos, compostos pela linguagem e seus vícios.

O percurso gerador de sentido estará sempre presente na nossa atividade interpretativa, conforme acrescenta Paulo de Barros Carvalho:

> A interpretação consiste em enfrentar o percurso gerador de sentido, abrindo espaço para que o texto possa dialogar com outros textos, no caminho da intertextualidade, em que se instala a conversação das mensagens com outras mensagens, numa trajetória sem fim, expressão eloquente da inesgotabilidade das significações.[32]

O percurso gerador de sentido se inicia desde o nosso primeiro contato com o texto, quando encontramos enunciados soltos que nos remetem aos seus significados para a construção das significações. Com essa construção mental passamos a conjugá-los até que tenhamos uma frase com sentido completo, no caso, uma prescrição deôntica, que nos permita analisá-la perante o sistema jurídico, em relação de subordinação e coordenação com outras normas. Essa é a trajetória da interpretação do texto jurídico, pois, só assim será possível conhecer o direito.[33]

Em síntese, nossa tarefa interpretativa na construção da norma jurídica de incidência do imposto territorial rural será, além de percorrer pelos três planos da linguagem, construir sentido ao texto, por uma atividade que denominamos percurso gerador de sentido, composta por quatro planos, definidos por quatro sistemas, denominados de S1, S2, S3 e S4.

32. CARVALHO, Paulo de Barros. Poesia e direito – o legislador como poeta: anotações ao pensamento de Flusser cit., p. 57.

33. "Tudo isso, porém, não nos impede de declarar que conhecer o direito é, em última análise, compreendê-lo, interpretá-lo, construindo o conteúdo, sentido e alcance da comunicação legislada" (CARVALHO, Paulo de Barros. *Direito tributário*: fundamentos jurídicos da incidência cit.).

No plano do sistema S1, temos o nosso primeiro contato com o texto. São os diversos enunciados, tratados como a forma expressional do texto, postos no ordenamento jurídico de forma solta e desordenada. A leitura de cada um deles nos remeterá a um significado. Compreender todos os artigos, parágrafos, incisos, alíneas, tudo que faz parte do documento normativo, ainda o plano físico, textual, conforme nos aparecem. Para ilustrar, o enunciado "a alíquota é de 10%" está no plano do S1, inicialmente, e suscitará uma significação.

Como ensina Paulo de Barros Carvalho,[34]

> É oportuno recordar que a palavra "enunciado" quer aludir tanto à forma expressional, matéria empírica gravada nos documentos dos fatos comunicacionais, como ao sentido a ele atribuído. Assim, os enunciados pertencem à plataforma da literalidade textual, suporte físico de significação, ao mesmo tempo em que participam do plano de conteúdo, com o sentido que necessariamente suscitam. Distingue-se, por isso, o enunciado da proposição por ele expressa.

No plano do sistema S2, adentraremos na significação que os enunciados nos remetem, ou seja, saem da condição de meros enunciados na plataforma da literalidade, para o campo do conteúdo, como proposições que construímos em nossa mente, cada uma com a sua significação, construção valorativa do exegeta.

Vamos compondo os sentidos (proposições)[35] e organizando na nossa mente a mensagem que nos vai sendo sugerida, conforme interpretamos o texto, tarefa associativa de significados e significações, em que observamos, além do sentido dos enunciados, o órgão produtor e o procedimento de produção.

---

34. CARVALHO, Paulo de Barros. *Direito tributário*: fundamentos jurídicos da incidência cit.

35. "Todavia, a porção que nos interessa do enunciado, neste momento, é a proposicional, vale dizer, a substância significativa que se pode adjudicar à base material que lhe dá sustentação física. Proposição, não no sentido da Lógica Clássica, como expressão verbal de um juízo, mas enquanto conteúdo de significação constituído a partir da fórmula gráfica do enunciado" (Idem, p. 114).

Nesse sistema, observamos os modalizadores deônticos utilizados pelo legislador, lembrando que mesmo que a forma seja declarativa a função será sempre prescritiva, e a finalidade que se pretende em regular certa conduta também estará presente na construção da proposição legal.

São, ainda, compreensões isoladas dos enunciados, recortados pelo exegeta, dentro dos diversos outros enunciados existentes no sistema.

De fato, conforme esclarece Paulo de Barros Carvalho,

> o sentido é constituído ao longo de um processo, iniciado, na hipótese, pela percepção visual das letras, dos vocábulos, e das partículas que unem os vocábulos, organizando formações mais amplas. É o ser humano que, em contacto com as manifestações expressas do direito, vai produzindo as respectivas significações. Daí a asserção peremptória segundo a qual é a interpretação que faz surgir o sentido, inserido na profundidade do contexto, mas sempre impulsionada pelas fórmulas literais do direito documentalmente objetivado.[36]

É nesse caminhar interpretativo que se encontra o plano do S2, na construção significativa dos enunciados, com base na significação de cada exegeta.

Essa fase do domínio das significações isoladas dos enunciados é muito importante. Nela devemos interpretar as modalizações implícitas aos enunciados na formação da proposição.

Por exemplo, o art. 1.036 do CPC de 2015 que assim prescreve:

> Sempre que houver multiplicidade de recursos extraordinários ou especiais com fundamento em idêntica questão de direito, haverá afetação para julgamento de acordo com as disposições desta Subseção, observado o disposto no Regimento Interno do Supremo Tribunal Federal e no do Superior Tribunal de Justiça.

36. Idem, p. 117.

Ou seja, esse enunciado traz uma obrigação como prescrição implícita a ele. O legislador ao dispor "haverá afetação" determinou uma obrigação. A modalização do dever ser é obrigatória porque a finalidade da norma é a segurança jurídica, a previsibilidade do direito, a uniformização jurisprudencial, de acordo com o contexto atual.

No plano do sistema S3, fazemos uma construção de sentido das proposições, não mais isoladamente, mas de forma agrupada em estrutura ordenada, com significação deôntica de sentido completo.

Nesse plano temos a norma jurídica,[37] entendida como o conjunto articulado das significações normativas, buscadas pelo exegeta para se chegar à regra jurídica, agora ordenada, de forma a orientar a conduta jurídica, com antecedente e consequente específicos, relação obrigacional definida.

Como ensina Paulo de Barros Carvalho, nesse plano do S3 temos

> Não mais um ente isolado, que pode ser visto, na sua soledade, como alguma coisa que porta os traços de pertinência a certo conjunto normativo. Mais do que isso, é o próprio domínio, reduzido a sua expressão mais simples, tanto em termos sintáticos como nas proporções semânticas e pragmáticas.[38]

No plano S4 temos o vínculo de coordenação e subordinação com o sistema jurídico das normas construídas. Assim, entre todas as normas jurídicas construídas nos socorreremos

---

37. "O jurista científico que descreve o Direito não se identifica com a autoridade que põe a norma jurídica. A proposição jurídica permanece descrição objetiva – não se torna prescrição. Ela apenas afirma, tal como a lei natural, a ligação dos fatos, uma conexão funcional [...] assim como a lei natural é uma afirmação ou enunciado descritivo da natureza, e não o objeto a descrever, assim também a lei jurídica é um enunciado ou afirmação descritiva do Direito, a saber, a proposição jurídica formulada pela ciência do Direito, e não o objeto a descrever, isto é, o Direito, a norma jurídica" (KELSEN, Hans. *Teoria pura do direito*. 8. ed. Tradução de João Baptista Machado. São Paulo: Martins Fontes, 2015. p. 89-90).

38. CARVALHO, Paulo de Barros. *Direito tributário*: fundamentos jurídicos da incidência cit., p. 121.

da análise hierárquica e de subordinação entre elas, para adequarmos a correspondente conduta social ao sistema jurídico no qual está inserida.

Enquanto no S1 temos o primeiro contato com o texto, ainda no seu plano de expressão, como suporte físico, ao lermos vamos interpretando e atribuindo sentido, entramos no campo da significação S2, ainda isolada dos enunciados prescritivos, mas já recortando[39] aqueles enunciados que nos interessam na construção normativa, como comando prescritivo de conduta, contextualizando e atribuindo sentido ao texto lido, no S3 temos a organização sistemática da significação desses enunciados jurídicos, já com sentido deôntico completo, de forma estruturada, que serão analisados conjuntamente em relação de hierarquia e de subordinação, como estrutura sistêmica S4.[40]

Com esses esclarecimentos iniciais estamos nos aproximando da construção da norma jurídica, pois já temos condições de interpretar o texto, com base nas ferramentas do percurso gerador de sentido exposto, em complemento ao conhecimento dos planos da linguagem. Entretanto, ainda precisamos avançar no conhecimento da sua estrutura, para chegarmos aos seus critérios de validade e de pertencimento ao conjunto normativo, em sentido amplo e estrito.

---

39. "O corte, como toda cisão técnica, responde a interesses imediatos de aproximação cognoscitiva, oferecendo as condições mínimas para a descritividade própria do discurso científico" (CARVALHO, Paulo de Barros. *Direito tributário*: fundamentos jurídicos da incidência cit., p. 131).

40. "Os quatro subsistemas pelos quais se locomovem obrigatoriamente todos aqueles que se dispõem a conhecer o sistema jurídico normativo: a) o conjunto de enunciados, tomados no plano da expressão; b) o conjunto de conteúdos de significação dos enunciados prescritivos; c) o domínio articulado de significações normativas; e d) os vínculos de coordenação e de subordinação que se estabelecem entre as regras jurídicas" (CARVALHO, Paulo de Barros. *Direito tributário, linguagem e método* cit., p. 186).

3. NORMA JURÍDICA COMO OBJETO DE ESTUDO

Ao estudarmos a norma jurídica, importante termos em mente que o direito é composto por normas jurídicas válidas[41-42] e que toda norma jurídica é implícita ao texto normativo, pois são significações feitas pelo intérprete.[43] Não é algo explícito ao texto, tampouco que possamos extrair dele, mas uma atividade de construção linguística.

Partimos da premissa de que toda norma jurídica, para ser válida, deve ser posta no sistema por agente competente e obedecer determinado procedimento.[44] Essa é uma investigação

---

41. "A validade não deve ser tida como predicado monádico, como propriedade ou como atributo que qualifica a norma jurídica. Tem *status* de relação: é o vínculo que se estabelece entre a proposição normativa, considerada na sua inteireza lógico-sintática e o sistema do direito posto, de tal sorte que ao dizermos que uma norma 'n' é válida, estaremos expressando que ela pertence ao sistema 'S'. Ser norma é pertencer ao sistema, o 'existir jurídico específico' a que alude Kelsen. Antes de sua admissibilidade pelo ordenamento, falemos de outra entidade, porque norma jurídica ainda não será" (CARVALHO, Paulo de Barros. *Direito tributário*: fundamentos jurídicos da incidência cit., p. 97-98).

42. "O direito é o conjunto de normas jurídicas válidas num dado país" (CARVALHO, Aurora Tomazini de. *Curso de teoria geral do direito.* O constructivismo lógico-semântico cit., p. 281).

43. "Tenho insistido na tese de que normas são as significações construídas a partir dos suportes físicos dos enunciados prescritivos" (CARVALHO, Paulo de Barros. *Direito tributário, linguagem e método* cit., p. 185).

44. "Mas o propósito jurídico-dogmático é verificar se a norma existe. E *existir* a norma significa *se é válida*, se tem vigência por ter sido posta por processo previsto no ordenamento" (VILANOVA, Lourival. *Estruturas lógicas e o sistema de direito positivo* cit.).

probatória necessária sempre que formos analisar a validade da norma. Entretanto, como nesta obra a investigação está no campo de construção da norma de incidência do ITR, deixaremos para outra oportunidade a investigação da validade da norma jurídica, mas consideraremos essa premissa, como observador,[45] para a construção da norma jurídica de incidência tributária válida do ITR.

Sobre a teoria da norma jurídica, imperioso traçarmos algumas considerações antes de nos aproximarmos da construção da norma jurídica que estipula a incidência tributária do ITR, ao descrevermos os aspectos de possível ocorrência e prescrevermos a definição dos critérios da obrigação tributária.

A construção da estrutura da norma jurídica em sentido estrito será muito útil para a aproximação do nosso objeto de estudo, que é a construção da norma jurídica de incidência, de isenção e dos deveres instrumentais do ITR. Priorizaremos a construção da norma primária incidental, mais de índole material, à norma secundária, mais de índole processual,[46] o que justifica a importância de delimitarmos esses conceitos sobre as normas jurídicas.

3.1 Norma jurídica em sentido amplo

O termo norma jurídica é ambíguo. Para solucionar tal amplitude semântica, Paulo de Barros Carvalho propôs o

---

45. "Os participantes seriam órgãos do sistema de direito positivo que interpretam e aplicam normas, produzindo, assim, mais normas. Esses sujeitos positivam suas interpretações. Já os observadores, diversamente, expõem aquilo que entendem da leitura dos textos legais. Fixam conceitos, classificações e sugerem como deve ser entendida uma norma. Ao fazer isso, produzem doutrina, ciência jurídica, não direito positivo" (GAMA, Tácio Lacerda. *Competência tributária* – fundamentos para uma teoria da nulidade. 2. ed. São Paulo: Noeses, 2011. p. 134-135).

46. "A Teoria Geral do Direito refere-se à relação jurídica prevista na norma primária como de índole material, enquanto a estatuída na norma secundária seria de direito formal (na acepção de processual, adjetiva)" (CARVALHO, Paulo de Barros. *Direito tributário*: fundamentos jurídicos da incidência cit.).

seguinte uso para a expressão, conforme orienta Aurora Tomazini de Carvalho:

> (i) "normas jurídicas em sentido amplo" para designar tanto as frases, enquanto suporte físico do direito posto, ou os textos de lei, quanto os conteúdos significativos isolados destas; e (ii) "normas jurídicas em sentido estrito" para aludir à composição articulada das significações, construídas a partir dos enunciados do direito positivo, na forma hipotético-condicional (H -> C), de tal sorte que produza mensagem com sentido deôntico completo.[47]

As normas jurídicas em sentido amplo podem, nesse sentido, ser aplicadas tanto para o texto como enunciado jurídico, quanto para a significação dos enunciados prescritivos positivados em textos jurídicos, apresentados em frases soltas, com significações próprias, mas sem construir uma unidade jurídica completa. Ainda deverão ser conjugados com outros enunciados para a construção do sentido normativo prescritivo implicacional da conduta relacional.

Conforme ensina Paulo de Barros Carvalho,[48] "as normas são da ordem das significações. Em sentido amplo, quaisquer significações".

A partir da afirmação do professor, mais uma vez, fica fácil perceber que a norma jurídica não está no enunciado jurídico,[49] mas sim na significação construída a partir desses enunciados jurídicos, motivo pelo qual entendemos que as normas jurídicas em sentido amplo ocupam o plano do S1 e S2 no percurso gerador de sentido.

---

47. CARVALHO, Aurora Tomazini de. *Curso de teoria geral do direito*. O constructivismo lógico-semântico cit., p. 285.

48. CARVALHO, Paulo de Barros. *Direito tributário, linguagem e método* cit., p. 185.

49. "Sucede que as construções de sentido têm de partir da instância dos enunciados linguísticos, independentemente do número de formulações expressas que venham a servir-lhe de fundamento. Haveria, então, uma forma direta e imediata de produzir normas jurídicas; outra, indireta e mediata, mas sempre tomando como ponto de referência a plataforma textual do direito posto" (CARVALHO, Paulo de Barros. *Direito tributário*: fundamentos jurídicos da incidência cit., p. 47).

Entretanto, conforme ressaltou Aurora Tomazini de Carvalho,[50]

> quando separamos metodologicamente os planos em que o sistema jurídico se apresenta, as dúvidas com relação à expressão "norma jurídica" vão desaparecendo, na medida em que nos utilizamos dos termos "enunciado", "texto de lei" e "proposição" para denotar as unidades dos planos S1 e S2 e "norma jurídica" apenas quando aludimos às significações deonticamente estruturadas (presentes nos planos S3 e S4).

O que a autora[51] sugere é a utilização do termo correto para cada um dos quatro planos da linguagem, como

> (i) S1 – plano físico (enunciados prescritivos); (ii) S2 – plano das significações isoladamente consideradas (proposições jurídicas); (iii) S3 – plano das significações estruturadas (normas jurídicas); S4 – plano da contextualização das significações estruturadas (sistema jurídico).

De fato, muita confusão há na utilização da expressão norma jurídica. Para amenizarmos sua ambiguidade, importante esclarecermos sempre em que sentido ela está sendo utilizada, conforme fez Robson Maia Lins,[52] ao tratar da norma jurídica utilizada para denotar lei e texto de lei:

> Lei e texto de lei abrigam conotações distintas, notadamente na jurisprudência constitucional. A palavra lei é predominantemente usada no sentido de norma jurídica; ao passo que texto de lei significa a literalidade, suporte físico. Para nosso estudo estipulamos que lei é uma espécie de norma jurídica. Já a expressão "texto de lei" é usada para conotar apenas o suporte físico, sem significação.

Isso porque toda definição de conceito ajuda na compreensão do texto e aproximação do objeto, motivo pelo qual faremos esses cortes com delimitações semânticas.

---

50. CARVALHO, Aurora Tomazini de. *Curso de teoria geral do direito*. O constructivismo lógico-semântico cit., p. 285.

51. Idem, p. 284.

52. LINS, Robson Maia. *Controle de constitucionalidade da norma tributária*: decadência e prescrição. São Paulo: Quartier Latin, 2005. p. 51.

3.2 Norma jurídica em sentido estrito

As normas jurídicas em sentido estrito são um juízo hipotético condicional, entre um acontecimento fático de possível ocorrência previsto no antecedente e uma relação jurídica obrigacional prevista no consequente, ou seja, uma construção descritiva de determinada conduta que prescreve uma relação jurídica. Como ensina Paulo de Barros Carvalho, "são aquelas que se articularem na forma lógica de juízos hipotético-condicionais: Se ocorrer o fato 'F', instalar-se-á a relação 'R' entre dois ou mais sujeitos de direito (S' e S'')".

Nesse sentido, a norma jurídica é juízo condicional construído pelo intérprete, a partir da significação de um ou mais enunciados jurídicos, haja vista que, na maioria das vezes, um único enunciado jurídico, como artigo de lei, não será suficiente para construir o juízo hipotético condicional.[53] Na construção do mínimo irredutível do deôntico,[54] como nos ensina Paulo de Barros Carvalho,[55] "tudo isso se dá porque firmamos a norma jurídica como unidade mínima e irredutível de significação do deôntico". Ou, como o mínimo necessário, para que a comunicação seja bem-sucedida, composta pela associação de duas ou mais proposições prescritivas estruturadas consoante a fórmula lógica dos juízos condicionais, como significações construídas a partir dos textos positivados.[56]

---

53. "De fato, o discurso produzido pelo legislador (em sentido amplo) é, todo ele, redutível a regras jurídicas, cuja composição sintática é absolutamente constante: um juízo condicional, em que se associa uma consequência à realização de um acontecimento fáctico previsto no antecedente" (CARVALHO, Paulo de Barros. *Direito tributário*: fundamentos jurídicos da incidência cit., p. 42-43).

54. "Normas jurídicas são unidades de manifestação do deôntico. O conjunto dessas unidades normativas conforma o sistema jurídico" (BARRETO, Paulo Ayres. Ordenamento e sistema jurídicos. *In:* CARVALHO, Paulo de Barros (Coord.). *Constructivismo lógico-semântico*. Organizado por Aurora Tomazini de Carvalho. São Paulo: Noeses, 2014. v. I, p. 259).

55. CARVALHO, Paulo de Barros. *Direito tributário*: fundamentos jurídicos da incidência cit., p. 43.

56. CARVALHO, Paulo de Barros. *Direito tributário, linguagem e método* cit., p. 129.

Nesse sentido, fica fácil perceber que um mesmo enunciado jurídico poderá ser utilizado para a construção de outras normas jurídicas, conforme se articula com os demais enunciados jurídicos compondo o juízo hipotético-condicional.[57]

Como comando normativo que deve revestir-se de uma estrutura formal para transmitir uma mensagem completa ao destinatário, entendemos que as normas jurídicas em sentido estrito denotam as unidades do plano S3, no percurso gerador de sentido, conforme já demonstrado *supra*, quando da construção dos quatro planos do percurso gerador de sentido

Nessa mesma perspectiva são os ensinamentos de Aurora Tomazini de Carvalho:[58]

> Em termos gerais, quando nos referimos à "norma jurídica" utilizamo-nos da expressão em sentido estrito. Tendo-se em conta o percurso gerador de sentido dos textos jurídicos, a norma jurídica em sentido estrito aparece no terceiro plano (S3), como significação construída a partir dos enunciados do direito positivo estruturada na forma hipotético-condicional "D (H -> C)".

Logo, sempre que nos reportarmos à norma jurídica em sentido estrito estaremos tratando da estrutura hipotético condicional, presente no plano S3.

3.2.1 Estrutura da norma jurídica em sentido estrito

A estrutura da norma jurídica em sentido estrito, ou seja, de manifestação jurídica da mensagem com sentido completo, conforme ensina Paulo de Barros Carvalho,[59]

> é formada por uma proposição-antecedente descritiva de possível evento do mundo social, na condição de suposto normativo,

---

57. "Ela é um juízo estruturado na forma hipotético-condicional, estrutura mínima necessária para se construir um sentido deôntico" (CARVALHO, Aurora Tomazini de. *Curso de teoria geral do direito.* O constructivismo lógico-semântico cit., p. 287).

58. CARVALHO, Aurora Tomazini de. *Curso de teoria geral do direito* – o constructivismo lógico-semântico cit., p. 286.

59. CARVALHO, Paulo de Barros. *Direito tributário, linguagem e método* cit., p. 131.

> implicando uma proposição-tese, de caráter relacional, no tópico do consequente. A regra assume, portanto, uma feição dual, estando as proposições implicante e implicada unidas por um ato de vontade da autoridade que legisla.

Nessa estrutura, teremos uma proposição tese ou antecedente que descreve o possível acontecimento de um evento e a proposição consequente em que quando ocorrido o evento previsto prescreve a relação jurídica obrigacional que deverá nascer.

Entre a proposição tese e a proposição consequente haverá necessariamente um "dever-ser" neutro unindo as proposições, por um ato de vontade de quem legisla, interproposicional, também denominada de functor-de-functor.

A norma jurídica pode ser identificada por simbolismo lógico da seguinte forma D [F -> (S' R S")]. Desformalizando, teríamos: dado o fato "F" deve ser a relação jurídica entre os sujeitos S´e S". Essa estrutura estará sempre presente em toda norma jurídica, é a descrição de um evento de possível ocorrência relacionado a uma consequência por um dever-ser neutro.

O antecedente da norma jurídica deverá descrever sempre um fato de possível ocorrência, ou seja, os fatos nele descritos devem pertencer ao campo do possível, caso contrário tratar-se-ia de um sem sentido deôntico.

Segundo Lourival Vilanova,[60] "se for factualmente necessário, ou factualmente impossível uma conduta ou um fato, resultará num sem-sentido estatuir proposição normativa contraposta ao curso natural da coisa".

Para ilustrar, imaginemos uma norma que determina ser proibido trafegar na faixa de ônibus, mas ao entrar no percurso daquela rua o condutor deve trafegar pela faixa de ônibus antes de passar para a faixa dos carros, e justamente nesse ponto tem uma câmera que flagra tal violação. Nesse caso, estamos diante de uma conduta impossível de ser cumprida pelo destinatário

60. VILANOVA, Lourival. *Estruturas lógicas e o sistema de direito positivo* cit., p. 89.

da norma ao ser regulada sua conduta intersubjetiva como proibida, sem que seja possível não realizar a infração.

Estaria, portanto, comprometido o seu lado semântico, pois regula como proibida uma conduta impossível; se é proibido cumprir deve ser dado o direito de não cumprir, caso contrário estará incidindo no campo do impossível.

Conforme explica Lourival Vilanova:[61]

> Relacionamento importante é o que se mantém entre os *modais deônticos* (proibido, obrigatório e permitido) e os modos, digamos, *ontológicos*: o que as normas prescrevem, requerem o contexto das possibilidades fácticas. Se a norma prescreve o que factualmente é impossível, carece de sentido (a Terra não deve – está obrigada – girar em torno do Sol); ou se prescreve o que factualmente é necessário (todo curso de águas de um rio está obrigado a seguir o declive), também carece de sentido. Tem *sentido sintático*, mas não tem *sentido semântico*.

Na proposição tese ou consequente teremos sempre uma obrigação modalizada em obrigatório (O), permitido (P) ou proibido (V), por um dever-ser intraproposicional, ou functor deôntico, que aproxima os sujeitos em que um tem o dever de cumprir e o outro o direito de exigir.[62]

Essa modalização é a mesma para ambas as partes. Isso significa que se um dos sujeitos é obrigado a cumprir, o outro é obrigado a receber. Além disso, os critérios informativos do consequente devem guardar relação com o fato que lhe deu causa, pois este é causa daquele.[63] Em outras palavras, escolhido o evento

---

61. VILANOVA, Lourival. *Estruturas lógicas e o sistema de direito positivo* cit., p. 72.

62. "O dever-ser transparece no verbo ser acompanhado de adjetivo participal: 'está obrigado', 'está facultado ou permitido', 'está proibido' (sem falar em outros verbos como 'poder' no presente ou futuro do indicativo). Transparece, mas não aparece com evidência formal. É preciso reduzir as múltiplas modalidades verbais à estrutura formalizada da linguagem lógica para se obter a fórmula 'se se dá um fato F qualquer, então o sujeito S´, deve fazer ou deve omitir ou pode fazer ou omitir conduta 'C' ante outro sujeito S´´' que representa o primeiro membro da proposição jurídica completa" (VILANOVA, Lourival. Idem, p. 91).

63. "Este é um limite lógico às escolhas do legislador: a proposição consequente deve guardar relação semântica com a proposição antecedente, de modo que o sujeito, sob o

jurídico na proposição antecedente, a consequência na proposição tese deve guardar referência com a hipótese normativa.

A relação obrigacional prescrita no consequente normativo deve ser entre sujeitos, podendo ser entre um sujeito com outro sujeito (uniunívoca ou biunívoca), entre um sujeito com vários sujeitos (uniplurívoca), entre vários com um sujeito (pluriunívoca) e entre vários com vários sujeitos (pluriplurívoca). Essas são as únicas combinações possíveis.

Conforme formalizado por Maria Ângela Lopes Paulino Padilha,[64] são possíveis as seguintes estruturas: "a) H implica C (relação unívoca); b) H' H'' H''' implica C (relação pluriunívoca); c) H' H'' H''' implica C' C'' C''' (relação pluriplurívoca); d) H implica C' C'' C''' (relação uniplurívoca).[65]

Importante observar que essas relações não poderão ocorrer entre os mesmos sujeitos, ou seja, não podem ser reflexivas. Outra observação quanto às relações jurídicas: elas não são simétricas, mas necessariamente assimétricas. Ou seja, se na relação, X é comprador de Y, Y não será comprador de X, Y será vendedor de X, mas as relações podem ser transitivas ou intransitivas, conforme definido por Carlos Augustinho Tagliari,[66] com base nos ensinamentos de Paulo de Barros Carvalho, "se S´ é credor de S´´, e S´´ é credor de S´´´, e o sistema jurídico prevê a possibilidade de S´ apresentar-se como credor de

---

qual incide o mandamento, se vincule, de alguma forma, ao fato que motivou a obrigação, proibição ou permissão e o objeto da prestação (ao qual está obrigado, proibido ou permitido) faça de algum modo, referência ao acontecimento que deu causa ao vínculo relacional juridicamente estabelecido entre os sujeitos" (CARVALHO, Aurora Tomazini de. *Curso de teoria geral do direito.* O constructivismo lógico-semântico cit., p. 305).

64. PADILHA, Maria Ângela Lopes Paulino. *As sanções no direito tributário*. São Paulo: Noeses, 2015. p. 25.

65. Formalização essa trazida por Lourival Vilanova ao fazer as combinações das hipóteses relacionais, "simbolizando por H e C, tem-se 'a) H implica C; b) H' H'' H''' implica C; c) H' H'' H''' implica C' C'' C'''; d) H implica C' C'' C'''.' (VILANOVA, Lourival. *Estruturas lógicas e o sistema de direito positivo* cit., p. 87).

66. TAGLIARI, Carlos Augustinho. *Os princípios e a construção da norma jurídica tributária*. Dissertação (Mestrado) – Pontifícia Universidade Católica de São Paulo (PUC-SP), 2007. p. 40.

S´´´ em função deste ser devedor de S´´, estará configurada a transitividade da relação entre S´, S´´ e S´´´."

Assim, a norma jurídica tem uma composição dual, ou seja, é composta de duas proposições para regular como deve ser a conduta humana, formada por uma hipótese e uma consequência. Na hipótese temos a descrição de um fato de possível ocorrência, que implica no consequente, prescrição de uma obrigação relacional, modalizada em obrigatória (O), permitida (P) ou proibida (V), entre no mínimo dois sujeitos de direito, cuja relação entre eles necessariamente é irreflexiva e assimétrica, transitiva ou intransitiva.

Mais um aspecto importante da análise sintática da norma jurídica muito abordado por Lourival Vilanova[67] refere-se à relação de implicação. Chama a atenção o fato de essa relação ser recíproca, ou seja,

> uma vez posta a relação, uma vez normativamente constituída, a relação-de-implicação, como relação lógico-formal, obedece às leis lógicas. Assim, se se dá a hipótese ("se p, então q", "se não-q, então não-p). Em simbolismo clássico: se A, então C, se não-C, então não-A [...] Se o antecedente é condição necessária e suficiente do consequente, o consequente pode figurar no tópico do antecedente, também necessário e suficiente do antecedente que passou para o lugar sintático de consequente. O vetor implicacional "->" coloca-se em duas direções "A <->C", mostrando a correlatividade ou a recíproca relação formal de implicação.

A relação, como operação lógica, estará presente em toda norma jurídica em sentido estrito.

3.3 Norma jurídica como regra de estrutura e de comportamento

Neste trabalho, considerando os esclarecimentos teóricos gerais supra elucidados, pretendemos construir a norma jurídica de incidência tributária do ITR regra de conduta (fiscal

67. VILANOVA, Lourival. *Estruturas lógicas e o sistema de direito positivo* cit., p. 93.

e extrafiscal), a partir da articulação da regra de estrutura de isenção, e outra regra de conduta, como as normas jurídicas dos deveres instrumentais desse imposto.[68] Para tanto, importante esclarecermos sobre a definição de norma de estrutura e norma de conduta empregada neste estudo.

De antemão, consideramos que toda norma que integra o ordenamento jurídico serve para disciplinar as condutas entre os sujeitos. Entretanto, temos aquelas cujo objetivo final é atingir o comportamento interpessoal, como a regra matriz de incidência tributária, que denominamos regra de conduta.[69] Outras, apesar de disporem sobre conduta intersubjetiva, servem para produzir uma nova estrutura deôntica, modificar ou revogar, que denominamos regra de estrutura, como as normas de isenção.[70]

Para Paulo de Barros Carvalho,[71]

> vamos encontrar unidades que têm como objetivo final ferir de modo decisivo os comportamentos interpessoais, modalizando-os deonticamente como obrigatórios (O), proibido (V) e permitidos (P), com o que exaurem seus propósitos regulativos. Essas regras, quando satisfeito o direito subjetivo do titular por elas indicado, são terminativas de cadeias de normas. Outras, paralelamente, dispõem também sobre condutas, tendo em vista, contudo, a produção de novas estruturas deôntico-jurídicas.

Outras são as classificações existentes na distinção entre a regra de estrutura e a regra de comportamento, idealizada

68. "São normas de conduta, entre outras, as regras-matrizes de incidência dos tributos e todas aquelas atinentes ao cumprimento dos deveres instrumentais ou formais, também chamados de 'obrigações acessórias'." (CARVALHO, Paulo de Barros. *Direito tributário*: fundamentos jurídicos da incidência cit., p. 64).

69. "Como exemplos de normas de conduta temos as regras-matrizes de incidência dos mais variados tributos e as normas que veiculam deveres instrumentais" (MOUSSALLEM, Tárek Moysés. *Fontes do direito tributário* cit., p. 80).

70. "E são tipicamente regras de estrutura aquelas que outorgam competências, isenções, procedimentos administrativos e judiciais, as que prescrevem pressupostos etc." (CARVALHO, Paulo de Barros *Direito tributário*: fundamentos jurídicos da incidência cit., p. 64).

71. Idem, ibidem.

por Norberto Bobbio. Há a norma de conduta, a norma de produção normativa e a norma de revisão sistêmica, segundo Tárek Moysés Moussallem:[72]

> (1) Quando a aplicação da norma N1 tiver como efeito imediato e mediato regular a conduta C, chamaremos N1 de *norma de conduta*; (2) quando a aplicação de uma norma N1 tiver como objetivo imediato regular uma conduta C para mediamente produzir uma norma N2 chamaremos N1 de *norma de produção normativa*; (3) quando a aplicação de uma norma N1 tiver como escopo principal não uma conduta humana, mas a modificação ou extinção de uma norma N2, estaremos diante de uma revisão do sistema do direito positivo e passaremos a designá-la *norma de revisão sistêmica*.[73]

Tárek Moysés Moussallem[74] ressaltou, posteriormente, que essa classificação não se sustenta. Isso porque a norma de revisão sistêmica não é norma no sentido Kelseniano, mas apenas enunciado jurídico:

> embora possa parecer intocável a classificação "norma de conduta" e "norma de produção normativa", o mesmo não se pode afirmar com as "normas de revisão sistêmica." Primeiro porque não são normas em sentido estrito, pois não são reconstruíveis na estrutura lógica do condicional. Mesmo que fosse possível reescrever na forma do condicional, careceriam de sanção. A "norma da revisão sistêmica" pode apenas ingressar na estrutura do condicional normativo como componente do antecedente ou consequente [...] melhor seria chamá-las "enunciado de revisão sistêmica".

Sobre essa classificação, Robson Maia Lins,[75] ao subdividir as normas de estrutura igualmente em duas (i) normas de produção normativa e (ii) normas de revisão sistêmica, assim considerou:

---

72. MOUSSALLEM, Tárek Moysés. *Fontes do direito tributário* cit., p. 77.

73. MOUSSALLEM, Tárek Moysés. *Revogação em matéria tributária* cit., p. 124.

74. Idem, p. 124-125.

75. LINS, Robson Maia. *Controle de constitucionalidade da norma tributária*: decadência e prescrição. São Paulo: Quartier Latin, 2005. p. 59.

> as normas introduzidas pelo acórdão em ADIn e ADC são classificadas como de revisão sistêmica, quando em sede cautelar ou de mérito, tiverem por finalidade imediata mexer com a RMIT; ou de produção normativa, quando na decisão e mérito, introduzirem normas que disciplinem a retirada dos efeitos da RMIT declarada inconstitucional pelos órgãos competentes.

Os esclarecimentos anteriores sobre as normas de estrutura e de conduta, assim como a subdivisão da norma de estrutura em norma de produção normativa e norma de revisão sistêmica, são temas polêmicos que merecem toda a nossa atenção.

Dessas considerações, importante termos em mente o conceito de norma para denominarmos as normas de estrutura como verdadeiras normas no sentido Kelseniano,[76] como o fim a que cada uma delas almeja imediata e mediatamente. Enquanto de um lado temos a regulação da conduta imediata, nas normas de conduta, de outro, temos normas que criam normas, ou que revisam e alteram normas, regulando a conduta humana de forma mediata. São as normas de estrutura ou simples enunciado jurídico.

Isso porque partimos da premissa de que não existe norma sem sanção, ou seja, sem que a parte lesada possa ir ao Estado Juiz solicitar o cumprimento do seu direito.

3.4 Definição do conceito de tributo para construção da norma jurídica de incidência tributária do ITR

Pelos estudos iniciais, nos quais já definimos norma jurídica, sentimos a necessidade de definir tributo, para construirmos a norma jurídica de incidência tributária, já que mais adiante realizaremos a construção da norma de incidência do

76. "A definição do Direito pressuposta na norma fundamental tem como consequência que apenas se deve considerar como juridicamente prescrita – ou, o que é o mesmo, como conteúdo de um dever jurídico – uma certa conduta, quando a conduta oposta seja normada como pressuposto de um ato coercitivo que é dirigido contra os indivíduos que por tal forma se conduzam (ou contra seus familiares)" (KELSEN, Hans. *Teoria pura do direito* cit., p. 56).

ITR que, como uma espécie do gênero tributo, deverá apresentar as características que passaremos a demarcar.

Conforme ensina Lucas Galvão de Britto,[77] "conhecer é recortar o mundo". É nesse sentido que pretendemos caminhar e dispender nossos esforços, dividindo as matérias e definindo os conceitos para podermos classificar.

Assim, definiremos o conceito de tributo, com critérios, para construirmos o conjunto dos tributos, com base nas unidades. Teremos, ainda, a classe, da qual faz parte o ITR que, obrigatoriamente, deverá ter as mesmas características aqui destacadas.[78]

Importantes são os esclarecimentos de Paulo de Barros Carvalho. Segundo ele, a ideia (conceito) é aquilo que está na nossa cabeça, mas quando passada para o papel, temos um termo. Tudo começa com a apreensão sensorial e dela surge uma ideia, a intuição. O conhecimento mesmo é tido quando montamos a proposição, nesse caso, a definição. O conhecimento ocorre no campo proposicional, quando podemos predicar o objeto.[79]

E é esse nosso objetivo, conhecer o conceito de tributo predicando-o por meio das definições que colheremos com o emprego da linguística e da semiótica, a partir da investigação do texto legal, termo.

---

77. BRITTO, Lucas Galvão de. Dividir, definir e classificar: conhecer é recortar o mundo. *In:* CARVALHO, Paulo de Barros (Coord.). *Constructivismo lógico-semântico*. Organizado por Aurora Tomazini de Carvalho. São Paulo: Noeses, 2014. v. I, p. 201.

78. "Ao construir conjuntos classificamos. Ao explicar aquilo que nos permitiu isolar o objeto, erguendo as barreiras que lhe conferem unidade em meio à heterogeneidade do mundo, definimos. Definição e classificação são operações lógicas que muito se aproximam e, em certo sentido, coimplicam-se, como veremos adiante. Importa, nesse átimo, ver-lhes o traço comum: ambas são maneiras de que nossa consciência se vale para restringir a atenção apenas aos objetos que pretendemos lidar" (BRITTO, Lucas Galvão de. Dividir, definir e classificar: conhecer é recortar o mundo cit., p. 206).

79. Palavras de Paulo de Barros Carvalho, no grupo de estudos, em maio de 2017, durante leitura do capítulo I do livro *Estruturas lógicas e o sistema do direito positivo*, de Lourival Vilanova.

Quando falamos em tributo pensamos, imediatamente, no art. 3º do Código Tributário Nacional,[80] em que consta sua definição legal, que, como texto escrito, na singela expressão de seus símbolos, não pode ser mais do que a porta de entrada para o processo de apreensão do dever-ser legal, jamais confundida com a intenção do legislador.[81]

Esse processo de apreensão toma como ponto de partida a lei, a linguagem escrita, os signos, que nada mais são que o suporte físico.

Como já dissemos, estamos tratando de linguagem, motivo pelo qual não podemos fugir do triângulo semiótico. Conforme explica Aurora Tomazini de Carvalho, o signo, nessa concepção, é um suporte físico que se associa a um significado e que suscita uma significação, compondo o que se denomina de triângulo semiótico, uma relação entre esses três elementos.[82]

Quando lemos a palavra "tributo" no texto legal, estamos diante de um suporte físico, que nos remete a um significado, que pode ser um saco de dinheiro. E o dinheiro que aparece em nossa mente quando lemos a palavra é sua significação, trazendo aqui o exemplo de Fernando Gomes Favacho,[83] na visão de tributo como pecúnia.

Certamente, essa significação pode não ser a mesma para todos os intérpretes, até porque estamos diante de uma palavra ambígua. Alguns podem ter outra representação ou até representações diferentes para cada contexto, mas esse processo do triângulo semiótico é automático e infalível e,

80. "Art. 3º Tributo é toda prestação pecuniária compulsória, em moeda ou cujo valor nela se possa exprimir, que não constitua sanção de ato ilícito, instituída em lei e cobrada mediante atividade administrativa plenamente vinculada."

81. CARVALHO, Paulo de Barros. *Direito tributário*: fundamentos jurídicos da incidência cit., p. 167.

82. CARVALHO, Aurora Tomazini de. *Curso de teoria geral do direito.* O constructivismo lógico-semântico cit., p. 152.

83. FAVACHO, Fernando Gomes. *Definição do conceito de tributo.* São Paulo: Quartier Latin, 2011. p. 34.

necessariamente, realizado por todos os intérpretes (signo – significado – significação).

Como palavra ambígua,[84] o termo tributo pode ter mais de uma significação, e o problema está exatamente aí, pois, muitas vezes, não sabemos qual delas deve ser adotada, ou, melhor, aquela que o texto legal está adotando.

Além de ambígua, também padece do problema da vaguidade, pois, ao ser utilizada, pode estar denotando uma espécie tributária não explicitada pelo remetente da mensagem que só na Constituição Federal a utiliza por 63 vezes.[85]

O uso do termo "tributo", segundo Paulo de Barros Carvalho, experimenta seis significações diversas, como: a) quantia em dinheiro; b) a prestação correspondente ao dever jurídico do sujeito passivo; c) o direito subjetivo de que é titular o sujeito ativo; d) sinônimo de relação jurídica; e) norma tributária; e f) norma, fato e relação.[86]

Neste trabalho tentaremos diminuir esses ruídos, na medida em que elucidarmos o termo "tributo".

Para melhor tratarmos da vagueza e da ambiguidade do termo "tributo", nada melhor que a lógica, utilizada como instrumento para o raciocínio ideal, que se desdobra no nosso argumento.

3.4.1 Análise lógica

A lógica guiará nosso raciocínio. Raciocinar é relacionar duas ideias – uma premissa, outra, conclusão. Sendo verdadeiro o antecedente (premissa) e válida a inferência (raciocínio)

---

84. FAVACHO, Fernando Gomes. *Definição do conceito de tributo* cit., p. 37: "A ambiguidade ocorre quando não sabemos quais das duas ou mais significações que podemos construir a partir do texto é a melhor para utilizarmos em dado contexto".

85. Idem, ibidem. Prefácio: Favacho, ao proceder à homologação do conceito de tributo, levanta 63 aparições do termo tributo no texto da Constituição Federal.

86. CARVALHO, Paulo de Barros. *Curso de direito tributário*. 17. ed. São Paulo: Saraiva, 2005. p. 19.

será verdadeiro o consequente (conclusão). Dizemos, com isso, que uma conclusão que não decorra das premissas não passará nos crivos da lógica.[87]

Para isso, primeiramente, é necessário classificar o termo tributo e, ao fazê-lo, eleger critérios que comporão conjuntos, numa relação de pertencimento. Assim, a definição do termo "tributo" nada mais é que uma categoria lógica de relação jurídica de classes na compreensão do aspecto semântico,[88] delimitada pelos critérios de uso do termo.

Utilizaremos a definição conotativa do termo tributo, presente no art. 3º do Código Tributário Nacional, para chegarmos à classe dos tributos, definida por critérios que nos levarão ao conceito construído, de acordo com a nossa delimitação de ordem semântica a ser apresentada.

3.4.2 Delimitação de ordem semântica

Como dito, a vontade da lei jamais deve ser confundida com a intenção do legislador, que muitas vezes se apresenta equivocadamente, trazendo vícios de interpretação que levam à confusão mental do ser cognoscente disposto a interpretá-la.

Com o art. 3º do CTN não é diferente.

Antes de analisarmos essa colocação, farei uma breve interrupção para chamar atenção ao fato de que essa definição de tributo é do caráter fiscal, e não do caráter extrafiscal, pois nesse caso seria uma prestação social que não pecuniária, assim, penso que temos uma definição de tributo incompleta, conforme apresentada pelo art. 3º do CTN.

Voltemos à peculiaridade a ser analisada, em algumas passagens ficará fácil perceber esses equívocos de ordem semântica

87. FAVACHO, Fernando Gomes. *Definição do conceito de tributo* cit., p. 40.

88. Idem, p. 45: a compreensão do aspecto semântico de um termo ocorre quando estamos aptos a incluir nesta classe (pelos seus critérios) e distingui-lo de outros objetos (que não possui as características exigidas).

do legislador, os quais tentaremos elucidar, conforme recortamos o conceito de tributo presente na lei complementar:

i) prestação pecuniária: prestação em dinheiro;

ii) compulsória: obrigatoriedade decorrente de lei;

iii) em moeda: entendemos tratar de pleonasmo, pois o legislador já havia informado que a prestação deve ser em dinheiro;

iv) ou cujo valor nela se possa exprimir: ao analisarmos, sistematicamente, percebemos que traz uma ideia, completamente equivocada, pois até o trabalho pode ser expresso em moeda;

v) que não constitua sanção de ato ilícito: decorre necessariamente de ato lícito;

vi) instituída em lei: a intenção é diferenciar das obrigações contratuais;

vii) cobrado mediante atividade administrativa plenamente vinculada: traz o mito da neutralidade do agente competente para constituir a relação tributária com a fenomenologia da incidência.

Nesse item "vii", cabe uma observação para esclarecermos nosso entendimento sobre neutralidade. Quando o legislador determina que será "cobrado mediante atividade administrativa plenamente vinculada", significa que caberá ao agente competente decidir se aquele fato realizado deve instaurar a relação jurídica, ao fazer a subsunção do fato à norma, relação de pertencimento de classe.

Aqui, temos um ato de decidir, ou seja, uma construção estruturada de uma enunciação posta em linguagem, em forma de enunciado. Nesse exato momento, o agente competente está construindo uma proposição, logicamente estruturada, de acordo com os seus valores. Importante esclarecer que não extraímos o sentido e o alcance das normas, mas as construímos, são objetos implícitos.

Nessa construção, o agente competente está intimamente ligado ao seu campo de conhecimento, às suas experiências e cultura, inclusive da própria sociedade em que vive naquele período de tempo.

Na nossa visão, ao realizar o ato vinculado, o agente competente está interpretando a norma, portanto, é fruto dos valores daquele que a prefere, motivo pelo qual deixa de ser neutra. Importante destacar que a conduta humana é valorada, não há conduta neutra.

Dito isso, voltemos à análise dos diversos enunciados presentes no art. 3º. Em várias passagens percebemos facilmente uma semântica, totalmente desnecessária, desconexa ou equivocada, penetrada de erros e imperfeições terminológicas, todas aplicadas num único enunciado prescritivo.

Como nosso ponto de partida é sempre o direito positivo, enunciado, no plano S1 da linguagem, aqui temos o nosso primeiro obstáculo. Estando as normas confiadas aos parlamentares, casas legislativas de natural heterogeneidade, a despeito dos esforços na elaboração de uma linguagem técnica, a verdade é que a mensagem legislada vem, quase sempre, penetrada de imperfeições, tornando muitas vezes difícil sua compreensão pelos sujeitos destinatários.[89]

Nessa primeira aproximação, o trabalho hermenêutico de decomposição demonstrou o necessário cuidado semântico que devemos ter ao tratarmos do termo "tributo" presente no sistema jurídico tributário. Até porque o texto, como suporte físico de significação, será o único dado objetivo. Tudo mais estará no campo da subjetividade.

Essa definição conotativa do termo tributo, presente no art. 3º do Código Tributário Nacional, recepcionado como lei complementar pela Constituição Federal, induz-nos, intuitivamente,

89. CARVALHO, Paulo de Barros. *Direito tributário*: fundamentos jurídicos da incidência cit., p. 168.

a deduzir (raciocínio analítico)[90] que sempre que tivermos uma sanção de ato ilícito estaremos diante de um não tributo, por não preencher o critério da licitude presente na classe "tributo", com proibição expressa "não pode ser sanção de ato ilícito".

Partimos da premissa de que toda definição deve ser conotativa, seletora de propriedade, ou denotativa. Enquanto na conotação temos o gênero, a indicação de classes, na denotação temos a espécie, construída pela redução à unidade das classes. Enquanto na conotação temos os critérios, na denotação temos os elementos que preenchem esses critérios. Ou seja, nas normas gerais teremos sempre a conotação ou denotação, enquanto nas individuais sempre a denotação.[91]

Segundo Lucas Galvão de Britto, há dois modos de significar os objetos, pela conotação e pela denotação.[92]

Por esse ângulo, disciplina Fernando Gomes Favacho, ao indicar o art. 5º do CTN como definição denotativa, ao assim descrever: Já o art. 5º prescreve: "Os tributos são impostos,

---

90. FAVACHO, Fernando Gomes. *Definição do conceito de tributo* cit., p. 41: "Os opostos indução e dedução correspondem-se aos: síntese e análise, generalização e particularização, formalização e desformalização. Pelo raciocínio indutivo realizamos a síntese, ao passo que pelo dedutivo elaboramos a análise".

91. CARVALHO, Paulo de Barros. *Direito tributário*: fundamentos jurídicos da incidência cit., p. 201. Resumindo: no plano das normas gerais, teremos apenas a indicação de classes com as notas que um acontecimento precisa ter para ser considerado fato jurídico (no antecedente), implicando a indicação de classes com as notas que uma relação tem de ter para ser considerada como relação jurídica (no consequente). No plano concreto das interações intersubjetivas: um enunciado protocolar denotativo, que se obteve pela redução à unidade das classes de notas (conotação) do antecedente da regra geral e abstrata, implicando outro enunciado protocolar e denotativo, construído pela redução à unidade das classes de notas (conotação) do consequente da norma geral e abstrata. Enunciados conotativos: antecedente e consequente da norma geral e abstrata; enunciados denotativos: antecedente e consequente da norma individual e concreta.

92. "É possível identificar duas classes de definições: (1) as denotativas, construídas pelo exemplo, enumeração de subclasses ou ostensivamente, e; (2) as conotativas, elaboradas pela sinonímia ou pela enumeração de atributos que marcam todos os componentes do gênero e a enunciação da diferença específica" (BRITTO, Lucas Galvão de. *O lugar e o tributo*: ensaio sobre competência e definição do critério espacial na regra-matriz de incidência tributária. São Paulo: Noeses, 2014. p. 13).

taxas e contribuições de melhoria". É definição denotativa.[93] Nesse sentido temos que as definições podem ser conotativa ou denotativa. O artigo mencionado está definindo as espécies tributárias, ou seja, separando as classes tributárias existentes, enquanto o art. 3º está definindo o que precisa ter para ser tributo, as classes dos atributos que precisam estar presentes para serem considerados tributos, um de forma denotativa outro de forma conotativa.[94]

Sobre a definição denotativa e conotativa não podemos deixar de citar Tácio Lacerda Gama: "Precisar o sentido de um termo mediante a indicação dos seus critérios de uso é o que se chama definição conotativa ou intencional. Já a determinação de sentido feita pela indicação dos objetos significados pela palavra é uma definição do tipo extensional ou denotativa".

Sendo fiel à sua linha de raciocínio, Fernando Gomes Favacho identifica o art. 182, § 4º, II, da Constituição Federal como forma de definição denotativa. Segundo ele, haveria um conflito entre normas definitórias visto que a definição conotativa do art. 3º do Código Tributário Nacional conflitaria com a definição denotativa do art. 182 da Constituição Federal.[95]

Entretanto, não vislumbramos no art. 182, § 4º, II, da Constituição Federal com o art. 3º do CTN, conflito entre normas definitórias, justamente porque estão tratando, conotativamente e denotativamente, de situações tributárias distintas.

Enquanto no art. 3º do Código Tributário Nacional temos a definição conotativa legal do conceito de tributo, competência outorgada pelo art. 146, III, "a", da Constituição Federal, no art. 182, § 4º, II, da Constituição Federal, ao facultar ao Poder Público municipal a possibilidade de se exigir o adequado aproveitamento do solo urbano não edificado, subutilizado ou não utilizado, sob pena de imposto sobre a propriedade

93. FAVACHO, Fernando Gomes. *Definição do conceito de tributo* cit., p. 47.

94. GAMA, Tácio Lacerda. *Competência tributária* – fundamentos para uma teoria da nulidade cit.

95. FAVACHO, Fernando Gomes. *Definição do conceito de tributo* cit., p. 50.

predial e territorial rural urbana progressiva no tempo, temos a prescrição conotativa do caráter extrafiscal do imposto pelo exercício da função social do imóvel urbano.

É fixada a progressividade em razão do exercício da função social. No critério material da norma extrafiscal não há um ilícito, mas a extrafiscalidade tributária, qual seja, o exercício da função social, e, na alíquota, a progressividade no tempo em razão do exercício da função social, conforme maior ou menor for a adequada utilização do imóvel.

Desse raciocínio não comunga Fernando Gomes Favacho.[96] Segundo ele, a Constituição traz um tributo (IPTU sancionatório progressivo) que para o Código Tributário Nacional não é tributo. Por outro lado, a Constituição não traz definição conotativa para o termo ou para as espécies tributárias, o que fica a cargo da lei complementar (art. 146, III, "a"). Por hierarquia superior entende que a Constituição não pode ser limitada por qualquer norma de inferior hierarquia: o IPTU sancionatório progressivo é tributo, a par do mandamento do Código Tributário Nacional.

Tudo isso se explica porque partimos de premissas distintas.

3.4.3 Delimitação de ordem pragmática do conceito de tributo

A pragmática entendida como o uso que se faz da norma está exatamente na sua aplicação de acordo com a estrutura lógica e definição de critérios construídos, como operação lógica de inclusão de classes de acordo com as definições previamente realizadas.

Só assim será possível reconhecer se tal obrigação é tributária ou não, assim como de qual espécie tributária se trata.

Toda essa estrutura de conhecimento geral é sumamente importante para investigarmos o imposto territorial rural como uma espécie tributária.

---

96. FAVACHO, Fernando Gomes. *Definição do conceito de tributo* cit., p. 66.

4. REGRA MATRIZ DE INCIDÊNCIA TRIBUTÁRIA

4.1 Definição do conceito da regra matriz de incidência tributária

A regra matriz de incidência tributária[97] foi apresentada por Paulo de Barros Carvalho como esquema formal, lógico-semântico da norma de incidência tributária, que pode ser utilizado na construção de qualquer norma jurídica em sentido estrito, com as devidas adaptações.

As seleções de propriedades dos fatos e das relações realizadas pelos legisladores foram separadas em hipótese e consequência, com critérios sempre repetidos, dado o fato de todo acontecimento conforme previsto na hipótese, necessariamente, ser realizado num local e determinado tempo, enquanto no consequente depende da indicação de uma relação jurídica unida por uma obrigação legal na qual uma das partes fica obrigada, permitida ou proibida de fazer algo, perante outro sujeito, ou classe de sujeitos, como vimos na teoria das relações jurídicas já tratada neste estudo.

97. "Norma padrão de incidência [...] fórmula que tem o condão de oferecer o sentido completo da mensagem, isto é, a identificação da pessoa titular do direito, do sujeito obrigado e, ainda, como, quando, onde, e por que deve fazê-lo" (CARVALHO, Paulo de Barros. *Direito tributário, linguagem e método* cit., p. 611).

Esse esquema lógico-semântico de toda norma jurídica tributária enquanto norma geral e abstrata abarca inúmeros elementos a preencherem os critérios delimitados na hipótese ou antecedente e na tese ou consequente, como prescrição abstrata que depende de ato de vontade humana de subsunção para fazer nascer o fato jurídico e a respectiva relação jurídica prevista na norma geral e abstrata.

Nesse primeiro momento trataremos dos critérios que devem estar presentes em todas as regras matrizes de incidência, de forma abstrata, para posteriormente definirmos os critérios que comporão a regra matriz de incidência tributária do ITR.

Enquanto nas normas gerais e abstratas teremos os critérios de identificação e seus conceitos da regra matriz de incidência, nas normas individuais e concretas teremos não mais conceitos definidos nos critérios, mas elementos que preenchem esses critérios de forma denotativa.

Na regra matriz de incidência tributária como norma geral e abstrata teremos os critérios definidos em classes, ou seja, classe dos eventos de possível ocorrência, classe do período de tempo, classe dos espaços, assim como as classes das obrigações e das relações jurídicas.

Por isso, sempre que tratarmos de normas individuais e concretas devemos incluir classes, por uma análise pragmática da norma jurídica, conforme realizaremos ao nos depararmos com casos práticos analisados sobre a incidência do ITR ao final dessa pesquisa.

Sobre os critérios de construção do conceito conotativo descritivo do antecedente da regra matriz de incidência tributária, temos: (i) o critério material; (ii) o critério temporal; (iii) o critério espacial e do conceito conotativo prescritivo do consequente: (iv) o critério pessoal e (v) o critério quantitativo.

Esses são os critérios mínimos necessários para a construção da norma jurídica de incidência, vista como estrutura lógico-sintática de significação.[98] Outros podem ser incluídos, mas nenhum desses poderá faltar, pois se isso ocorrer, padecerá de significação completa, ou seja, ou lhe faltará a descrição de um acontecimento ou de uma suposta relação jurídica.

Esses critérios são arranjos de composição que devem ser feitos pelo intérprete na construção da regra matriz de incidência, ao desenhar a norma jurídica com base na lei. Nesse sentido ensina Paulo de Barros Carvalho:[99]

> [...] pode dizer-se com tranquilidade que as leis não trazem normas jurídicas organicamente agregadas, de tal modo que nos seja lícito desenhar, com facilidade, a indigitada regra-matriz de incidência, que todo o tributo hospeda, como centro catalisador de seu plexo normativo. Pelo contrário, sem arranjo algum, os preceitos se dispersam pelo corpo do estatuto, compelindo o jurista a um penoso trabalho de composição. Visto por esse prisma, o labor científico aparece como árduo esforço de procura, isolamento de dados, montagem e construção final do arquétipo da norma jurídica.

Como já dissemos, a regra matriz de incidência tributária serve para regular a conduta humana como obrigação de recolher tributos aos cofres públicos.[100] É aplicada, por ato de vontade humana, sempre que ocorrido o acontecimento tributário previsto. São as denominadas normas gerais e abstratas de incidência tributária, juízo hipotético de imputação deôntica.

Nesse sentido esclarece Diego Bomfim:[101]

> as funções das normas tributárias têm de ser apreendidas primariamente no contexto de regência do comportamento humano.

98. Para Paulo de Barros Carvalho a fórmula abstrata da regra matriz de incidência tributária é a estrutura formal da norma jurídica, sendo esta a expressão mínima e irredutível (com o perdão do pleonasmo) de manifestação do deôntico, com o sentido completo (CARVALHO, Paulo de Barros. *Direito tributário, linguagem e método* cit., p. 611).

99. Idem, p. 610.

100. BOMFIM, Diego. *Extrafiscalidade, identificação, fundamentação, limitação e controle*. São Paulo: Noeses, 2015. p. 11-12.

101. Idem, ibidem.

> Apenas por uma questão de simplificação, é admissível dizer que a função fiscal da norma é a arrecadação de fundos. E verdade, a função da norma, neste caso, é prescrever comportamentos humanos que gerem a arrecadação de fundos.

Na norma encontraremos a descrição de uma mensagem com sentido completo,[102] contendo a identificação das pessoas de direito vinculadas por determinada obrigação, a ser realizada em determinado tempo e lugar, obedecendo o simbolismo lógico da homogeneidade sintática de toda norma jurídica D [F-> (S´R S´´).

A diferenciação semântica e pragmática da regra matriz de incidência tributária das demais regras está justamente na sua finalidade, que é regular a conduta humana na obrigação de recolher determinada quantia em dinheiro aos cofres públicos. Para tanto, descreve a conduta social que pretende regular, os acontecimentos econômicos os quais pretende atrelar a obrigação prestacional pecuniária em favor do Estado-administração. Será sempre uma obrigação de dar, e nunca de fazer.

Conforme ensina Paulo de Barros Carvalho,[103] "a regra matriz de incidência tributária é, por excelência, uma regra de comportamento, preordenada, que está a disciplinar a conduta do sujeito devedor da prestação fiscal, perante o sujeito pretensor, titular do direito de crédito".

Para a construção da regra matriz de incidência tributária, devemos observar na legislação os critérios que levam ao acontecimento fático de conteúdo econômico e ao vínculo

---

102. "É *mínima e irredutível* porque, faltando algum de seus elementos, não se conhecerá do comando prescrito em sua totalidade e, assim, não se saberá quando tem lugar a norma nem *quem* está obrigado ou *quê* deve ser feito. Em outras palavras, diz-se assim porque a norma, para que possa cumprir sua função de ordenar condutas, deve corresponder ao conjunto formado por todas as partes de significação que possam orientar os destinatários no desenvolvimento de suas ações, de acordo com a mensagem juridicamente prescrita" (BRITTO, Lucas Galvão de. *O lugar e o tributo*: ensaio sobre competência e definição do critério espacial na regra-matriz de incidência tributária cit., p. 46).

103. CARVALHO, Paulo de Barros. *Curso de direito tributário*. 17. ed. cit., p. 251.

obrigacional entre o Estado, ou quem lhe represente, na condição de sujeito ativo e uma pessoa física ou jurídica, particular ou pública como sujeito passivo. O sujeito ativo ficará investido do direito de exigir do sujeito passivo o pagamento de determinada quantia em dinheiro, enquanto o sujeito passivo terá o dever de cumprir.

O núcleo lógico estrutural da proposição normativa de incidência tributária fica assim construído: D {[Cm.Ce.Ct]->[-Cp(Sa.Sp).Cq(bc.al)]}.

Passaremos a analisar, separadamente, os critérios que compõem a regra matriz de incidência tributária.

4.1.1 Critérios do antecedente, suposto ou hipótese

4.1.1.1 Critério material da RMIT

No critério material da RMIT, temos o núcleo do antecedente da norma jurídica como um dos critérios a conceituar o fato que dará ensejo à relação jurídica, acompanhado sempre dos critérios espacial e temporal. Teremos sempre a descrição de um acontecimento jurídico tributário composto, em termos morfológicos, por um verbo pessoal e de predicação incompleta mais seu complemento, conforme cita Robson Maia Lins:[104] "por exemplo: circular mercadoria (ICMS), auferir renda (imposto sobre a renda), prestar serviço (ISS) e assim por diante".

Teremos, sempre, a descrição de um comportamento humano que o legislador pretende regular. É o núcleo da hipótese normativa,[105] que não deve ser confundido com a própria hipótese tributária, composta pelos demais critérios espacial e temporal.

---

104. LINS, Robson Maia. *Controle de constitucionalidade da norma tributária*: decadência e prescrição cit., p. 87.

105. "No aspecto material do antecedente tributário, encontra a descrição objetiva do fato;" (CARVALHO, Paulo de Barros. *Direito tributário, linguagem e método* cit., p. 615).

Segundo Paulo de Barros Carvalho,[106] "é muito comum, por isso, a indevida alusão ao critério material, como a descrição objetiva do fato. Ora, a descrição objetiva do fato é o que se obtém da compostura integral da hipótese tributária, enquanto o critério material é um dos seus componentes lógicos".

Na Constituição Federal de 1988, identificamos facilmente o critério material das espécies tributárias. No art. 156 da Carta Magna, temos o critério material dos tributos municipais, enquanto no art. 155 encontramos o critério material dos tributos estaduais; já no art. 153 estão os critérios materiais dos tributos federais.

Conforme ensina Luís Cesar Souza de Queiroz,[107] o critério material do antecedente de cada uma das espécies tributárias pode ser assim definido:

> i) quanto à norma do *imposto* – é o que informa a conduta, representada por um verbo pessoal mais um complemento, reveladora de certa riqueza pessoal;
>
> ii) quanto à norma da *taxa de polícia* – é o que informa a conduta de (o Estado, sujeito atuante) exercer o poder de polícia suscitado por alguém (sujeito suscitante);
>
> iii) quanto à norma de *taxa de serviço* – é o que informa a conduta de (o Estado, sujeito atuante) prestar ou colocar à disposição o serviço público específico e divisível em benefício de alguém (sujeito beneficiário);
>
> iv) quanto à norma de *contribuição de melhoria* – é o que informa a conduta de (o Estado, sujeito atuante) realizar a obra pública, causando a valorização do patrimônio imobiliário de certa pessoa (sujeito beneficiário).

Conforme definido pelo autor, o critério material do imposto será sempre uma conduta reveladora de riqueza pessoal,

---

106. CARVALHO, Paulo de Barros. *Curso de direito tributário*. 17. ed. cit., p. 257.

107. QUEIROZ, Luis Cesar Souza de. Regra matriz de incidência tributária. *In:* SANTI, Eurico Marcos Diniz de (Coord.). *Curso de especialização em direito tributário*: estudos analíticos em homenagem a Paulo de Barros Carvalho. Rio de Janeiro: Forense, 2005, p. 246-247.

representada pela combinação de um verbo com seu complemento, veja-se que estamos tratando do critério material fiscal.

No critério material do ITR veremos mais à frente a grande discussão aplicada em torno desse assunto, de ordem constitucional, principalmente pela mutação semântica do conceito de função social da propriedade privada a autorizar a progressividade como desestímulo à manutenção das propriedades improdutivas.

Motivo pelo qual, faremos um corte importante entre o critério material fiscal e o critério material extrafiscal para melhor aprofundamento e conhecimento da matéria.

4.1.1.2 Critério espacial da RMIT

Conceitualmente, temos no critério espacial a noção de espaço,[108] como o próprio nome indica. Mas, que espaço seria esse? O da localização do acontecimento do fato descrito na hipótese? O da competência de quem instituiu o tributo que deu ensejo à incidência tributária? O da localização do sujeito passivo? Ou o da localização do dever de realizar a prestação?

No critério espacial devemos identificar o local designado por lei em que o acontecimento jurídico considera ocorrido. Quando não há essa previsão legal, devemos nos socorrer dos indícios em enunciados jurídicos para identificarmos o local onde nasceu o laço obrigacional, ou seja, onde se deu o acontecimento.

Paulo de Barros Carvalho[109] distingue os enunciados quanto a evento jurídico tributário e fato jurídico. Como evento jurídico tributário considera aquilo que ocorre e se esvai no tempo; já o fato é aquilo que acontece. E somente acontece aquilo que é registrado em linguagem. O fato constitui

108. "No aspecto espacial, as condições de espaço" (CARVALHO, Paulo de Barros. *Direito tributário, linguagem e método* cit., p. 615).

109. CARVALHO, Paulo de Barros. *Direito tributário*: fundamentos jurídicos da incidência cit., p. 143-144.

em realidade o evento, é um elemento linguístico capaz de organizar uma situação como realidade. O fato jurídico corresponde ao antecedente das normas individuais e concretas.

Paulo de Barros Carvalho,[110] ao tratar do assunto, propôs três formas gerais de elaboração do critério espacial:

> a) Hipótese cujo critério espacial faz menção a determinado local, para ocorrência do fato típico, como os que gravam o comércio exterior;
>
> b) Hipótese em que o critério espacial alude a áreas específicas, de tal sorte que o acontecimento apenas ocorrerá se dentro delas estiver geograficamente contido, como os que incidem sobre bens imóveis;
>
> c) Hipótese de critério espacial bem genérico, onde todo e qualquer fato, que suceda sob o manto da vigência territorial da lei instituidora, estará apto a desencadear seus efeitos peculiares, os demais impostos.

Aurora Tomazini de Carvalho vai além dos três tipos de critério apresentados por Paulo de Barros Carvalho.[111] Ela apresenta quatro tipos de critério espacial. O quarto inclui qualquer lugar, mesmo fora do âmbito territorial no qual a regra está apta a produzir seus efeitos, como no caso do IR:

> (i) pontual, que indica um local determinado, exclusivo e de número limitado;
>
> (ii) regional, que assinala uma área específica, ou uma região;
>
> (iii) territorial, que identifica o próprio campo de vigência da norma;
>
> (iv) universal, que demarca uma área mais abrangente do que o campo de vigência da norma.

Muita confusão, de ordem semântica, sobre o critério espacial do ISS, assim como do ICMS em vendas *on-line*,

---

110. CARVALHO, Paulo de Barros. *Curso de direito tributário*. 17. ed. cit., p. 262.

111. CARVALHO, Aurora Tomazini de. *Curso de teoria geral do direito*. O constructivismo lógico-semântico cit., p. 398.

presenciamos ultimamente, com relação à definição do local da efetiva realização do acontecimento jurídico. Notamos que, quando se trata do imposto de importação, o legislador, cuidadosamente, trata do assunto ao dispor sobre as repartições alfandegárias, como o critério espacial por ele eleito.

Já, com relação aos tributos que oneram a propriedade, o legislador não trouxe um rol limitado, mas, mesmo que de forma menos minuciosa, definiu o campo de abrangência do espaço, considerando o espaço territorial de sua competência.

Nos casos do IPI e do ICMS, o legislador, de outro modo, não trouxe delimitação territorial, apenas condicionou-o ao âmbito de vigência da norma.

Devemos ter em mente o local onde ocorre o suposto fato jurídico tributário. No caso do IR, há fatos jurídicos que podem ocorrer além da fronteira aduaneira, delimitado pelo seu critério espacial. Outros, como no caso do IPTU, devem estar restritos ao perímetro urbano do município, por mais que a lei municipal alcance regiões além desse limite.

O critério espacial também não pode ser confundido com o domicílio fiscal. No caso do ITR, temos como domicílio fiscal o do município da localização do imóvel rural, mas que não interfere no critério espacial porque são entidades ontologicamente distintas.

Isso revela a importância do critério espacial na fenomenologia da incidência da norma, que deve estar sempre muito bem delineado pelo legislador, a quem cabe definir esse critério. Ademais, com a classificação de Aurora Tomazini de Carvalho, fica fácil perceber que o critério espacial e o campo de vigência da norma são entidades diferentes.

Nesse sentido, esclarece Lucas Galvão de Britto,[112] ao definir denotativamente o critério espacial:

112. BRITTO, Lucas Galvão de. *O lugar e o tributo*: ensaio sobre competência e definição do critério espacial na regra-matriz de incidência tributária cit., p. 132.

> Cabe aqui amparar com o exemplo o uso das categorias domínio espacial de vigência e critério espacial com os ajustes que propus. Fazendo-o, poder-se-ia dizer que o critério espacial do IPTU consistiria no logradouro do imóvel, pois é isso que precisa ser provado pela autoridade administrativa para que se proceda ao lançamento hígido, ao passo que o perímetro urbano dá contornos ao seu domínio espacial de vigência, porque é ele que delimita o intervalo dentro do qual deve estar esse logradouro.

Sobre o critério espacial do ITR devemos ter em conta a área específica aludida por lei, qual seja, território rural, conforme determina a Constituição Federal, art. 153, VI, ao regrar a autonomia dos poderes Federados, de tal modo que o acontecimento apenas ocorrerá se dentro dela estiver geograficamente contido o imóvel rural.

Entretanto, conforme veremos adiante, a lei infraconstitucional não é tão clara ao dispor sobre o critério da localização geográfica, fazendo demasiada confusão entre a aplicação desse imposto e a do IPTU.

Existe uma imposição lógica da relação espacial entre o domínio de vigência da norma e a localização da conduta, dada a forma de Estado Federado.

4.1.1.3 Critério temporal da RMIT

No critério temporal da RMIT temos a descrição legal do exato momento em que se dá por ocorrido o acontecimento jurídico, que faz nascer a existência dos direitos e obrigações.

O critério temporal deve ser visto como o instante preciso em que amarra o devedor e o credor, como ensina Paulo de Barros Carvalho:[113] "o marco de tempo deve assinalar o surgimento de um direito subjetivo para o Estado (no sentido amplo) e de um dever jurídico para o sujeito passivo". E prossegue:[114] "seria absurdo imaginar uma ação humana, ou mesmo qual-

113. CARVALHO, Paulo de Barros. *Curso de direito tributário*. 17. ed. cit., p. 265.

114. Idem, ibidem.

quer sucesso da natureza, que se realizasse independentemente de um lugar e alheio a determinado trato de tempo".

É com essa imponente proposição que pretendemos demonstrar a importância do critério temporal para a construção da norma jurídica tributária, como momento da ocorrência do acontecimento, marco revelador da norma tributária que faz surgir a existência dos deveres e obrigações pelos sujeitos de direito, sem o qual, a mensagem estaria incompleta.

Essa construção da hipótese de incidência tributária é extremamente importante para identificarmos o fato tipo, ou seja, onde, quando e o que aconteceu. Nesse caso, o momento eleito pelo legislador para demarcar o tempo no fato serve para complementar os demais critérios do antecedente da norma jurídica tributária a compor a hipótese de incidência tributária.

4.1.1.3.1 Tempo no fato e tempo do fato

No critério temporal da regra matriz de incidência tributária o legislador se reporta ao tempo no fato, refere-se à data em que, ocorrido o evento, deve ser instaurada a relação jurídica obrigacional, enunciado conotativo da norma geral e abstrata, enquanto o tempo do fato é exatamente o momento em que o fato é transcrito em linguagem competente, enunciado denotativo da norma individual e concreta aperfeiçoado.

Ao examinar o fator tempo, Paulo de Barros Carvalho[115] assim o identificou:

> O tempo do fato é aquele instante no qual o enunciado denotativo, perfeitamente integrado como expressão dotada de sentido, ingressa no ordenamento do direito posto, não importando se veiculado por sentença, por acórdão, por ato administrativo ou qualquer outro instrumento introdutório de normas individuais e concretas.

Tomemos como exemplo o lançamento tributário realizado de ofício. Ele apenas será considerado fato jurídico

115. CARVALHO, Paulo de Barros. *Direito tributário*: fundamentos jurídicos da incidência cit., p. 194.

tributário quando intimado o sujeito passivo para pagar ou impugnar. Nesse átimo, teremos o tempo do fato. Isso porque um lançamento que ficar engavetado durante dois anos e, se nesse período, a regra procedimental de autuação tiver sido alterada (como, por exemplo, o agente competente para autuar), o lançamento deverá ser refeito, pois deve obedecer à regra válida nessa data, do tempo do fato, conforme esclarece Paulo de Barros Carvalho:[116]

> A propósito do fato jurídico tributário, o ordenamento brasileiro requer dois procedimentos distintos: um, para a determinação do núcleo do enunciado factual e da correspondente relação jurídica (direito material), em que a regra aplicável (regra matriz de incidência) será aquela que esteve em vigor no momento em que se realizou o evento (dia 1º de janeiro, no exemplo dado); outro, para a constituição do fato jurídico tributário, isto é, para a especificação do agente competente, dos expedientes administrativos a serem praticados, em que as normas aplicáveis (regras de estrutura) serão aquelas vigentes no instante da constituição, vale dizer, no tempo em que a norma individual for editada.

Já o tempo no fato é algo diverso, conforme explica Paulo de Barros Carvalho:[117] "o tempo no fato é a marca de tempo a que se refere o enunciado fático, a ocasião a que alude o enunciado factual, dando conta da ocorrência concreta de um evento".

Essa diferenciação entre tempo no fato e tempo do fato é extremamente importante, pois quando nos reportamos ao tempo no fato estamos nos reportando à data que o legislador elegeu na norma geral e abstrata como critério temporal da norma jurídica tributária. Deve ser observada a lei válida, vigente e eficaz nessa data, ou seja, na data do evento, para tipificar o fato, de acordo com as regras de direito material.

O tempo do fato é a data da perfectibilidade da linguagem jurídica competente do acontecimento. Nesse átimo, deve ser respeitada a norma válida para a realização do procedimento

116. Idem, p. 179-178.

117. Idem, p. 194.

de construção da norma individual e concreta, agente competente e procedimento adequado. Temos a aplicação das regras de direito formal, bem assim, incluídos todos os atos integrantes do procedimento de fiscalização e de arrecadação.

Nesse sentido são as palavras de Clarice Von Oertzen de Araújo:[118]

> Um fato jurídico, portanto, constitui-se em uma representação jurídica de uma situação intersubjetiva, de um estado de coisas, de uma conduta praticada. Em sua condição semiótica, o fato jurídico é signo de caráter indicial, ao trazer para o universo jurídico vetores de espaço e tempo relativos à ocorrência do evento, em si mesmo inapreensível e somente em parte representado.

Sobre a distinção entre fato (tempo do fato) e evento (tempo no fato), Fabiana Del Padre Tomé[119] esclarece:

> chamamos de evento o acontecimento do mundo fenomênico, despedido de qualquer relato linguístico. O fato, por sua vez, é tomado como enunciado denotativo de uma situação, delimitada no tempo e no espaço. Registra Tercio Sampaio Ferraz Jr. que o "fato não é, pois, algo concreto, sensível, mas um elemento linguístico capaz de organizar uma situação existencial como realidade". O fato refere-se sempre ao passado, a algo já sucedido que se esvaiu no tempo e no espaço. Daí termos acesso apenas ao fato, jamais ao evento. Isso não implica, porém, completo desprezo ou negação do evento, pois, como referido, a postura ora adotada nada tem de niilista. Embora inalcançável, o evento é pressuposto para o fato, ou seja, constitui-se o fato "em nome de" relatar um evento supostamente ocorrido.

É nesse sentido que também interpretamos evento e fato. Enquanto o primeiro é o referido, o segundo é o referente.

Então, quando nos reportamos ao critério temporal, referimo-nos ao tempo no fato, com todas as implicações que

---

118. ARAÚJO, Clarice Von Oertzen. Fato e evento tributário – uma análise semiótica. In: SANTI, Eurico Marcos Diniz de (Coord.). *Curso de especialização em direito tributário*: estudos analíticos em homenagem a Paulo de Barros Carvalho. Rio de Janeiro: Forense, 2005. p. 355.

119. TOMÉ, Fabiana Del Padre. *A prova no direito tributário* cit.

lhe são inerentes, respeitadas as regras de direito material à época do evento.

4.1.1.3.2 Equivocado uso do termo fato gerador como critério temporal ou espacial pelo legislador

Além disso, outra importância dessa definição bem delimitada serve para nos alertar a respeito do equivocado uso do termo fato gerador, no sentido de critério temporal, pelo legislador. Assim reconhece Lucas Galvão de Britto:[120]

> Os problemas decorrentes da compreensão dos elementos envolvidos no critério material são percebidos com maior clareza do ponto de vista semântico: é o alcance dos termos empregados que suscita as divergências e conflitos. A tarefa de compreender o sentido dos termos empregados para construir o critério material de um tributo é dificultada por redações que não deixem clara a conduta como, por exemplo, a disposição do Código Tributário Nacional que institui como fato gerador do Imposto sobre Produtos Industrializados *a sua saída dos estabelecimentos industriais ou equiparados* (art. 46, II). Tal dispositivo melhor descreve o *momento* e o *lugar* nos quais se reputa ocorrida a conduta do que, propriamente, qual a ação que precisa ser praticada sobre qual objeto que, nesse tributo, é *industrializar, importar ou adquirir por meio de leilão em hasta pública produto industrializado.*

Temos acompanhado e percebido que, por diversas vezes, o legislador toma como fato gerador tributário o critério temporal, empregando uma expressão por outra, com sentido completamente distinto, ou sem maiores detalhes sobre o sentido em que se está empregando o termo fato gerador. Com isso, traz demasiada confusão mental àquele que interpreta a norma, principalmente quando o estudo envolve o IPI e o ICMS. Haja vista que o próprio Código Tributário Nacional, em seu art. 114, traz o termo fato gerador como sinônimo de hipótese de incidência ou evento jurídico, enquanto no art. 46 seu sentido é empregado como critério temporal.

---

120. BECKER, Alfredo Augusto. *Teoria geral do direito tributário*. 3. ed. São Paulo: Lejus, 1998. p. 354.

Conforme nos alertaram Alfredo Augusto Becker e Rubens Gomes de Souza,[121] a expressão fato gerador é a mais infeliz:

> porque o "fato gerador" não gera coisa alguma, além de confusão intelectual. [...] deve-se tomar extremo cuidado na escolha e no uso de vocábulos e expressões jurídicas. A impropriedade de expressão facilmente desencadeará no cérebro reflexos condicionados àquela impropriedade, fazendo-o raciocinar com ideias errôneas que servem de premissas para conclusões.

Isso implica reforçar a necessidade de esclarecimento semântico, sempre que o termo puder ser usado em mais de uma acepção, ou o contexto não proporcionar a definição exata daquilo que se pretende informar na mensagem.

É nesse sentido que Paulo de Barros Carvalho[122] cita Norberto Bobbio para chamar a atenção ao necessário rigor semântico: "o rigoroso cuidado na terminologia não é exigência ditada pela gramática para a beleza do estilo, mas é uma exigência fundamental para construir qualquer ciência".

Para ilustrar, vejamos o que dispõe o art. 46 do CTN sobre o Imposto sobre Produto Industrializado:

> Art. 46. O imposto, de competência da União, sobre produtos industrializados tem como *fato gerador*:
>
> I – o seu desembaraço aduaneiro, quando de procedência estrangeira;
>
> II – a sua saída dos estabelecimentos a que se refere o parágrafo único do art. 51;
>
> III – a sua arrematação, quando apreendido ou abandonado e levado a leilão (grifos nossos).

Ora, esse pequeno equívoco semântico na legislação, em trocar o critério espacial por fato gerador, acabou trazendo uma discussão sobre a incidência do IPI na saída da

121. BRITTO, Lucas Galvão de. *O lugar e o tributo*: ensaio sobre competência e definição do critério espacial na regra-matriz de incidência tributária cit., p. 52.

122. CARVALHO, Paulo de Barros. *Curso de direito tributário*. 17. ed. cit., p. 247.

mercadoria importada para revenda no mercado interno, mesmo quando não há qualquer industrialização, ao considerar o importador como contribuinte do imposto, e tendo como fato gerador a saída do seu estabelecimento.

Essa discussão foi analisada em Repercussão Geral pelo Supremo Tribunal Federal no RE 946.648, momento em que foi acatada a decisão anterior já proferida pela Corte Superior em recurso repetitivo pela incidência do IPI nesta situação (EREsp 1.403.532) reconhecendo a saída do estabelecimento como fato gerador do IPI, ou seja, como materialidade e não como critério temporal.

Finalizamos as definições dos critérios presentes no antecedente da regra matriz de incidência tributária, previsão hipotética descritiva de um fato que implicará um vínculo obrigacional deonticamente modalizado em obrigatório, proibido ou permitido, presente no consequente da RMIT que passaremos a analisar.

4.1.2 Critérios do consequente ou tese da regra matriz de incidência tributária

4.1.2.1 Critério pessoal

No critério pessoal temos a conotação dos sujeitos da relação jurídica, quais sejam: sujeito ativo e sujeito passivo.

Sobre a relação jurídica, esclarece Alfredo Augusto Becker:[123]

> A relação jurídica, porque é relação, vincula (liga) o sujeito ativo e o sujeito passivo; e porque é jurídica, este vínculo é uma ligação jurídica e a juridicidade desta ligação (relação) consiste precisamente no seguinte: a pessoa situada no polo positivo da ligação (relação) tem o direito à prestação e a pessoa situada no polo negativo desta mesma ligação (relação) tem o dever de prestá-la. Este é o conteúdo jurídico mínimo da relação jurídica; com este conteúdo mínimo já é existente a relação jurídica.

---

123. BECKER, Alfredo Augusto. *Teoria geral do direito tributário* cit., p. 345.

Importante recordar, como fez Paulo de Barros Carvalho:[124]

> Ocorrido o fato jurídico tributário, instala-se a relação dele decorrente, denominada "obrigação tributária". Esta é composta por dois sujeitos, sendo um – o sujeito ativo – o titular do direito subjetivo público de exigir o cumprimento da prestação pecuniária equivalente ao tributo, e o outro – o sujeito passivo, portador do dever jurídico de adimplir referida prestação.

É nesse caminhar que analisaremos quem tem capacidade para figurar no polo ativo e passivo da relação jurídica.

4.1.2.1.1 Sujeito ativo

O sujeito ativo será, sempre, o credor ou pretensor, eleito como competente pela Constituição Federal para figurar na relação jurídica tributária. É aquele que tem capacidade tributária ativa, podendo ser a União Federal, os Estados Membros e Municípios, a depender do tipo de tributo os quais estaremos tratando.

Mesmo nos casos de tributos federais, é possível ter como agente capaz outras pessoas, como ocorre com os tributos parafiscais,[125] quando há a delegação, por quem detém a competência tributária, dos elementos da capacidade tributária ativa que, além de arrecadar, fiscalizar e administrar, detém a capacidade de postular em juízo, como parte processual a sua cobrança, ou seja, como titular da obrigação.

Como ensina Alfredo Augusto Becker:[126]

> O sujeito ativo, na relação jurídica, tem o direito à prestação e correlativamente, o sujeito passivo tem o dever de prestá-la. [...]

---

124. CARVALHO, Paulo de Barros. *Direito tributário, linguagem e método* cit., p. 633.

125. "Em algumas oportunidades, porém, verificamos que a lei instituidora do gravame indica sujeito ativo diferente daquele que detém a respectiva competência, o que nos conduz à conclusão de que uma é a pessoa competente, outra a pessoa credenciada a postular o cumprimento da prestação" (CARVALHO, Paulo de Barros. *Direito tributário, linguagem e método* cit., p. 251).

126. BECKER, Alfredo Augusto. *Teoria geral do direito tributário* cit., p. 344.

> A pretensão é o poder de exigir a prestação, ainda que esteja uma abstenção (não fazer). A obrigação é o não poder negar-se à exigência da prestação. [...] Se o direito (cuja pretensão foi exercida) não é satisfeito pela prestação, então surge a coação: a coação é o poder de coagir, o sujeito ativo coage o sujeito passivo a efetuar a prestação. [...] É difícil, antes de madura reflexão, ver ou admitir esta tripartição vertical da eficácia jurídica: direito, pretensão, coação (e seus correlativos).

Segundo Paulo de Barros Carvalho, o sujeito ativo no direito tributário,

> pode ser uma pessoa jurídica pública ou privada, mas não visualizamos óbice para que seja uma pessoa física. Dentre as pessoas jurídicas de direito público, temos aquelas investidas de capacidade política – são as pessoas políticas de direito constitucional interno – dotadas de poder legislativo e habilitadas, por isso mesmo, a inovar a organização jurídica, editando normas. Há outras, sem competência tributária, mas credenciadas à titularidade de direitos subjetivos, como integrantes de relações jurídicas obrigacionais. Entre as pessoas de direito privado, sobressaem as entidades paraestatais que, guardando a personalidade jurídico-privada, exercitam funções de grande interesse para o desenvolvimento de finalidades públicas.[127]

Assim, definimos o conceito de sujeito ativo como aquele que possui capacidade ativa, que vai além de arrecadar e fiscalizar o tributo, podendo coagir o seu pagamento, indo ao Estado juiz e figurando como parte ativa da relação processual.

Conforme vimos, recentemente, nos autos do Mandado de Segurança nº 1011876-66.2020.4.01.0000 as entidades terceiras impetrarem o Mandamento Constitucional para resguardarem seus direitos, em face de decisão que manteve o entendimento pela redução das contribuições destinadas a estas, figurando como sujeito ativo no polo da relação jurídica.

Apesar do Superior Tribunal de Justiça já ter se posicionado pela exclusão das entidades terceiras do polo passivo

---

127. CARVALHO, Paulo de Barros. *Curso de direito tributário*.19. ed. São Paulo: Saraiva, 2007.

das ações impetradas pelos contribuintes, conforme AgRg em Resp nº 1.512.473-SC, por não se tratar de parte legítima figurar no polo passivo.

Ou seja, trazendo grande dificuldade aos contribuintes na interpretação dessa eleição do polo passivo ou ativo, já que, logicamente, a quem tem o direito de cobrar deve ser reconhecida a capacidade jurídica de figurar na relação jurídica como parte, seja como demandante ou demandado.

4.1.2.1.2 Sujeito passivo

O sujeito passivo será sempre uma pessoa física ou jurídica, privada ou pública, de quem se exige o cumprimento prestacional. Ele figura como devedor da prestação tributária, o denominado contribuinte, selecionado segundo critério de participação direta e pessoal.

Outro, entretanto, pode ser o sujeito passivo, pois, em determinadas oportunidades o legislador infraconstitucional seleciona outro, que não o contribuinte, mas alguém que tem participação indireta com o fato para figurar como devedor, na condição de responsável, substituto ou solidário.

Para Paulo de Barros Carvalho,[128] contribuinte é aquele sujeito que participa direta e pessoalmente com a ocorrência objetiva, enquanto aquele que participa indiretamente da situação jurídica é o responsável.

Assim também dispõe o art. 121 do Código Tributário Nacional:

> Art. 121. Sujeito passivo da obrigação principal é a pessoa obrigada ao pagamento de tributo ou penalidade pecuniária.
>
> Parágrafo único. O sujeito passivo da obrigação principal diz-se:
>
> I – contribuinte, quando tenha relação pessoal e direta com a situação que constitua o respectivo fato gerador;

128. CARVALHO, Paulo de Barros. *Direito tributário, linguagem e método* cit., p. 632.

> II – responsável, quando, sem revestir a condição de contribuinte, sua obrigação decorra de disposição expressa de lei.

Ambos podem ser considerados sujeitos passivos da relação jurídica a depender da escolha do legislador.

Em relevante estudo, Maria Rita Ferragut[129] segue os passos de Paulo de Barros Carvalho e também considera como sujeito passivo "a pessoa física, privada ou pública, detentora de personalidade, e de quem juridicamente exige-se o cumprimento da prestação. Consta, obrigatoriamente, do polo passivo de uma relação jurídica, única forma que o direito reconhece para cumprir uma conduta".

E prossegue, ressaltando: "não percamos de vista esse ponto fundamental: sujeito passivo é aquele que figura no polo passivo da relação jurídica tributária, e não aquele que tem aptidão para suportar o ônus fiscal".

Por fim, importante trazer as definições de contribuinte e responsável, construídas pela autora, que considera como contribuinte "a pessoa que realizou o fato jurídico tributário, e que cumulativamente encontra-se no polo passivo da relação obrigacional. Se uma dessas condições estiver ausente, ou o sujeito será o responsável, ou será o realizador do fato jurídico, mas não o contribuinte".

Sobre a definição do conceito de responsável, considera-o aquele sujeito qualquer que "(i) não praticou o evento descrito no fato jurídico tributário; e (ii) que disponha de meios para ressarcir-se do tributo pago por conta de fato praticado por outrem".

A sujeição passiva é matéria farta que nos custaria longas páginas de discussão e nos afastaria do foco principal. Pensamos que a definição trazida sobre o sujeito passivo é suficiente para o deslinde desta pesquisa, e será muito útil quando tratarmos da sujeição passiva do ITR.

---

129. FERRAGUT, Mara Rita. *Responsabilidade tributária e o Código Civil de 2002*. 2. ed. São Paulo: Noeses, 2009, p. 29.

As possíveis relações jurídicas e os tipos de relações já foram vistas em oportunidade anterior, motivo pelo qual não nos debruçaremos novamente sobre o assunto.

4.1.2.2 Critério quantitativo

No critério quantitativo estamos diante de prescrições conotativas referentes às grandezas dimensíveis das obrigações tributárias, objeto da prestação jurídica, consubstanciada na base de cálculo e alíquota.

4.1.2.2.1 Base de cálculo

Para Paulo de Barros Carvalho,[130] o idealizador da RMIT, a base de cálculo, como critério que compõe o aspecto quantitativo, apresenta três funções distintas: "a) medir as proporções reais do fato; b) compor a específica determinação da dívida; e c) confirmar, infirmar ou afirmar o verdadeiro critério material da descrição contida no antecedente da norma".

Com relação à primeira função, a base de cálculo tem relação direta com o fato tipificado na hipótese e servirá para medir sua proporção como condição para sua existência. Aqui verificamos a preocupação em se estabelecer uma relação dimensível do fato, para implantar a causalidade entre o fato e a consequência jurídica a ele imposta.

Com relação à segunda função, temos que a base de cálculo servirá como um dos requisitos para compor a base calculada que é a dívida, juntamente com a alíquota.

Com relação à terceira função, já tratada *supra*, temos que a base de cálculo ao infirmar, afirmar ou confirmar o verdadeiro critério material será a responsável por determinar a real natureza jurídica do tributo.

Assim, podemos dizer que a natureza jurídica do tributo não está no fato descrito na hipótese de incidência, mas na

130. CARVALHO, Paulo de Barros. *Curso de direito tributário*. 17. ed. cit., p. 332.

base de cálculo que mensura o fato e a ele deve manter estrita relação. Além disso, assim como Paulo de Barros Carvalho,[131] consideramos a natureza jurídica do tributo primordial no estudo da capacidade contributiva, conjugado com o princípio da isonomia (a contribuição deve ser do tamanho econômico do evento), sem nos esquecermos que o cânone da igualdade é um imperativo constitucional.

4.1.2.2.2 A alíquota

A alíquota como critério que compõe o aspecto quantitativo tem um papel fundamental na quantificação do *quantum* devido. Apenas a base de cálculo não é suficiente a dimensionar a prestação jurídica obrigacional.

Como ensina Paulo de Barros Carvalho,[132] "congregada à base de cálculo, dá a compostura numérica da dívida, produzindo o valor que pode ser exigido pelo sujeito ativo, em cumprimento da obrigação que nascera pelo acontecimento do fato típico".

É no resultado da combinação da base de cálculo e alíquota que teremos a base calculada:[133] "a base calculada é a grandeza presente no elemento quantitativo da relação jurídica tributária, cumprindo papel mensurador e determinativo do valor que deve ser prestado a título de tributo".

Segundo o doutrinador, as alíquotas podem assumir duas feições: "a) um valor monetário fixo, ou variável, em função de escalas progressivas da base de cálculo (p. ex. $ 1,20 por metro linear, até 100 metros; $ 2,40 por metro linear de 100 a 300 metros, e assim por diante); ou b) uma fração, percentual ou não da base de cálculo".

---

131. CARVALHO, Paulo de Barros. *Curso de direito tributário*. 17. ed. cit., p. 340.

132. Idem, p. 342.

133. CARVALHO, Paulo de Barros. *Direito tributário*: fundamentos jurídicos da incidência cit., p. 244.

Na progressividade da alíquota do ITR veremos que a progressividade pelo tamanho do imóvel rural não respeita nenhuma dessas formas de progressividade, pois não se dá em relação à base de cálculo VTNt, mas ao tamanho da propriedade. Além disso, não está autorizada pela extrafiscalidade essa forma de progressividade.

Na fração percentual, pode ser invariável (idêntica para qualquer base de cálculo), variável proporcional progressiva (com o aumento da base de cálculo tem-se o aumento da alíquota) e variável proporcional regressiva (com o aumento da base, diminui-se a proporção).

Vimos que a alíquota tem função primordial no cálculo da prestação, além disso, sua observância em conjugação com a base de cálculo para aferir a confiscatoriedade é primordial. Para os tributos extrafiscais, a conjugação da alíquota com o critério material, a autorizar a extrafiscalidade, é de suma importância, pois é o critério material que propicia verificar o caráter extrafiscal ou não a permitir a aplicação da alíquota majorada pela extrafiscalidade.

4.2 Binômio hipótese de incidência e base de cálculo

Segundo Paulo de Barros Carvalho,[134] o binômio que define o tipo tributário é entre a base de cálculo e a hipótese de incidência tributária. Segundo o autor, a base de cálculo deve ter uma relação lógica e direta com a hipótese de incidência tributária, a confirmar, infirmar ou afirmar o verdadeiro critério material da hipótese tributária.

Esse raciocínio sobre a integração lógico-semântica da hipótese de incidência e base de cálculo serve para revelar a natureza do tributo.

Enquanto no critério material temos o núcleo da hipótese de incidência, no critério quantitativo, mais precisamente

134. CARVALHO, Paulo de Barros. *Direito tributário, linguagem e método* cit., p. 626.

na base de cálculo, temos a mensuração daquela conduta praticada pelo contribuinte. A base de cálculo é considerada por Amilcar Falcão a "verdadeira e autêntica expressão econômica da hipótese de incidência". Para Paulo de Barros Carvalho,[135] é nesse binômio que encontraremos os traços da enunciação para produzir o acontecimento tributário a nos permitir classificá-lo, em uma análise comparativa.

De fato, sobre essa análise comparativa, não há dúvida quanto a sua importância para a compreensão da natureza jurídica do tributo. Entretanto, a análise comparativa entre o binômio hipótese de incidência e alíquota também deve ser observada, conforme passamos a expor.

4.3 Binômio hipótese de incidência e alíquota

Consideramos que esse binômio também deve ser construído com a alíquota, pois, tratando-se de tributo extrafiscal, a hipótese de incidência, muitas vezes, deverá ter relação direta com a alíquota. Isso, porque o fato é que irá autorizar a extrafiscalidade presente na alíquota.

Nesse caso, o critério material da hipótese é que autorizará a extrafiscalidade, a confirmando, infirmando ou afirmando. É o critério material, como núcleo da hipótese de incidência tributária, que irá definir a extrafiscalidade apresentada na alíquota.

Assim, acreditamos que esse binômio também deve ser considerado, não para a análise da natureza jurídica do tributo, mas para a análise da extrafiscalidade tributária que é confirmada, infirmada ou afirmada pelo critério material.

4.4 Sobre os modais deônticos na relação jurídica

Antes de avançarmos e sem estender muito, faremos uma observação sobre os modais deônticos. Eles são iguais para

135. CARVALHO, Paulo de Barros. *Direito tributário, linguagem e método* cit., p. 626.

ambos os sujeitos da relação, assim, quando o sujeito passivo estiver obrigado a recolher o tributo, estará, também, o sujeito ativo, obrigado a receber.

Essa informação nos serve como uma luva para realizarmos a prática do pagamento tributário nas repartições administrativas que, muitas vezes, em seus regulamentos, nos impossibilita o cumprimento da regra legal, sendo tão restritiva que nos impede realizar o adimplemento obrigacional.

Para ilustrar, nos casos de pagamento de ITR com Títulos da Dívida Agrária, o Regulamento da Secretaria da Receita Federal apenas autoriza o recebimento de três processos por procurador habilitado. Como vimos, um grande absurdo, dado o fato de a administração estar, por lei, obrigada a receber. Quando isso ocorrer, uma saída pode ser constituir em mora a administração com a propositura de uma ação de consignação em pagamento.

5. REGRA MATRIZ DOS DEVERES INSTRUMENTAIS

5.1 Norma jurídica dos deveres instrumentais

Nas normas primárias, além da incidental, temos aquelas que instituem providências instrumentais, uma obrigação de fazer determinada conduta previamente estabelecida pela lei, ligada à arrecadação ou fiscalização da obrigação incidental tributária.

Como esclarece Maria Ângela Lopes Paulino Padilha:[136]

> Deveres instrumentais, consoante os arts. 113, § 2º e 115 do CTN[137] têm como objeto as prestações, positivas ou negativas, previstas em prol do interesse da arrecadação e da fiscalização do tributo e que não configuram a obrigação principal, consistente em promover a inscrição no cadastro fiscal na forma e prazo determinados, antecipar valores, preencher declarações, realizar a contabilidade-fiscal, emitir notas fiscais, escriturar livros,

136. PADILHA, Maria Ângela Lopes Paulino. *As sanções no direito tributário* cit., p. 36.

137. Art. 113, § 2º, do CTN: "Art. 113. A obrigação tributária é principal ou acessória. [...] § 2º A obrigação acessória decorre da legislação tributária e tem por objeto as prestações, positivas ou negativas, nela previstas no interesse da arrecadação ou da fiscalização dos tributos". Art. 115 do CTN: "Fato gerador da obrigação acessória é qualquer situação que, na forma da legislação aplicável, impõe a prática ou a abstenção de ato que não configure obrigação principal".

> apresentar as informações quando exigidas pela fiscalização; enfim, documentar a ocorrência do fato previsto na hipótese da regra matriz de incidência tributária e colaborar com a Administração Fazendária, nos moldes exigidos em lei.

A Constituição Federal, em seu art. 146, III, "b", determina que as normas gerais relativas ao instituto das obrigações tributárias somente podem ser veiculadas por lei complementar.

O Código Tributário Nacional, recepcionado pela Constituição Federal como lei complementar em seu art. 113, §§ 1º e 2º, ao inaugurar a disciplina das obrigações tributárias, classifica estas últimas em principal e acessória.

Segundo disciplina a lei complementar, as obrigações acessórias constituem condutas comissivas ou omissivas exigíveis dos contribuintes no intuito de assegurar o cumprimento da obrigação principal, compreendendo, sempre, um "fazer" ou um "não fazer", voltado às atividades de controle e de arrecadação tributária.

Assim, as obrigações que consistem no cumprimento dos deveres instrumentais são aquelas de cunho não econômico, veiculadoras de meros deveres. Seu conteúdo semântico não é representado por valor econômico; são obrigações de fazer ou não fazer (e não de dar), como nos informa Paulo de Barros Carvalho, ao trazer melhor nomenclatura por diferenciar obrigação de dever:[138]

> Deveres, com o intuito de mostrar, de pronto, que não têm essência obrigacional, isto é, seu objeto carece de patrimonialidade. E instrumentais ou formais porque, tomados em conjunto, é instrumento de que dispõe o Estado-Administração para o acompanhamento e consecução dos seus desígnios tributários. Ele (Estado) pretende ver atos devidamente formalizados, para que possa saber da existência do liame obrigacional que brota com o acontecimento fáctico, previsto na hipótese da norma.

138. CARVALHO, Paulo de Barros. *Curso de direito tributário*. 17. ed. cit., p. 294.

Para Paulo de Barros Carvalho,[139] há as relações tributárias de cunho obrigacional e as relações tributárias de cunho não obrigacional:

> O critério é a natureza patrimonial do objeto da prestação, que se resolve numa quantia em dinheiro ou em algo que nele se possa converter. Todas as demais condutas, consistentes num fazer ou não fazer, insusceptíveis de expressão em termos pecuniários, seriam relações jurídicas não obrigacionais.

Referidos deveres servem para facilitar o controle, fiscalização e arrecadação tributária e são exigidos pelo Estado-Administração no sentido de imputar efeitos práticos à percepção tributária e o adequado cumprimento da obrigação tributária (relação jurídica de ordem pecuniária).[140]

Sobre os deveres instrumentais, em minucioso estudo, Andreia Fogaça Maricato[141] colacionou em sua dissertação de mestrado várias doutrinas sobre o assunto, demonstrando a dissensão doutrinária de Hugo de Brito Machado e José Souto Maior Borges, acompanhado por Regina Helena Costa:[142]

> Hugo de Brito Machado, corrente minoritária, não critica a expressão "obrigação tributária acessória" empregada pelo texto de direito positivo para veicular prescrições normativas de estrutura que permitam a criação de prestações, positivas ou negativas, no interesse da arrecadação ou da fiscalização de tributos. Entende que, no plano dogmático, é possível a existência de

139. CARVALHO, Paulo de Barros. *Direito tributário*: fundamentos jurídicos da incidência cit., p. 238.

140. Adotamos a divisão entre relações jurídicas obrigacionais (relação patrimonial) e não obrigacionais (relação de cunho não patrimonial) como faz Paulo de Barros Carvalho. Para este estudo, trabalharemos com essas duas obrigações, pecuniária e não pecuniária, obrigação de dar e dever de fazer. A esta última denominaremos deveres instrumentais (CARVALHO, Paulo de Barros. *Curso de direito tributário*. 17. ed. cit., p. 290).

141. MARICATO, Andreia Fogaça. *Deveres instrumentais*: regra matriz e sanções. Dissertação (Mestrado) – Pontifícia Universidade Católica de São Paulo (PUC-SP), São Paulo, 2009. p. 56-58.

142. COSTA, Regina Helena. *Curso de direito tributário* – Constituição e Código Tributário Nacional. São Paulo: Saraiva, 2009. p. 174-175.

obrigações sem conteúdo patrimonial (razão que justificaria a utilização dessa expressão em vez do vocábulo "deveres") e que o caráter acessório para o direito tributário é distinto daquele constituído na seara do direito privado (segundo o qual uma obrigação terá esse atributo quando estiver umbilicalmente atrelada a outra). Por fim, admite que o Código Tributário Nacional autoriza a criação de obrigações acessórias por outros atos normativos, além da lei, e sustenta que só se incluem no conceito de obrigações acessórias aqueles deveres cujo cumprimento seja estritamente necessário para viabilizar o controle do cumprimento da obrigação principal. [...]

José Souto Maior Borges preceitua que o art. 113 do CTN veicula em seu conteúdo dever jurídico pecuniário (obrigação tributária principal) e dever jurídico não pecuniário (obrigação tributária acessória). E, demonstra que a patrimonialidade da obrigação é um problema de direito positivo, uma opção do legislador. Portanto, que não deve contaminar a metalinguagem da Teoria Geral do Direito. Com efeito, somente haverá deveres jurídicos pecuniários se a metalinguagem da Ciência do Direito, descrevendo o conjunto de disposições normativas existentes e válidas no ordenamento jurídico, lograr êxito nesse intento. Se, pelo contrário, a linguagem objeto da Ciência do Direito prescrever sua existência de obrigações não patrimoniais, haverá dever jurídico não patrimonial e patrimonial. O ser patrimonial da obrigação (metalinguagem) não interfere na construção do dever (metalinguagem). A construção do sentido, conteúdo e alcance do dever está despregada desse elemento (mutável ao sabor dos órgãos credenciados pelo sistema para inovar o ordenamento jurídico).

A despeito do entendimento dos autores, tendemos a discordar desse posicionamento. Compreendemos que o vocábulo "obrigação" é sinônimo de relação jurídica patrimonial, conforme preceitua o art. 3º do Código Tributário Nacional.

Isso nos autoriza dizer que os deveres instrumentais são os meios pelos quais o Poder Público deve controlar o cumprimento dessas prestações obrigacionais tributárias,[143]

143. "É preciso assinalar que esses deveres subjetivos, malgrado a impossibilidade de conversão em pecúnia, cumprem papel relevante na implantação do tributo, porque de sua observância depende a documentação em linguagem de tudo que diz respeito à pretensão impositiva" (CARVALHO, Paulo de Barros. *Direito tributário*: fundamentos jurídicos da incidência cit., p. 239).

conforme os arts. 113, § 2º e 115 do CTN.[144] O núcleo da hipótese de incidência tributária dessa norma de natureza comportamental será um dever de fazer, documentar a ocorrência do fato descrito no antecedente da norma e da relação jurídica prescrita no consequente da norma.

Sobre a nomenclatura "deveres instrumentais", adotada para distinguir de "obrigação tributária", justifica Paulo de Barros Carvalho:[145]

> Deveres instrumentais ou formais. "Instrumentais" porque o plexo de deveres estabelecidos pela lei funciona como meio, instrumento de apuração, investigação e conhecimento das circunstâncias em que se deu o evento previsto normativamente. E "formais" porque dizem respeito à formalização em linguagem do acontecimento tributário. A satisfação desses deveres passa a ser imprescindível para que possa surgir o fato jurídico tributário, na plenitude de sua configuração de enunciado linguístico.

Nesse sentido foi a recente decisão da Segunda Câmara do TIT, do relator Caio Takano, no AIIM 407874-5, que analisou se havia dependência entre a obrigação principal e o dever instrumental, cancelando a parte que exigia a emissão de nota fiscal de obrigação tributária declarada inconstitucional pelo Supremo Tribunal Federal.

Em seu voto destacou:

> não há qualquer sentido em emitir uma nota fiscal para documentar uma operação que sequer está no âmbito de competência do imposto – em virtude da decisão do STF na ADIN 1600-8 – e cujos contornos da prestação de serviço em nada interessa ao Estado de São Paulo, pois não poderá exigir da autuada qualquer tributo pela sua realização.

---

144. "Art. 113. A obrigação tributária é principal ou acessória. [...] § 2º A obrigação acessória decorre da legislação tributária e tem por objeto as prestações, positivas ou negativas, nela previstas no interesse da arrecadação ou da fiscalização dos tributos." "Art. 115. Fato gerador da obrigação acessória é qualquer situação que, na forma da legislação aplicável, impõe a prática ou a abstenção de ato que não configure obrigação principal."

145. CARVALHO, Paulo de Barros. *Curso de direito tributário*.19. ed. cit.

Diante da ausência do interesse de arrecadar, em situação em que o tributo é declarado inconstitucional, não enseja o dever fiscalizatório da administração tributária, sendo inexigível a exigência do cumprimento de deveres instrumentais.

Percebemos que naquela Câmara Administrativa Estadual prevaleceu a dependência dos deveres instrumentais para o surgimento do fato jurídico tributário. Não havendo fato jurídico tributário a surgir, não há que se falar no cumprimento do dever instrumental. Esse raciocínio é aplicado aos casos de não incidência tributária.

Para os casos de normas isentivas a situação se altera, pois há dependência da documentação, ou seja, da linguagem presente nos deveres instrumentais, para relatar se é caso de isenção e, portanto, de subsunção das normas isentivas ou não.

5.1.1 Regra matriz do dever instrumental

Com base na definição da norma comportamental dos deveres instrumentais, podemos construir a sua regra matriz, considerando os ensinamentos de Paulo de Barros Carvalho, quando da idealização da RMIT, adaptados para a regra do dever instrumental. Dentro da estrutura hipotético condicional de todas as normas classificaremos e definiremos os critérios necessários para sua existência.

Como não estamos diante de uma obrigação, mas de um dever, no seu consequente não teremos uma prestação pecuniária, mas uma prestação de fazer ou não fazer.

5.1.1.1 Critérios do antecedente – material, espacial e temporal

5.1.1.1.1 Critério material

No critério material, conforme prescreve o art. 115 do Código Tributário Nacional, "Fato gerador da obrigação acessória é qualquer situação que, na forma da legislação aplicável, impõe a prática ou a abstenção de ato que não configure obrigação principal".

Assim, podemos ver que seu critério material será composto de um fato, que pode ou não ser o mesmo descrito na hipótese da norma de incidência tributária. E será, da mesma forma, composto de um verbo mais seu complemento. Esses fatos interessam à Administração fiscalizar e documentar para colaborar com a Administração Fazendária na tarefa de fiscalização e arrecadação tributária.

5.1.1.1.2 Critério espacial

O critério espacial será aquele determinado pela lei como a localização do evento tributário ocorrido. Como vimos, o critério espacial não está atrelado ao campo de vigência da norma, apesar das coincidências existirem, mas se refere ao local de sua incidência, conforme ilustra Andreia Fogaça Maricato:[146]

> O IPI, tomado na regra que prevê a incidência sobre importação, e o IR: ambos são de competência da lei federal (vigência territorial da lei), porém apresentam critérios espaciais diversos. O fato jurídico na primeira hipótese ocorrerá nas repartições aduaneiras, situadas em localidades determinadas e delimitadas. Já o IR alcança não só os acontecimentos verificados no território nacional, mas também os fatos além de nossas fronteiras.

No critério especial estamos falando de lugar, como relação de posicionamento, assim, com essa ideia devemos pensar no espaço a ser sinalizado pelo legislador.

5.1.1.1.3 Critério temporal

O critério temporal é o instante em que nasce o dever de prestar as informações do fato previsto no núcleo da hipótese, o que ocorre com o acontecimento jurídico obrigacional na data do evento.

Não se confunde com a data do cumprimento do dever instrumental. A data do fato, importante para estudar as normas sancionatórias, pode aparecer, por tal motivo, no

---

146. MARICATO, Andreia Fogaça. *Deveres instrumentais*: regra matriz e sanções cit., p. 122.

consequente da norma primária do dever instrumental, como método de estudo da respectiva sanção.

Na hipótese das normas dos deveres instrumentais nós teremos a descrição do fato obrigacional que se pretende fiscalizar, controlar e arrecadar.

5.1.1.2 Critérios do consequente do dever instrumental

No consequente da norma jurídica do dever instrumental, como não estamos diante de uma obrigação de caráter pecuniário, mas de um dever instrumental, não teremos, nesse caso, a mensuração da prestação pecuniária. Há somente a prescrição do dever instrumental, como promover a inscrição no cadastro fiscal, antecipar valores, preencher declarações, realizar a contabilidade fiscal, emitir notas fiscais, escriturar livros, apresentar as informações quando exigidas pela fiscalização, entre outros relevantes para o acompanhamento e a consecução dos desígnios tributários.

5.1.1.2.1 Critério pessoal

O critério pessoal da regra matriz de dever instrumental, da mesma forma que as demais regras, será composto por dois polos: o sujeito ativo e o sujeito passivo. O sujeito passivo é aquele determinado por lei para cumprir o dever instrumental. Já o sujeito ativo é quem tem competência para criar o tributo ou possui capacidade tributária ativa, quando esta for delegada, pois caberá a ele fiscalizar e acompanhar o comportamento da relação intersubjetiva que pode fazer nascer a relação jurídica obrigacional.

Tendo em vista que a finalidade do dever instrumental é controlar o cumprimento da prestação tributária, tal controle apenas compete àquele que o criou ou que por este está autorizado.

5.1.1.2.2 Critério prestacional

Nesse critério temos a prescrição do dever de fazer ou não fazer como objeto prestacional não obrigacional.

6. IMPOSTO TERRITORIAL RURAL (ITR)

6.1 Definição de conceitos importantes para a construção da norma de incidência do ITR

Para a construção da RMIT do ITR, a definição do conceito de incidência da norma jurídica e seu paralelo com a não incidência devem ser previamente esclarecidos.

6.1.1 Incidência e não incidência da norma jurídica

Na oportunidade *supra*, tratamos da regra matriz de incidência tributária, como norma geral e abstrata, e definimos os critérios necessários para a construção da norma de incidência tributária de qualquer tributo.

Vimos que na regra geral e abstrata de qualquer tributo, encontraremos uma classe de eventos, com infinitas possibilidades de acontecimentos concretos, implicando uma classe de relação jurídica com, também, infinitas possibilidades.

Nesse sentido são as palavras de Paulo de Barros Carvalho:[147]

> no plano das normas gerais e abstrata, teremos apenas a indicação de classes, com as notas que um acontecimento precisa ter

147. CARVALHO, Paulo de Barros. *Direito tributário*: fundamentos jurídicos da incidência cit., p. 201.

> para ser considerado fato jurídico (no antecedente), implicando a indicação de classes com as notas que uma relação tem de ter para ser considerada como relação jurídica (no consequente). Um enunciado conotativo implicando outro enunciado denotativo.

Apenas com a subsunção, do fato à norma geral e abstrata, como operação lógica de inclusão dos elementos nas classes, quando realizado por agente competente, é que poderemos falar na incidência da norma.

Conforme ensina Paulo de Barros Carvalho,[148] "a incidência da regra não ocorrerá enquanto a norma individual e concreta, dando conta da subsunção do fato à classe de acontecimentos descritos no suposto, não for expedida pelo órgão competente".

Isso porque entendemos que a incidência não é automática e infalível à ocorrência do evento, como trabalhada por Pontes de Miranda e Miguel Reale.

Para o direito positivo, as normas jurídicas apenas se materializam por linguagem, não se confundindo com a linguagem social.

Aurora Tomazini de Carvalho[149] esclarece os dois planos da linguagem, construídos por Paulo de Barros Carvalho. Segundo a autora, o plano do direito positivo é diferente do plano da realidade social: "(i) o do direito positivo, formado exclusivamente por normas jurídicas e materializado em linguagem prescritiva; e (ii) o da realidade social, onde as relações intersubjetivas se concretizam no espaço e no tempo".

A incidência depende de uma linguagem que construa o fato jurídico (relato do evento acontecido no mundo da experiência) e a respectiva relação jurídica entre sujeitos (o vínculo que se instaura entre duas ou mais pessoas).

---

148. Idem, p. 137.

149. CARVALHO, Aurora Tomazini de. *Curso de teoria geral do direito.* O constructivismo lógico-semântico cit.

Nesse sentido, entendemos que a incidência e a aplicação ocorrem no mesmo instante, pois a norma jurídica incide no momento em que é aplicada.

Conforme explica Aurora Tomazini de Carvalho[150] ao tratar da fenomenologia da incidência, ela se dá por uma construção humana do fato implicacional:

> Quando, interpretando a linguagem da "realidade social" (a qual tem acesso por meio da linguagem das provas), identifica um fato denotativo da classe da hipótese, realiza a subsunção e produz uma nova linguagem jurídica, relatando tal fato no antecedente de uma norma individual e concreta e a ele imputando a relação jurídica correspondente (como proposição consequente desta norma) e, assim, o faz, com a denotação dos critérios de identificação do consequente da norma geral e abstrata (incidida), a qual será representativa de um liame a ser estabelecido no campo social.

Vimos, portanto, que a linguagem constitui o fato jurídico e a relação jurídica e assim o faz em nome de um evento, apresentando-se como declaratória quanto ao evento.

Sem um ato de vontade humana do agente competente a produzir um fato jurídico, realizado pela operação de subsunção dos direitos e deveres em situações concretas, não haverá a incidência tributária. Ela depende de uma linguagem a ser realizada por agente competente e um procedimento adequado.

Aurora Tomazini de Carvalho,[151] ao analisar sob o viés da semiótica a incidência, divide o fenômeno em três planos: (i) sintático; (ii) semântico; e (iii) pragmático, enriquecendo a análise do fato incidência:

> (i) sob o aspecto sintático, a incidência se perfaz em duas operações lógicas: (i.a) subsunção (inclusão de classes) do fato e da relação; e (i.b) imputação ao fato dos efeitos jurídicos (implicação).

150. Idem, p. 443.

151. Idem, p. 469.

> (ii) sob a faceta semântica, a incidência é a determinação do conteúdo dos enunciados normativos gerais e abstratos, caracteriza-se, portanto, como uma operação de denotação.
>
> (iii) sob o ponto de vista pragmático a incidência também se completa em duas operações: (iii.a) interpretação (do fato e do direito); e (iii.b) constituição da nova linguagem jurídica.

Assim, temos na incidência duas operações lógicas, como visto no item (i), uma de subsunção do fato e outra de relação implicacional. Importante ter em mente que a subsunção é sempre do fato e da relação para que tenhamos um encaixe completo. Basta que apenas um dos critérios da hipótese ou do consequente não sejam preenchidos para que a operação lógica de inclusão de classes da incidência tributária fique comprometida.

6.1.1.1 Paralelo entre incidência e não incidência

Como vimos, para haver incidência tributária é necessário preencher todos os critérios da norma geral e abstrata em uma operação de subsunção de classes realizada por agente competente.

Quando não é possível fazer essa subsunção, do fato jurídico à hipótese e da relação jurídica ao consequente, por lhe faltar algum elemento a preencher determinada classe, dizemos que a norma não incide.

Assim, pensando na estrutura hipotético condicional da norma em sentido estrito, H -> C, nos casos de -H -> -C e nos casos de -C -> -H, para que ocorra a incidência todos os elementos dos critérios da hipótese devem estar preenchidos. Do contrário, não teremos o fato jurídico, resultando no -Fj. Da mesma forma, todos os elementos dos critérios do consequente devem estar preenchidos. Do contrário, não teremos a relação jurídica prestacional, o que resultaria numa -Rj, na operação lógica de subsunção.

Nesse sentido são as palavras de Lucas Galvão de Britto:

> Por ser estrutura mínima, bastará a falta de um para que não aconteça a subsunção, pois carecerá indicação de algum dos

> elementos indispensáveis à caracterização ou da conduta que dê ensejo ao pagamento do tributo (o termo antecedente), ou da relação jurídica prescrita que obrigue ao pagamento de uma determinada quantia (o termo consequente).[152]

Assim, quando não for possível realizar a subsunção fática implicacional à norma, por faltar o preenchimento do elemento de algum critério da regra de incidência, estaremos diante de uma não incidência tributária.

6.2 Definição do conceito de normas de estrutura e de comportamento importantes para a construção da RMIT do ITR

Antes de avançarmos na construção da RMIT do ITR, entendemos pertinente definirmos o conceito de algumas normas de estrutura e de comportamento que interferirão na construção lógica do imposto.

6.2.1 Norma de estrutura

6.2.1.1 Isenção

Como vimos, classificamos as normas jurídicas em sentido estrito, do plano S3, ou seja, estruturada na forma hipotético-condicional em normas de estrutura e de comportamento. A norma da isenção está classificada no conjunto das regras de estrutura por alterar um dos critérios da norma de comportamento que é a regra matriz de incidência tributária.

Sem nos esquecermos de que toda regra (norma jurídica em sentido estrito) serve para regular condutas intersubjetivas, entretanto, entendemos que as regras de incidência regulam diretamente a conduta intersubjetiva (fim imediato), enquanto as de estrutura são normas que dispõem sobre outras normas (fim mediato).

---

152. BRITTO, Lucas Galvão de. *O lugar e o tributo*: ensaio sobre competência e definição do critério espacial na regra-matriz de incidência tributária cit., p. 51.

No caso da isenção, entendemos que implica na criação da norma de incidência, mutilando parcialmente um de seus critérios, interferindo diretamente na eficácia técnica da norma geral e abstrata.

A mutilação deve ser parcial, caso contrário nos faltará ou hipótese –H ou a consequência –C da regra geral. Nesse sentido também esclarece Paulo de Barros Carvalho:[153] "É óbvio que não pode haver supressão total do critério, porquanto equivaleria a destruir a regra matriz, inutilizando-a como norma válida no sistema".

E prossegue:[154]

> as normas de isenção pertencem à classe das regras de estrutura, que intrometem modificações no âmbito da regra matriz de incidência tributária, esta sim, norma de conduta. [...] Guardando a sua autonomia normativa, a regra de isenção investe contra um ou mais dos critérios da norma-padrão de incidência, mutilando-os, parcialmente.

Como exemplo de normas de estrutura, Aurora Tomazini de Carvalho ilustra:

> (ii) Norma de estrutura: (a) Antecedente – ser pessoa jurídica de direito público municipal. Consequente – deve ser a faculdade (direito subjetivo) do legislativo sobre IPTU e o dever jurídico da União, Estados e Distrito Federal de absterem-se de qualquer investida legislativa acerca de tal matéria; (b) Antecedente – se o Município exercer seu direito de legislar sobre IPTU. Consequente – deve ser a obrigação (dever jurídico) de observar o procedimento estabelecido para a criação de lei municipal e direito subjetivo da comunidade de ver observada tal disposição.

Como não existe regra sem sanção, para as regras de estrutura também há regras sancionatórias, pensando na norma jurídica completa de Kelsen, que tem no seu antecedente o não cumprimento do consequente da norma de estrutura e

153. CARVALHO, Paulo de Barros. *Curso de direito tributário*. 17. ed. cit., p. 490.

154. Idem, p. 489-490.

no consequente a relação jurídica em que o sujeito lesado tem o direito de se socorrer ao Estado-juiz para que este invalide o ato ou não o aplique.

Nesse tocante, colabora Aurora Tomazini de Carvalho:[155]

> Certamente que o procedimento coercitivo imposto em razão do não cumprimento de regras de condutas é diferente daquela exercida no descumprimento de regras de estrutura, mas a invalidação ou não aplicação da norma instituída com vício de produção também é uma forma de coerção à observância das regras de estrutura, já que, impede o agente legislativo de, por aquele ato, estabelecer a prescrição desejada, forçando-o a produzir outra norma, desta vez em observância às regras de estrutura, se quiser realmente estabelecer tal prescrição.

A isenção tributária está prevista nos arts. 175, 176 e seguintes do Código Tributário Nacional, como uma forma de exclusão do crédito tributário, conforme artigos transcritos a seguir:

> Art. 175. Excluem o crédito tributário:
>
> I – a isenção;
>
> II – a anistia.
>
> Parágrafo único. A exclusão do crédito tributário não dispensa o cumprimento das obrigações acessórias dependentes da obrigação principal cujo crédito seja excluído, ou dela consequente.
>
> Art. 176. A isenção, ainda quando prevista em contrato, é sempre decorrente de lei que especifique as condições e requisitos exigidos para a sua concessão, os tributos a que se aplica e, sendo caso, o prazo de sua duração.
>
> Parágrafo único. A isenção pode ser restrita a determinada região do território da entidade tributante, em função de condições a ela peculiares.

Assim, resta-nos analisar o que seria o significado da "exclusão do crédito tributário" para a construção da respectiva regra isencional. Para tanto, necessário esclarecer o sentido de crédito tributário.

155. CARVALHO, Aurora Tomazini de. *Curso de teoria geral do direito.* O constructivismo lógico-semântico cit., p. 359-360.

Compreendemos como crédito tributário a relação jurídica que enseja o direito de determinado sujeito contraposto ao dever de outro sujeito, em relação bilateral entre credor e devedor, ou seja, crédito e débito, o que nos autoriza a dizer que não existe crédito sem débito.

Conforme ensina Paulo de Barros Carvalho,[156] "não há possibilidade lógica de existir obrigação, recebida aqui com a dimensão semântica do vínculo entre dois sujeitos, sem o binômio antagônico crédito-débito".

Assim, se não existe débito sem crédito, e estando esse excluído, no sentido de extinto, por força da isenção, poderíamos pensar na própria extinção da obrigação tributária. Não é o caso porque o que ocorre é a mutilação de algum aspecto da obrigação tributária.

Para Alfredo Augusto Becker,[157] no fato isencional há a extinção da obrigação tributária, antes mesmo de ela ocorrer, o que implica para esse jusfilósofo em dizer que não existe relação jurídica, posto que antes da incidência houve a isenção:

> Na verdade, não existe aquela anterior relação jurídica e respectiva obrigação tributária que seriam desfeitas pela incidência da regra jurídica de isenção. Para que pudesse existir aquela anterior relação jurídica tributária, seria indispensável que, antes da incidência da regra jurídica de isenção, houvesse ocorrido a incidência da regra jurídica de tributação.

Essa contribuição para a definição do conceito de isenção, como fato impeditivo, conforme ensina Paulo de Barros Carvalho,[158] torna o antecedente da regra isencional mais complexo que o suposto da norma de incidência tributária, fazendo dela insatisfatória:

---

156. CARVALHO, Paulo de Barros. *Curso de direito tributário*. 17. ed. cit., p. 482.

157. BECKER, Alfredo Augusto. *Teoria geral do direito tributário* cit., p. 306.

158. CARVALHO, Paulo de Barros. *Curso de direito tributário*. 17. ed. cit., p. 488.

> A teoria do fato impeditivo, de outra parte, desperta algumas observações que a tornam insatisfatória. A premissa de que o antecedente da regra isencional é mais complexo que o suposto da norma de incidência tributária não se verifica. Até, pelo contrário, as hipóteses dos preceitos de isenção apresentam âmbito mais restrito, alcançando apenas certas pessoas, situações ou coisas que estão genericamente previstas no descritor da norma que decreta o tributo.

É nesse sentido que também interpretamos as normas isentivas, assim, entendemos que não haverá a extinção da obrigação tributária, mas apenas o mutilamento parcial de algum dos critérios da RMIT, ou seja, com a subtração de parcela de abrangência do critério do antecedente ou do consequente.

Tanto que caso a isenção seja revogada a norma incidental passa a incidir como criada, motivo pelo qual entendemos que a isenção ao mutilar parcialmente um dos critérios da norma incidental estará atingindo a eficácia técnica parcial desta.

Para Pedro Guilherme Accorsi Lunardelli,[159] a norma de isenção poderá apresentar-se também como norma de comportamento, atingindo diretamente a conduta do particular.

Em síntese, faz uma elucidativa conclusão sobre as duas formas de se reconhecer a regra isentiva: "A isenção, enquanto norma de estrutura, produziria campos de não juridicização no antecedente ou no consequente da regra tributária. Revestida como norma de comportamento impediria a exigência da prestação por força da relação jurídica isencional".

Compreendemos a isenção como uma regra de estrutura, situada no plano S3, que auxilia na formação da regra de comportamento, dando origem, portanto, à RMIT. Enfim, a não incidência da norma geral incidental é legalmente qualificada pela isenção. Logo mais, veremos a importância dessa regra de estrutura na formação da norma comportamental do ITR.

---

159. LUNARDELLI, Pedro Guilherme Accorsi. *Isenções tributárias*. São Paulo: Dialética, 1999. p. 99.

6.2.2 Normas de comportamento

6.2.2.1 Norma jurídica fiscal e extrafiscal

Fiscalidade e extrafiscalidade são termos utilizados na ciência do Direito, por doutrinadores, para apresentar o valor finalístico da norma, se a função pretendida é meramente arrecadatória ou se há outra função intervencionista do Estado.

O uso do termo fiscalidade, para tratar da norma jurídica, estaria representando o caráter eminentemente arrecadatório da norma. Teríamos, nesse caso, o uso da expressão para representar o fim exclusivo de abastecer os cofres públicos, sem que outros interesses tenham interferido na atividade legislativa impositiva.

Já o uso do termo extrafiscalidade tem finalidade diversa da meramente arrecadatória, e persegue objetivos alheios à simples arrecadação (sociais, políticos ou econômicos).

Entretanto, apesar de existir essa distinção doutrinária de nomenclatura, para tratar da finalidade da norma, não existe tributo puramente fiscal ou extrafiscal. Há sim aqueles que se prestam para introduzir expedientes extrafiscais, como é o caso do ITR, IPI, IE, II, entre outros. Nesses casos, a extrafiscalidade predomina sobre a fiscalidade e vice-versa.

Tendo em vista, conforme explica Paulo de Barros Carvalho,[160] que a extrafiscalidade consiste no emprego do tributo para obter metas não meramente arrecadatórias, essa disposição deve aparecer na imposição normativa:

> Consistindo a extrafiscalidade no emprego de fórmulas jurídico-tributárias para a obtenção de metas que prevalecem sobre os fins simplesmente arrecadatórios de recursos monetários, o regime que há de dirigir tal atividade não poderia deixar de ser aquele próprio das exações tributárias. Significa, portanto, que ao construir suas pretensões extrafiscais, deverá o legislador pautar-se, inteiramente, dentro dos parâmetros constitucionais,

160. CARVALHO, Paulo de Barros. *Curso de direito tributário*. 17. ed. cit., p. 236.

> observando as limitações de sua competência impositiva e os princípios superiores que regem a matéria, assim os expressos que os implícitos.

O estudo dessas funções normativas que alcançam comportamentos humanos é extremamente importante para a própria construção da norma tributária. Acreditamos ser esse o motivo dessa distinção doutrinária, pois no caso da função extrafiscal, teremos sempre a construção semântica de intervenção do Estado na economia ou na sociedade que autorize essa função tributária, que não apenas arrecadatória no comportamento humano, já no seu critério material.

Esse destaque diferenciador entre a norma tributária fiscal e a extrafiscal foi trazida por Diego Bomfim, e deve compor a sua criação:

> A função fiscal modaliza a tributação para o objetivo de angariar recursos, sendo certo concluir que sua finalidade, neste caso, é exclusivamente distribuir, de maneira igualitária, a carga tributária entre os contribuintes.
>
> De modo diametralmente oposto, a chamada função extrafiscal modaliza a tributação para induzir (estimular ou desestimular) comportamentos humanos, mas esta é apenas a sua função. A finalidade potencialmente pretendida pela extrafiscalidade não equivale à sua função (induzir comportamentos). É através do exercício da função (indução comportamental) que uma tributação extrafiscal pode alcançar seus fins.

Se na função fiscal temos a finalidade de distribuir igualmente a carga tributária entre os contribuintes, respeitando os princípios constitucionais, como capacidade contributiva,[161] isonomia, entre outros, na extrafiscalidade a função é

---

161. "Outro critério utilizado pela doutrina reside na avaliação da adequação ou não da norma tributária ao princípio da capacidade contributiva. As normas tributárias com finalidades fiscais atenderiam à capacidade contributiva, enquanto as normas tributárias extrafiscais, não. Fica claro que é preciso inverter a lógica. Não é porque uma dada norma não está amparada na capacidade contributiva que esta será extrafiscal. Para que se tenha certeza da incorreção do critério utilizado, basta imaginar que podem ser editadas normas tributárias com finalidade fiscal e que

outra, induzir o comportamento humano para estimular ou desestimular certas condutas, previamente previstas na Constituição Federal,[162] sempre respeitando os princípios constitucionais, como balizas limitadoras dessa regulação, como o princípio do não confisco.

Para fins didáticos, também utilizaremos essa distinção finalística do tributo para construir a norma de incidência tributária do ITR. Construiremos a norma fiscal e a norma extrafiscal que somadas resultarão na RMIT, pois, por possuírem funções distintas, cada uma delas deve respeitar a função para a qual foi criada. Teremos a oportunidade de ver essa distinção acentuada na regra incidental do ITR.

Neste estudo, ao classificarmos normas de estrutura e de comportamento, entendemos que as normas fiscal e extrafiscal não alteram um dos critérios da norma de incidência tributária, mas os compõem. Elas integram a classe das normas de comportamento e atingem diretamente a conduta humana e não outra norma, como o faz as regras de estrutura, tal qual a isenção.

---

não se compatibilizam com a capacidade contributiva. Nesse caso, esta norma não deveria ser tomada como uma norma tributária extrafiscal, mas como uma norma tributária fiscal inconstitucional" (BOMFIM, Diego. *Extrafiscalidade, identificação, fundamentação, limitação e controle* cit., p. 31).

162. "Os fins que podem ser eleitos, quando da instituição das normas tributárias extrafiscais, todavia, não estão ao alcance livre do legislador. Estes fins são prescritos pelo próprio direito positivo, sendo certo que, no caso do direito brasileiro, foram todos eles definidos pelo texto constitucional" (BOMFIM, Diego. *Extrafiscalidade, identificação, fundamentação, limitação e controle* cit., p. 15).

7. REGRA MATRIZ DE INCIDÊNCIA TRIBUTÁRIA (RMIT) DO IMPOSTO TERRITORIAL RURAL (ITR)

Neste capítulo aproveitaremos o estudo realizado quando da definição dos critérios das normas gerais de incidência tributária para construirmos a RMIT do ITR.

Pensando na estrutura lógica da norma jurídica de incidência teremos um antecedente, composto pelos critérios espacial, material e temporal, e um consequente composto pelos critérios pessoal (sujeito ativo e passivo) e quantitativo (base de cálculo e alíquota).

As definições dos critérios que serão utilizados para a construção da norma de incidência do ITR foram estrategicamente realizadas, como forma didática ao método utilizado nesta pesquisa, a partir do constructivismo-lógico semântico.

Nesse momento, aqueles que possuem afinidade com a matéria poderão ter uma ideia do que será abordado nos diversos critérios de construção da norma jurídica de incidência do ITR dentro das definições já apresentadas.

Utilizaremos a teoria das classes, uma das vertentes da lógica, para selecionarmos as propriedades que se encaixam aos critérios já definidos e, assim, realizarmos a subsunção de classes por uma análise sistemática em relação de coordenação e de subordinação.

7.1 Antecedente normativo

Como vimos, será formado pelos critérios espacial, material e temporal.

7.1.1 Critério espacial

É o local onde nasce a obrigação tributária, demarcado por um lugar atribuído ao fato jurídico tributário.

Relevante destacar uma singela, mas importante, diferença entre o critério espacial da regra matriz de incidência tributária e o domínio espacial de vigência, conforme esclarece Lucas Galvão de Britto,[163] para quem o domínio espacial de vigência

> diz respeito ao conjunto de referências espaciais que circunscrevem os limites para a aplicabilidade da norma tributária. Define aquilo que antes chamamos de cosmos ou campo: um domínio dentro do qual devem situar-se as subclasses a que se denominou lugar.

Veja-se que o domínio espacial de vigência é determinado por disposições normativas.

Já o critério espacial é um "feixe de enunciados, implícitos ou explícitos, aptos a auxiliar o intérprete na identificação dos marcos espaciais que devem ser empregados para atribuir um lugar ao fato jurídico tributário".[164]

Note-se que o critério espacial é formado por recortes de localização do fato, dentro do campo de vigência da norma.

No caso do ITR, imposto de competência federal (art. 153, VI, da Constituição Federal de 1988), muito se discute esse

---

163. BRITTO, Lucas Galvão de. *O lugar e o tributo*: ensaio sobre competência e definição do critério espacial na regra-matriz de incidência tributária cit., p. 130.

164. Idem, p. 124.

critério. Para alguns, haveria um conflito com o critério espacial do IPTU, imposto de competência municipal (art. 156, I, da Constituição Federal de 1988).

Nesse sentido, temos o domínio espacial de vigência das normas dividido em território urbano para o IPTU e território rural para o ITR. O critério espacial é a comprovação da localização do logradouro do imóvel. Assim esclarece Lucas Galvão de Britto:[165]

> Desse modo, no que diz respeito à questão espacial, incidirá o tributo somente – e tão somente – quando o logradouro apurado esteja dentro do intervalo fixado no perímetro urbano, porque apenas sobre tais logradouros que a lei terá vigência (definida como a aptidão para produzir efeitos). Em todos os demais casos em que o ponto provado não se insira no intervalo, não haverá incidência.

No Código Tributário Nacional, em seu art. 32, §§ 1º e 2º, temos a definição do que seria considerado zona urbana; não sendo urbana seria, portanto, zona rural.

> Art. 32. O imposto, de competência dos Municípios, sobre a propriedade predial e territorial urbana tem como fato gerador a propriedade, o domínio útil ou a posse de bem imóvel por natureza ou por acessão física, como definido na lei civil, localizado na zona urbana do Município.
>
> § 1º Para os efeitos deste imposto, entende-se como zona urbana a definida em lei municipal; observado o requisito mínimo da existência de melhoramentos indicados em pelo menos 2 (dois) dos incisos seguintes, construídos ou mantidos pelo Poder Público:
>
> I – meio-fio ou calçamento, com canalização de águas pluviais;
>
> II – abastecimento de água;
>
> III – sistema de esgotos sanitários;
>
> IV – rede de iluminação pública, com ou sem posteamento para distribuição domiciliar;
>
> V – escola primária ou posto de saúde a uma distância máxima de 3 (três) quilômetros do imóvel considerado.

165. Idem, p. 132.

> § 2º A lei municipal pode considerar urbanas as áreas urbanizáveis, ou de expansão urbana, constantes de loteamentos aprovados pelos órgãos competentes, destinados à habitação, à indústria ou ao comércio, mesmo que localizados fora das zonas definidas nos termos do parágrafo anterior.

Na lei complementar, para ser considerado imóvel urbano sujeito à incidência do IPTU, além de estar localizado nos limites do zoneamento urbano, deverá preencher, no mínimo, dois critérios dos incisos do § 1º do art. 32 transcrito.

Da leitura dessa norma construímos que, nos casos de imóveis localizados na zona urbana com, no mínimo, dois dos critérios transcritos, estariam sujeitos à incidência do IPTU e não do ITR.

Para os imóveis localizados fora da zona urbana delimitada por cada município teríamos a possibilidade de incidência do ITR, por ser considerado fora da zona urbana (portanto, dentro da zona rural), passível de incidência do ITR, por estar dentro do campo de vigência desse imposto.

Para o Estatuto da Terra, Lei Federal 4.504 de 1964, o imóvel para ser considerado rural deve se destinar à exploração extrativa agrícola, pecuária ou agroindustrial:

> Art. 4º Para os efeitos desta Lei, definem-se:
>
> I – "Imóvel Rural", o prédio rústico, de área contínua qualquer que seja a sua localização que se destina à exploração extrativa agrícola, pecuária ou agroindustrial, quer através de planos públicos de valorização, quer através de iniciativa privada;

Assim, grande confusão se formou com relação ao critério espacial do ITR: se seria pela localização, conforme dispõem o art. 153, VI, da CF e os arts. 29 e 32 do CTN, de acordo com este último, quando obedecidos dois requisitos mínimos presentes nos incisos ou pelo critério da destinação (conforme art. 15 do Decreto-lei 57 de 1966, e conforme o Estatuto da Terra, art. 4º, independentemente da localização, do imóvel).

A interpretação que nos parece mais coerente com o enunciado jurídico é a de que estando no limite da zona urbana deverá ser considerado área urbana e, portanto, passível de incidência do IPTU, desde que presentes dois ou mais requisitos dos incisos do § 1º do art. 32 do CTN.

Já para a incidência do ITR, além de o imóvel se localizar fora da zona urbana, para ser considerado rural, deve realizar exploração extrativa agrícola, pecuária ou agroindustrial, para fins de tributação do ITR, seguindo a materialidade do tributo.

Conforme ressaltou Roque Antonio Carrazza,[166] o lugar do tributo deve manter correspondência com a sua materialidade. Nesse sentido também demonstrou ser o estudo de Lucas Galvão de Britto:[167] "É preciso que o lugar eleito pelo legislador, na escolha dos critérios delineadores do fato jurídico tributário, guarde relação com a matéria a ele designada pela Constituição.", questão de competência.

Entretanto, na jurisprudência do Supremo Tribunal Federal, não é esse o raciocínio encontrado. Para a Corte, basta a destinação dada ao imóvel. É possível considerar imóvel rural localizado dentro dos limites da zona urbana, desde que realize atividade rural. Verifica-se a utilização do conceito de imóvel rural previsto no art. 4º da Lei do Estatuto da Terra. Entretanto, não se enfrenta a questão espacial, conforme observamos no MS 24.488 de relatoria do Ministro Eros Grau, publicado em 03 de junho de 2005, com ementa transcrita a seguir, utilizado como precedente no MS 26.126 de 2006, de relatoria do Ministro Cezar Peluso:

> EMENTA: CONSTITUCIONAL. AGRÁRIO. MANDADO DE SEGURANÇA. DESAPROPRIAÇÃO. REFORMA AGRÁRIA. NOTIFICAÇÃO PRÉVIA DE UM DOS COPROPRIETÁRIOS. INTIMAÇÃO DOS DEMAIS CONDÔMINOS POR EDITAL.

---

166. CARRAZZA, Roque Antonio. *Curso de direito constitucional tributário*. São Paulo: Malheiros, 2010. p. 844.

167. BRITTO, Lucas Galvão de. *O lugar e o tributo*: ensaio sobre competência e definição do critério espacial na regra-matriz de incidência tributária cit., p. 137.

ART. 2º, §§ 2º e 3º, DA LEI 8.629/93. VALIDADE. CONDOMÍNIO. AUSÊNCIA DE REGISTRO IMOBILIÁRIO DE PARTES CERTAS. UNIDADE DE EXPLORAÇÃO ECONÔMICA DO IMÓVEL RURAL. ART. 4º, I, DO ESTATUTO DA TERRA. VIABILIDADE DA DESAPROPRIAÇÃO. ART. 184 DA CONSTITUIÇÃO DO BRASIL. PRODUTIVIDADE DO IMÓVEL. DILAÇÃO PROBATÓRIA. APRECIAÇÃO EM MANDADO DE SEGURANÇA. IMPOSSIBILIDADE.

1. Reputa-se válida a notificação prévia quando, intimado um dos coproprietários por via postal, com aviso de recebimento, a comunicação aos demais condôminos é realizada mediante publicação de edital, na forma do art. 2º, §§ 2º e 3º, da Lei 8.629/93.

2. A existência de condomínio sobre o imóvel rural não impede a desapropriação-sanção do art. 184 da Constituição do Brasil, cujo alvo é o imóvel rural que não esteja cumprindo sua função social. Precedente [MS 24.503, Relator o Ministro MARCO AURÉLIO, *DJ* 05.09.2003].

3. O registro público prevalece nos estritos termos de seu conteúdo, revestido de presunção *iuris tantum*. Não se pode tomar cada parte ideal do condomínio, averbada no registro imobiliário de forma abstrata, como propriedades distintas, para fins de reforma agrária. Precedentes [MS 22.591, Relator o Ministro MOREIRA ALVES, *DJ* 14.11.2003 e MS 21.919, Relator o Ministro CELSO DE MELLO, *DJ* 06.06.97].

4. O conceito de imóvel rural do art. 4º, I, do Estatuto da Terra, contempla a unidade da exploração econômica do prédio rústico, distanciando-se da noção de propriedade rural.

5. A impossibilidade de dilação probatória em mandado de segurança torna insuscetível de apreciação a questão relativa à produtividade do imóvel rural. Precedente [MS 24.518, Relator o Ministro CARLOS VELLOSO, *DJ* 30.04.2004].

6. Segurança denegada.

Apesar de tamanha confusão entendemos que o legislador constituinte, ao traçar a competência tributária, naquele momento, traçou também os limites de definição dos critérios instituidores dos tributos.

Nesse caso, considerando o princípio da autonomia dos entes federados, previsto no art. 18 da Constituição Federal de 1988, combinado com os arts. 30, III, 156, I e 182, § 4º, entendemos que essas são balizas limitadoras da definição do critério espacial que não podem ser ignoradas.

> Art. 18. A organização político-administrativa da República Federativa do Brasil compreende a União, os Estados, o Distrito Federal e os Municípios, todos autônomos, nos termos desta Constituição.
>
> [...]
>
> Art. 30. Compete aos Municípios:
>
> [...]
>
> III – instituir e arrecadar os tributos de sua competência, bem como aplicar suas rendas, sem prejuízo da obrigatoriedade de prestar contas e publicar balancetes nos prazos fixados em lei;
>
> [...]
>
> Art. 156. Compete aos Municípios instituir impostos sobre:
>
> I – propriedade predial e territorial urbana;
>
> [...]
>
> Art. 182. A política de desenvolvimento urbano, executada pelo Poder Público municipal, conforme diretrizes gerais fixadas em lei, tem por objetivo ordenar o pleno desenvolvimento das funções sociais da cidade e garantir o bem-estar de seus habitantes. (Vide Lei 13.311, de 11 de julho de 2016)
>
> [...]
>
> § 4º É facultado ao Poder Público municipal, mediante lei específica para área incluída no plano diretor, exigir, nos termos da lei federal, do proprietário do solo urbano não edificado, subutilizado ou não utilizado, que promova seu adequado aproveitamento, sob pena, sucessivamente, de:
>
> [...]

Assim, entendemos que caberá aos municípios definirem a área correspondente à zona urbana, sujeita à tributação do IPTU para os imóveis ali localizados, em cumprimento ao preceito constitucional da autonomia, desde que, segundo o Código Tributário Nacional, estiverem presentes no mínimo duas condições previstas no § 1º do art. 32 do Código Tributário Nacional.

Já os imóveis que estiverem fora da zona urbana, pertencerão à zona rural e estarão sujeitos à tributação do ITR, desde que, segundo o Decreto-lei 57 de 1966 e o Estatuto da Terra, realizem a exploração extrativa agrícola, pecuária ou agroindustrial.

Assim, temos a conjunção da localização e da atividade exercida no imóvel rural, e não apenas o critério da atividade, conforme considerou o Supremo Tribunal Federal.

Para Roque Antonio Carrazza,[168] o critério espacial é o da localização, independentemente da atividade realizada no imóvel: "Temos para nós, que, urbano, é o imóvel situado dentro dos limites dados, pelas leis municipais, à chamada zona urbana do Município e, rural, o situado em zona rural, pouco importando, pois, o gênero de construção nele existente ou a destinação que lhe seja dada".

O art. 29 do Código Tributário Nacional, ao tratar do critério material do ITR na Seção I sobre o Imposto Predial e Territorial Rural, traça, também, o critério espacial, ao considerar imóvel rural aqueles localizados fora das zonas urbanas dos Municípios:

> Art. 29. O imposto, de competência da União, sobre a propriedade territorial rural tem como fato gerador a propriedade, o domínio útil ou a posse de imóvel por natureza, como definido na lei civil, localização fora da zona urbana do Município.

Mesmo que se entenda que o art. 15 do Decreto-lei 57 de 1966 tenha alterado o art. 32 do CTN, é de se notar que o art. 29 do CTN não foi alterado, tampouco revogado, assim, é inegável que estamos diante de uma antinomia de normas, ainda sem solução, pois as decisões a seguir analisadas ignoraram esse artigo.

A Lei 9.393 de 1996, que institui o ITR, determina como critério espacial no seu art. 1º[169] a localização fora da zona ur-

---

168. CARRAZZA, Roque Antonio. *Reflexões sobre a obrigação tributária*. São Paulo: Noeses, 2010.

169. "Art. 1º O Imposto sobre a Propriedade Territorial Rural – ITR, de apuração anual, tem como fato gerador a propriedade, o domínio útil ou a posse de imóvel por natureza, localizado fora da zona urbana do município, em 1º de janeiro de cada ano."

bana; é o que adotamos neste trabalho. Caso o imóvel rural pertença a mais de um Município deverá ser enquadrado no Município onde fica a sede; não havendo sede, onde fica a maior parcela da área.

Entretanto, não podemos negar que a questão seja turbulenta e nada pacífica, tanto na doutrina quanto na jurisprudência. Em decisão recente do Ministro Edson Fachin, nos autos do ARE 1051539, publicada em 13 de junho de 2017, prevaleceu o entendimento de que se a destinação dada ao imóvel for para fins rurais, mesmo dentro da zona urbana, deverá incidir o ITR, conforme decisão seguinte:

> DECISÃO: Trata-se de agravo cujo objeto é a decisão que inadmitiu recurso extraordinário interposto em face do acórdão da 15ª Câmara de Direito Público do Tribunal de Justiça do Estado de São Paulo, assim ementado (eDOC 2, p. 53):
>
> MANDADO DE SEGURANÇA. CABIMENTO. DIREITO LÍQUIDO E CERTO. *IPTU* E *ITR*. *Imóvel* que recebe destinação agrícola situado em perímetro urbano. Art. 32 do CTN e art. 15 do Decreto-lei 57/66 – A cobrança do *IPTU* não abrange o *imóvel* que, comprovadamente, seja utilizado em exploração agrícola, ainda que pertença ao perímetro definido como urbano na Lei Municipal. Incidência do *ITR*. Negado provimento ao recurso.
>
> No recurso extraordinário (eDOC 2, p. 58-69), interposto com fundamento no art. 102, III, "a", da Constituição Federal, aponta-se ofensa aos arts. 30, III; 156, I; e 182, § 4º, do Texto Constitucional.
>
> Sustenta-se a possibilidade de incidência do *IPTU* no presente caso, uma vez que "dentro da área urbana não pode a União instituir e arrecadar *ITR*, que, pela sua própria essência (Imposto Territorial *Rural*), somente incide sobre *imóvel* que não se localize em área urbana" (eDOC 2, p. 66).
>
> A Presidência da Seção de Direito Público do TJ/SP inadmitiu o recurso extraordinário com base na Súmula 282 do STF (eDOC 2, p. 99).
>
> É o relatório. Decido.
>
> A irresignação não merece prosperar.
>
> Inicialmente, observa-se que os argumentos trazidos pela parte Recorrente carecem do necessário prequestionamento. Esta Corte tem consignado ser inadmissível o recurso extraordinário

quando a matéria constitucional suscitada não tiver sido apreciada pelo ato recorrido. Incide, portanto, a Súmula 282 do Supremo Tribunal Federal.

Ademais, verifica-se que o Tribunal de origem, quando do julgamento da apelação, asseverou: A incidência do *IPTU* ou do *ITR* é verificada a partir do disposto nos arts. 32 do Código Tributário Nacional, e 15 do Decreto – Lei 57/66. Para a cobrança do *IPTU* é necessário que o *imóvel* esteja localizado em área urbana, conforme definido por lei municipal, e que seja beneficiado por melhoramentos indicados em pelo menos dois dos incisos do § 1º do art. 32 do CTN.

Isto, contudo, não abrange o *imóvel* que, comprovadamente, seja utilizado em exploração extrativa vegetal, agrícola, pecuária ou agroindustrial, incidindo assim, sobre o mesmo, o *ITR* e demais tributos com o mesmo cobrados (art. 15, Dec.-Lei 57/66).

No caso em apreço, constam nos autos os comprovantes de pagamento do *ITR*, o cadastro do *imóvel* no INCRA e a declaração cadastral de produtor. Tais documentos indicam que a destinação atribuída ao *imóvel* é voltada à produção agrícola.

Dessa forma, ainda que, de acordo com a lei municipal, o *imóvel* esteja localizado dentro do perímetro considerado como urbano, a definição do tributo a recair sobre a propriedade também deve observar a destinação econômica a esta atribuída.

Como se depreende desses fundamentos, eventual divergência em relação ao entendimento adotado pelo juízo *a quo* demandaria o reexame de fatos e provas constantes dos autos e o exame da legislação local aplicável à espécie, o que inviabiliza o processamento do apelo extremo, tendo em vista as vedações contidas nas Súmulas 279 e 280 do STF.

Nesse mesmo sentido, vejam-se os seguintes julgados relativos a casos análogos ao dos autos: ARE 956979, Rel. Min. Celso de Mello, *DJe* 17.05.2016; ARE 952.105, de minha relatoria, *DJe* 16.03.2016; e RE 938216, Rel. Min. Dias Toffoli, *DJe* 26.02.2016; ARE 1.050.279, de relatoria do Ministro Luiz Fux, *DJe* 05.06.2017; RE 565.113, de relatoria do Ministro Gilmar Mendes, *DJe* 07.02.2017; ARE 778.490, de relatoria do Ministro Roberto Barroso, *DJe* 20.02.2014; e ARE 771.053, de relatoria da Ministra Cármen Lúcia, *DJe* 16.10.2013.

Ante o exposto, nego seguimento ao agravo, nos termos dos arts. 932, IV, "a", do CPC e 21, § 1º, do RISTF.

Sobre o tema, o Superior Tribunal de Justiça,[170] em recurso repetitivo, firmou entendimento no mesmo sentido:

> TRIBUTÁRIO. IMÓVEL NA ÁREA URBANA. DESTINAÇÃO RURAL. IPTU. NÃO INCIDÊNCIA. ART. 15 DO DL 57/1966. RECURSO REPETITIVO. ART. 543-C DO CPC. 1. Não incide IPTU, mas ITR, sobre imóvel localizado na área urbana do Município, desde que comprovadamente utilizado em exploração extrativa, vegetal, agrícola, pecuária ou agroindustrial (art. 15 do DL 57/1966). 2. Recurso Especial provido. Acórdão sujeito ao regime do art. 543-C do CPC e da Resolução 8/2008 do STJ.

Diante disso, fica patente que o critério espacial do ITR é matéria que ainda demanda muita discussão, bem como uma linguagem jurídica mais coerente com o nosso sistema jurídico, principalmente com a Constituição Federal, cuja discussão deve ser levada ao Supremo Tribunal Federal.

Adotando o precedente suprarreferido tivemos recentemente a decisão da 14ª Câmara de Direito Público do Tribunal de Justiça de São Paulo, proferida em 18 de janeiro de 2021, de Relatoria da Desembargadora Silvana Malandrino Mollo, nos autos do Agravo de Instrumento 2002597-73.2021.8.26.0000, que reformou a decisão de Primeira Instância para conceder a liminar requerida pelo contribuinte afastando-se a exigência de IPTU.

No caso, a Desembargadora entendeu estar comprovado o fato de a atividade realizada no imóvel ser de cultura animal e turfe e, portanto, estaria compreendido dentro do conceito de atividade rural previsto no art. 249, IV, da IN/RFB 1.700/2017 e, portanto, dentro da hipótese do art. 15 do Decreto-lei 57/66.

Toda a confusão se deve ao fato de o Decreto-lei 57 de 18.11.1966, em seu art. 15, ter alargado o critério espacial do ITR para as zonas urbanas, quando o imóvel exerce a materialidade rural.

> Art. 15. O disposto no art. 32 da Lei 5.172, de 25 de outubro de 1966, não abrange o imóvel de que, comprovadamente, seja utilizado em

170. BRASIL. Superior Tribunal de Justiça. REsp 1.112.646/SP, Rel. Min. Herman Benjamin, 1S, j. 26.08.2009, *DJe* 28.08.2009.

> exploração extrativa vegetal, agrícola, pecuária ou agroindustrial, incidindo assim, sobre o mesmo, o ITR e demais tributos com o mesmo cobrados (Revogação suspensa pela RSF 9, de 2005).

Isso porque tal decreto-lei, de novembro, foi recepcionado pela Constituição Federal de 1967 com *status* de lei complementar. Sendo um mês posterior ao Código Tributário Nacional, já contemplava a alteração. Dessa forma se manifestou o Ministro Teori Zavascki no Recurso Especial 492.86/PR.

Além da destinação do imóvel para fins de incidência do IPTU x ITR dentro do perímetro urbano, importante mencionar que sempre que houver o aumento do zoneamento urbano para que haja a cobrança do IPTU não basta a não comprovação da atividade rural, mas também que a Municipalidade comunique ao INCRA tal alteração de área rural para urbana, nos termos do art. 53 da Lei 6.766 de 1979, caso contrário, o contribuinte acabará sendo, indevidamente, bitributado.

Nesse sentido, o Tribunal de Justiça de São Paulo vem afastando a exigência do IPTU enquanto tal comunicado não ocorrer, conforme recente decisão da Corte proferida nos autos da Apelação nº 1014052-29.2017.8.26.0053.

De modo que, tanto os imóveis localizados em perímetros urbanos com destinação rural, quanto os imóveis incluídos dentro da zona urbana sem que tenha havido comunicação da alteração de área, pela prefeitura ao Incra, estarão sujeitos à incidência do ITR.

Assim, de acordo com a jurisprudência atual, o critério espacial do ITR é tanto a zona urbana quanto a zona rural; o que definirá sua incidência é a materialidade rural a qual analisaremos a seguir, havendo, com isso, um alargamento do critério espacial que pode ser tanto a zona rural como a zona urbana.

7.1.2 Critério material

O critério material é composto por um verbo de predicação incompleta mais seu complemento que indica uma grandeza econômica.

No caso do ITR o critério material está definido nos arts. 153, VI, da CF, 29 do CTN[171] e 1º da Lei 9.393 de 1996, como sendo: o fato de ser proprietário, ter o domínio útil ou a posse de imóvel rural.

Imóvel rural – além de se localizar fora da zona urbana, conforme arts. 153, VI da CF e 29 do CTN – de acordo com o art. 15 do Decreto-lei 57 de 1966 e art. 4º Estatuto da Terra – é aquele que realiza a exploração extrativa agrícola, pecuária ou agroindustrial, formado por área contínua, segundo determina o art. 1º, § 2º, da Lei 9.393 de 1996.

Dispõe o art. 15 do Decreto-lei 57, de 19 de novembro de 1966, que incide ITR sobre imóvel utilizado em exploração extrativa vegetal, agrícola, pecuária ou agroindustrial. Essa é a definição de "rural" do imóvel; é o que deve estar presente para sua materialidade.

Recepcionada pela Constituição Federal de 1967 com *status* de lei complementar - que tem entre suas funções, nos termos do art. 146 do Código Tributário Nacional, estabelecer normas gerais de direito tributário – tal definição do conceito de rural para a incidência do ITR está plenamente de acordo com o sistema jurídico tributário, ao prescrever uma parte da materialidade tributária.

Para a continuidade da área do imóvel rural tem-se aplicado o entendimento de que os rios, estradas e passagens forçadas não geram sua descontinuidade. Assim, considera-se imóvel rural a unidade de terra formada por uma ou mais matrículas sem descontinuidade.

O critério material do ITR é o fato de ser proprietário, ter o domínio útil ou a posse de imóvel rural – aquele localizado fora da zona urbana ou dentro da zona urbana (como tem sido considerado pela jurisprudência), que realiza a exploração extrativa agrícola, pecuária ou agroindustrial, em área contínua.

171. "Art. 29. O imposto, de competência da União, sobre a propriedade territorial rural tem como fato gerador a propriedade, o domínio útil ou a posse de imóvel por natureza, como definido na lei civil, localização fora da zona urbana do Município."

Mas, esse, pode ser considerado como um dos aspectos do critério material. Para melhor ilustrar, trabalharemos como sendo o aspecto fiscal, e consideraremos o aspecto extrafiscal da materialidade do ITR, o exercício da função social, conforme disporemos a seguir, junto à definição de propriedade, posse e domínio útil.

Antes de avançarmos, faremos uma breve análise do imóvel rural considerado área contínua e não pelo número de inscrição na Receita Federal (Nirf ou matrícula).

7.1.2.1 Definição de imóvel rural como área contínua

Para fins de incidência do ITR, considera-se imóvel rural aquele que realiza a exploração extrativa agrícola, pecuária ou agroindustrial, formado por área contínua, conforme o art. 1º, § 2º, da Lei 9.393 de 1996, que institui o ITR.

Entretanto, como determina o art. 110 do Código Tributário Nacional, hierarquicamente superior, a lei tributária não pode alterar a definição, o conteúdo e o alcance de institutos, conceitos e formas de direito privado. É o conceito de imóvel do direito civil que deve ser empregado.

> Art. 110. A lei tributária não pode alterar a definição, o conteúdo e o alcance de institutos, conceitos e formas de direito privado, utilizados, expressa ou implicitamente, pela Constituição Federal, pelas Constituições dos Estados, ou pelas Leis Orgânicas do Distrito Federal ou dos Municípios, para definir ou limitar competências tributárias.

Para o Código Civil, o imóvel deve respeitar o princípio da unitariedade da matrícula, de forma que as escrituras públicas distintas são unidades autônomas, assim como o é para a Lei de Registros Públicos 6.015 de 1973. Deve ser considerado imóvel aquele registrado por matrícula própria.

Na esteira do art. 110 do Código Tributário Nacional, conforme explica Cristiano Carvalho:[172]

---

172. CARVALHO, Cristiano. *Comentários ao Código Tributário Nacional*. São Paulo: MP Editora, 2005. p. 918.

> [...] esse dispositivo especifica ainda mais as limitações inerentes à legislação tributária. Ao passo que os institutos de direito privado não se confundem com os efeitos que as normas tributárias lhe atribuem, ao mesmo tempo não podem estas últimas alterar a essência daqueles primeiros. Insistindo na característica da superposição do Direito Tributário, o máximo que a norma tributária pode fazer é atribuir a obrigação de pagar algum tributo em consequência do acontecimento de alguma situação já regulada pelo direito privado. Não pode, contudo, alterar institutos, conceitos ou formas de direito ativado de forma a instituir tributação.

Assim, considerando que o conceito de imóvel é matéria do direito civil e a ele deve ser respeitado o princípio da unitariedade da matrícula, reputadas como unidades autônomas, com escrituras públicas individualizadas, a lei tributária não pode alterar o conceito de imóvel para fins de incidência do ITR.

Nesse sentido, vejamos que a Constituição Federal assim o utiliza, ao tratar de imóvel rural, justamente porque, como ensina Humberto Ávila,[173] a Constituição fixa conceitos, mediante conceitos vigentes no direito infraconstitucional, dentro do espaço por ela permitido.

São suas palavras: "A Constituição estabelece conceito por incorporação quando ao utilizar um termo, sem conceituá-lo de modo diverso, termina por incorporar o conceito que é utilizado tradicionalmente no direito infraconstitucional vigente antes da sua promulgação".

Ainda cita exemplos: "Quando a CF de 88 usou o termo 'faturamento', incorporou o conceito de faturamento estabelecido no direito infraconstitucional pré-constitucional, a saber, o conceito previsto no Decreto-lei 2.397 de 87 (receita bruta proveniente da venda de mercadoria e da prestação de serviço)".

Nesse caso deve ser vista, ainda, como violação Constitucional do art. 153, VI e do art. 110 do Código Tributário

173. ÁVILA, Humberto. Imposto sobre a prestação de serviços de comunicação. Conceito de prestação de serviço de comunicação. Intributabilidade das atividades de veiculação de publicidade em painéis e placas. Inexigibilidade de multa. *Revista Dialética de Direito Tributário*, n. 143, p. 118.

Nacional e ao Código Civil, a Lei 9.393 de 1996 e os demais regulamentos, como IN 2.008 de 2021, IN Conjunta da RFB e Incra 1.968 de 2020 e IN 1.724 de 2017.

É, portanto, ilegal, no que diz respeito à alteração do conceito de direito civil de imóvel, como unidade autônoma, individualizada por escritura pública, respeitado o princípio da unitariedade da matrícula.

Além disso, considerando o ITR um tributo que segue o imóvel, como obrigação *propter rem*, de direito real, mais um motivo para sua individualização por imóvel, conforme o conceito do direito civil, para sua individualização por matrícula, a acompanhar o bem e não a pessoa.

O ITR é um imposto que onera o bem, portanto, é necessário saber qual o bem que está sendo onerado. O que a lei tributária pretende ao criar tamanha confusão sobre o conceito de imóvel é aumentar o valor do tributo, dado o fato de ele ser progressivo em razão do tamanho do imóvel rural.

Para isso, considera o uso que se faz do imóvel e não a definição do conceito de imóvel, de forma ilegal.

Assim, de acordo com a legislação do ITR em afronta à lei complementar e ao Código Civil, se uma pessoa adquirir dois, três, quatro imóveis rurais, de dois, três, quatro proprietários distintos, com matrículas, e, portanto, escrituras individualizadas distintas, não pode o direito tributário definir o conceito de imóvel para fins de incidência do ITR, distinto daquele definido no direito civil, obrigando o proprietário rural a recolher o ITR com alíquota calculada com base no conjunto da área das matrículas, sem considerar cada imóvel na sua declaração.

7.1.2.2 Aspecto fiscal e extrafiscal da materialidade do ITR

O termo fiscalidade se refere à finalidade tributária de sua instituição com o fim de regular a conduta arrecadatória do contribuinte, ou seja, de abastecer os cofres públicos, como prestação pecuniária, fim almejado por todas as espécies tributárias.

Já o termo extrafiscalidade se refere à finalidade diversa, não meramente arrecadatória, perseguindo objetivo alheio no momento da sua instituição, conduzindo o comportamento do contribuinte para atingir finalidades econômicas e sociais.

Conforme ensina Luiz Fernando de Souza Neves,[174]

> Na extrafiscalidade, a arrecadação tributária é secundária, pois seu objetivo principal é incentivar ou coibir determinados comportamentos do contribuinte, motivado por interesses sociais, políticos ou econômicos do legislador tributário. Vale ressaltar que na norma tributária dificilmente encontraremos um comportamento puramente fiscal ou extrafiscal, pois tais características aparecem mescladas na incidência tributária.

Ou seja, serve de instrumento de intervenção do Estado no domínio econômico e social, ao atingir finalidade diferente da simples arrecadação.

Nem todo tributo tem caráter extrafiscal, mas todo tributo extrafiscal não se reveste apenas dessa característica, mantendo, sempre, o caráter fiscal arrecadatório. A extrafiscalidade é seu pano de fundo, comportamento outro do contribuinte que não só o de financiar o Estado.

Como leciona, Paulo de Barros Carvalho, não existe entidade tributária pura, no sentido de realizar tão só a fiscalidade, ou, unicamente, a extrafiscalidade. Vejamos:

> Há tributos que se prestam, admiravelmente, para a introdução de expedientes extrafiscais. Não existe, porém, entidade tributária que se possa dizer pura, no sentido de realizar tão só a fiscalidade, ou, unicamente, a extrafiscalidade. Os dois objetivos convivem harmônicos, na mesma figura impositiva, sendo apenas lícito verificar que, por vezes, um predomina sobre o outro.[175]

---

174. NEVES, Luís Fernando de Souza. Apontamentos sobre o ITR e sua progressividade. *In:* SANTI, Eurico Marcos Diniz de (Coord.). *Curso de especialização em direito tributário*: estudos analíticos em homenagem a Paulo de Barros Carvalho. Rio de Janeiro: Forense, 2005.

175. CARVALHO, Paulo de Barros. *Curso de direito tributário.* 31. ed. rev. e atual. São Paulo: Noeses, 2021. p. 258.

É o que ocorre com o ITR. Segundo alguns doutrinadores, o ITR é um tributo extrafiscal por fazer incidir o imposto de forma mais onerosa para aqueles que não exploram os seus imóveis rurais ou não produzem em quantidade como deveriam. Com isso, o legislador estaria atendendo à ordem social.[176]

Entretanto, não é esse nosso entendimento. Essa forma de progressividade não está em consonância com a função social, conforme prescrito na Constituição Federal a ser exercida pelo proprietário, possuidor ou detentor do domínio útil do imóvel rural.

Não discordamos do caráter extrafiscal da propriedade, inclusive entendemos que a extrafiscalidade da propriedade é preceito constitucional previsto no art. 5º, XXIII, como forma de atingir a função social.

> Art. 5º Todos são iguais perante a lei, sem distinção de qualquer natureza, garantindo-se aos brasileiros e aos estrangeiros residentes no País a inviolabilidade do direito à vida, à liberdade, à igualdade, à segurança e à propriedade, nos termos seguintes:
>
> [...]
>
> XXIII – a propriedade atenderá a sua função social;

Nesse compasso da extrafiscalidade do ITR, importante observar o contexto atual para definirmos a função social do imóvel rural almejado pela sociedade, ou seja, o fim social pretendido pela extrafiscalidade constitucional da propriedade privada, para fins de incidência progressiva do ITR.

Para Aliomar Baleeiro,[177] nos idos da década de 1990, a extrafiscalidade do ITR era uma forma de premiar a produtividade com alíquotas regressivas e apenar a terra pouco utiliza-

---

176. "A lei do Imposto Territorial Rural (ITR), ao fazer incidir exação de maneira mais onerosa, no caso dos imóveis inexplorados ou de baixa produtividade, busca atender, em primeiro plano, a finalidade de ordem social e econômica e não ao incremento de receita" (CARVALHO, Paulo de Barros. *Curso de direito tributário*. 17. ed. cit.).

177. BALEEIRO, Aliomar. *Direito tributário*. 11. ed. Atualizada por Mizabel Abreu Machado Derzi. Rio de Janeiro: Forense, 2000. p. 234.

da com alíquotas progressivas. Havia a definição do conceito de improdutividade ligada à exploração econômica agrícola, um incentivo ao desmatamento. São palavras do jurista: "O proprietário que conduz mal sua propriedade, conservando-a socialmente inútil, é onerado com encargos mais elevados, pois mantém comportamento inadequado ao interesse público ou inaptidão para se adaptar a este interesse".

Como já afirmamos, não existe texto sem contexto. É este quem dá sentido ao texto, ou seja, outorga-lhe significação. Assim, com base no contexto atual, em que o apelo ambiental pelo não desmatamento, assim como pela regeneração da área natural da vegetação nativa são tão vistos e crescentes, o sentido da função social do imóvel rural foi alterado pela sociedade. Dessa forma, a não produção ou a baixa produtividade são vistas como forma de dar um fim social almejado pela sociedade, tanto pela exploração legal quanto pela preservação constitucional.

Nesse passo, tanto a produção e a alta produtividade são realizações do fim social do imóvel rural, quando dentro dos limites legais, como sua não utilização com o fim de exploração e produção rural, mas visando manter ou regenerar mata nativa.

Importante observar que na legislação do Imposto de Renda há um desestímulo à exploração com fim agrícola e um estímulo à conservação da área e sua vegetação nativa com o abatimento das verbas gastas com o reflorestamento. O objetivo é incentivar a formação de reservas ambientais, fim esse extrafiscal, para estimular o interesse social.

Há também o novo Código Ambiental, Lei 12.651 de 2012, que tem em seu art. 1º, I e VI, como um dos objetivos, criar estímulos econômicos a fomentar a preservação e a recuperação da vegetação nativa.

> Art. 1º A. Esta Lei estabelece normas gerais sobre a proteção da vegetação, áreas de Preservação Permanente e as áreas de Reserva Legal; a exploração florestal, o suprimento de matéria-prima florestal, o controle da origem dos produtos florestais e

> o controle e prevenção dos incêndios florestais, e prevê instrumentos econômicos e financeiros para o alcance de seus objetivos. (Incluído pela Lei 12.727, de 2012).
>
> Parágrafo único. Tendo como objetivo o desenvolvimento sustentável, esta Lei atenderá aos seguintes princípios: (Incluído pela Lei 12.727, de 2012).
>
> I – afirmação do compromisso soberano do Brasil com a preservação das suas florestas e demais formas de vegetação nativa, bem como da biodiversidade, do solo, dos recursos hídricos e da integridade do sistema climático, para o bem-estar das gerações presentes e futuras; (Incluído pela Lei 12.727, de 2012).
>
> [...]
>
> VI – criação e mobilização de incentivos econômicos para fomentar a preservação e a recuperação da vegetação nativa e para promover o desenvolvimento de atividades produtivas sustentáveis. (Incluído pela Lei 12.727, de 2012).

Com isso, percebemos a definição do conceito de fim social do imóvel rural, dado o fato de a finalidade extrafiscal a ser atingida passar por alterações e dever ser observada com base na atualidade ou na data do evento tributário.

Portanto, é necessário definir o que seria fim social do imóvel rural para a sociedade contemporânea, considerando os valores e os anseios a serem alcançados, como fomento da extrafiscalidade do ITR, para definirmos improdutividade do imóvel rural a autorizar a progressividade da alíquota do imposto.

A extrafiscalidade do ITR está na instituição de normas que estimulam ou desestimulam condutas e não na arrecadação em si, mas na regulação da conduta daquele que explora e utiliza a terra para atingir os anseios da sociedade.

Assim, se um dos anseios da sociedade, conforme será melhor visto no tópico seguinte, é a manutenção do meio ambiente, não podemos conceber qualquer tipo de progressividade no ITR que culmine com elevada carga tributária pela baixa exploração do imóvel rural, considerando que a baixa exploração do imóvel rural é uma forma de manutenção do meio ambiente, mesmo que temporária. Justamente porque um dos aspectos da extrafiscalidade permitida pelo ordenamento constitucional é pela defesa do meio ambiente.

Como já sinalizamos, não concordamos que a defesa do meio ambiente seja a única forma do exercício da função social a ensejar a extrafiscalidade, como assim o faz Diogo Bomfim:[178] "o que o ordenamento permite é que a defesa do meio ambiente seja tomada como fundamento relevante para fins da instituição de normas tributárias extrafiscais, estimulando ou desestimulando condutas".

Tampouco, que tal prescrição se ajusta ao art. 5º, XXIII, da Constituição Federal de 1988, justamente porque essa não é a única forma de se exercer a função social do imóvel rural, haja vista que a extrafiscalidade no ITR sugere tanto a exploração agropecuária quanto a manutenção da vegetação nativa.

Até mesmo porque a exploração agropecuária também é um anseio da sociedade e está igualmente resguardado na Constituição Federal de 1988 e na Lei 12.651 de 2012, com igual previsão em seu art. 1º, II, em consonância direta com a Carta Magna:

> Art. 1º-A. Esta Lei estabelece normas gerais sobre a proteção da vegetação, áreas de Preservação Permanente e as áreas de Reserva Legal; a exploração florestal, o suprimento de matéria-prima florestal, o controle da origem dos produtos florestais e o controle e prevenção dos incêndios florestais, e prevê instrumentos econômicos e financeiros para o alcance de seus objetivos. (Incluído pela Lei 12.727, de 2012).
>
> Parágrafo único. Tendo como objetivo o desenvolvimento sustentável, esta Lei atenderá aos seguintes princípios: (Incluído pela Lei 12.727, de 2012).
>
> [...]
>
> II – reafirmação da importância da função estratégica da atividade agropecuária e do papel das florestas e demais formas de vegetação nativa na sustentabilidade, no crescimento econômico,

---

178. BOMFIM, Diogo. *Extrafiscalidade, identificação, fundamentação, limitação e controle* cit.

> na melhoria da qualidade de vida da população brasileira e na presença do País nos mercados nacional e internacional de alimentos e bioenergia; (Incluído pela Lei 12.727, de 2012).

Conforme passamos a expor a seguir.

7.1.2.3 Definição do conceito da função social da propriedade privada rural arts. 5º, XXIII, 170, VI, 225 e 186 da Constituição Federal de 1988

Conforme prescreve a Constituição Federal de 1988, a propriedade atenderá a sua função social. Nesse cenário, cabe-nos definir o que seria a função social a qual a Carta pretende regular. Para tanto, analisaremos os demais artigos constitucionais e verificaremos qual seria o sentido dessa declaração prescritiva.

Ao percorrermos a Constituição Federal de 1988, percebemos, com facilidade, a reserva de considerável espaço para tratar das questões vinculadas ao meio ambiente. Em seu art. 225, a Carta prescreve:

> Todos têm direito ao meio ambiente ecologicamente equilibrado, bem de uso comum do povo e essencial à sadia qualidade de vida, *impondo-se ao Poder Público e à coletividade o dever de defendê-lo e preservá-lo para as presentes e futuras gerações* (grifos nossos).

Considerando a análise do meio ambiente rural, foco deste trabalho, tal prescritividade nos leva a crer que a manutenção da vegetação nativa ou sua regeneração são formas de preservar o meio ambiente. Portanto, aquele que assim o realizar estará cumprindo a função social da propriedade privada.

Tanto é verdade que nos parágrafos do art. 225[179] estão elencadas algumas atribuições impostas ao Estado para asse-

---

179. "§ 1º Para assegurar a efetividade desse direito, incumbe ao Poder Público: I – preservar e restaurar os processos ecológicos essenciais e prover o manejo ecológico das espécies e ecossistemas; II – preservar a diversidade e a integridade do patrimônio genético do País e fiscalizar as entidades dedicadas à pesquisa e manipulação de

gurar o direito ao meio ambiente ecologicamente equilibrado, como direito de todos. Vê-se, portanto, que o Constituinte preocupou-se enormemente em preservar o meio ambiente, o que nos leva a concluir que tal conduta é uma forma de atender à função social da propriedade.

Em seu art. 170, VI, a Constituição Federal de 1988 prescreve o dever de a ordem econômica observar a "defesa do meio ambiente" e, em seu art. 186, consigna que a função social é cumprida quando atendidos os requisitos elencados nos incisos, conforme grau de exigência estabelecido em lei.

> Art. 186. A função social é cumprida quando a propriedade rural atende, simultaneamente, segundo critérios e graus de exigência estabelecidos em lei, aos seguintes requisitos:
>
> I – aproveitamento racional e adequado;
>
> II – utilização adequada dos recursos naturais disponíveis e preservação do meio ambiente;
>
> III – observância das disposições que regulam as relações de trabalho;
>
> IV – exploração que favoreça o bem-estar dos proprietários e dos trabalhadores.

Esse artigo já revela outra forma do exercício da função social: como deve ser realizada a exploração para se atingir o fim social, em consonância com o direito à propriedade privada (art. 5º, XXII, livre-iniciativa, liberdade da atividade econômica), indo ao encontro desses princípios constitucionais.

---

material genético; II – definir, em todas as unidades da Federação, espaços territoriais e seus componentes a serem especialmente protegidos, sendo a alteração e a supressão permitidas somente através de lei, vedada qualquer utilização que comprometa a integridade dos atributos que justifiquem sua proteção; IV – exigir, na forma da lei, para instalação de obra ou atividade potencialmente causadora de significativa degradação do meio ambiente, estudo prévio de impacto ambiental, a que se dará publicidade; V – controlar a produção, a comercialização e o emprego de técnicas, métodos e substâncias que comportem risco para a vida, a qualidade de vida e o meio ambiente; *VI – promover a educação ambiental em todos os níveis de ensino e a conscientização pública para a preservação do meio ambiente;* VII – proteger a fauna e a flora, vedadas, na forma da lei, as práticas que coloquem em risco sua função ecológica, provoquem a extinção de espécies ou submetam os animais a crueldade."

Ele não pode ser analisado isoladamente. Não é essa a única forma de atender à função social da propriedade, mas uma das maneiras de se atender à função social da propriedade rural. Inclusive, isso nos leva a entender que a exploração do imóvel rural é limitada, ficando os critérios a cargo do legislador infraconstitucional.

O artigo se aplica aos casos de exploração do imóvel rural que deve obedecer aos critérios e graus de utilização legal. Outra forma de atender à função social da propriedade rural é preservá-la (art. 225 da Constituição Federal de 1988).

Assim, com base na Constituição Federal de 1988, o exercício da função social da propriedade rural é realizado tanto pela preservação e regeneração da vegetação natural quanto por meio da exploração da atividade agropecuária limitada, de acordo com os ditames legais.

Os limites legais à exploração agropecuária estão previstos na Lei 12.651 de 2012, que trata das áreas de preservação permanente (art. 4º e seguintes) e, mais objetivamente, das áreas de reserva legal (art. 12 e seguintes).

Diante disso, como devemos interpretar a progressividade extrafiscal do ITR prevista no art. 153, § 4º, I, considerando a extrafiscalidade do ITR para o exercício da função social prevista na Constituição Federal?

Parece-nos que a Constituição Federal limitou a exploração na supressão da vegetação nativa no exercício da atividade legal, no direito à propriedade privada, mas não à sua preservação e conservação como vegetação nativa.

Aparentemente, temos uma mutação da definição constitucional do conceito de improdutividade para finalidade de aplicar a progressividade do ITR pelo exercício da função social. Essa mutação é visível no contexto de 1988 e ainda hoje, transcorridos mais de 30 anos.

Naquela época, o contexto era completamente diferente. Clamava pela exploração econômica dos imóveis rurais na agropecuária com o intuito de avançar a economia desse setor. A progressividade era contextualizada no intuito de penalizar a manutenção de áreas aproveitáveis sem exploração agropecuária.

Atualmente, o contexto mudou. O avanço na exploração agropecuária busca incentivar a alta produtividade, aplicar novas tecnologias, assim como a manutenção da vegetação das áreas não exploradas na agropecuária, apesar de aproveitáveis. Esse é o novo cenário da função social do imóvel rural.

7.1.3 O critério material da extrafiscalidade do ITR

Durante este estudo identificamos ser necessário construir o critério material da extrafiscalidade do ITR a autorizar a progressividade constitucional do imposto, em razão da função social do imóvel rural. O ato é importante para a construção da progressividade extrafiscal do imposto.

A regra da extrafiscalidade do ITR foi idealizada pensando na construção da norma extrafiscal. Nela foi possível verificar que a norma extrafiscal e a norma fiscal de incidência do ITR possuem critérios materiais distintos, na sua estrutura completa, que se complementam.

Enquanto no critério material da regra fiscal temos o fato de ser proprietário de imóvel rural, no critério material da regra da extrafiscalidade teremos o fato de exercer a função social do imóvel rural.

E a partir da verificação do critério material da regra da extrafiscalidade do ITR é que compreendemos melhor a alíquota progressiva do critério quantitativo.

Nessa análise, verificamos que apenas esses dois critérios se alteram dentro RMIT (o critério material e a alíquota do critério quantitativo). A alíquota na regra da extrafiscalidade será progressiva em razão do grau de utilização da área aproveitável, como desestímulo à manutenção da propriedade improdutiva. Enquanto a alíquota da regra fiscal será progressiva em razão do tamanho da área do imóvel rural.

Veja-se que a alíquota deve guardar relação com a grandeza do fato, a dúvida que responderemos mais à frente é se o tamanho do imóvel para a fixação da alíquota guarda relação com a grandeza do fato.

Pensando na importância da conjugação desses dois critérios, ressaltou Aires Fernandino Barreto,[180] ao tratar da base de cálculo: "consiste a base de cálculo na descrição legal de um padrão ou unidade de referência que possibilite a quantificação da grandeza financeira do fato tributário". A partir disso é que foi possível entender como deve ser analisada a alíquota do critério quantitativo para desestimular as propriedades improdutivas.

Importante perceber que não só a base de cálculo deve afirmar o critério material, mas é também a função da alíquota. Assim, caberá ao critério quantitativo afirmar o critério material.

Percebemos que o grau de utilização a autorizar a progressividade para desestimular a propriedade improdutiva deve ser analisado em respeito ao exercício da função social, ou seja, associado ao critério material que o autorizou. Esse cenário nos leva a definir o conceito do exercício da função social nos dias atuais e, com base nisso, o que seria produtivo ou improdutivo, para analisar o grau de utilização.

Identificamos que dentro das áreas aproveitáveis do imóvel rural, de onde se calcula o grau de utilização, pelo conceito atual do exercício da função social, houve mudanças. As áreas não utilizadas na exploração agropecuária não podem ser consideradas não utilizadas para o aumento da alíquota tributária, pois estão servindo às terras que revestem e à sociedade, como uma das formas de se exercer a função social do imóvel rural.

---

180. BARRETO, Aires Fernandino. *Base de cálculo, alíquota e princípios constitucionais*. 2. ed. São Paulo: Max Limonad, 1998. p. 51.

Assim, o critério material da RMIT se divide em dois aspectos: o critério fiscal e o critério extrafiscal. Eles devem ser confirmados pelas alíquotas, assim como ocorre com a base de cálculo, pois a progressividade da alíquota deve manter relação direta com a materialidade do tributo que a autoriza. Do contrário, poderemos estar diante de uma sanção e não de uma extrafiscalidade.

7.1.3.1 O conceito de propriedade

Vimos no critério material do ITR que o núcleo fático do imposto é ser proprietário, possuidor ou detentor do domínio útil. Interessa, portanto, para o momento, definirmos o conceito de propriedade. Os demais conceitos serão melhor analisados quando tratarmos da sujeição passiva.

No direito civil, conforme o art. 1.228, "O proprietário tem a faculdade de usar, gozar e dispor da coisa, e o direito de reavê-la do poder de quem quer que injustamente a possua ou detenha".

A partir da Constituição Federal de 1988, o proprietário do imóvel rural passou a não mais poder usar e gozar de boa parte de sua propriedade, limitação reconhecida pela exigência de parte da sua função social, conforme explica Rosa de Andrade Nery,[181] ao abordar o polissistema do uso do solo.

Nesses casos, as áreas que devem ser legalmente preservadas, consideradas de interesse ambiental, não pode o proprietário usar e gozar, mas apenas dispor, motivo pelo qual afirmamos ter havido a relativização do direito de propriedade.

Para Fábio Pallaretti Calcini, estas áreas não estão incluídas mais no direito de propriedade. Segundo ele, o art. 225 da Carta Magna é peremptório ao estabelecer: "Todos têm direito ao meio ambiente ecologicamente equilibrado, bem de uso comum do povo e essencial à sadia qualidade de vida,

181. NERY JUNIOR, Nelson; NERY, Rosa Maria de Andrade. *Código Civil comentado*. 4. ed. São Paulo: RT, 2006. p. 748.

impondo-se ao poder público e à coletividade o dever de defendê-lo e preservá-lo para as presentes e futuras gerações".

Diante da definição que temos como premissa, coadunamos com o doutrinador[182] que entende que sobre essas áreas não há mais propriedade, mas apenas titularidade coletiva. Portanto, não se trata de mera isenção tributária, pelo art. 10, § 1º, inciso I, da Lei 9.393 de 1996, mas de não incidência, dado o fato de não estarem abrangidas no conceito de propriedade do núcleo da hipótese de incidência tributária do imposto.

Nesse sentido, se não há a presença da materialidade tributária não há que se falar em incidência tributária sobre as áreas que fogem ao conceito de propriedade.

7.1.4 Critério temporal

A Lei 9.393 de 1996, ao instituir o ITR determinou que o critério temporal seria o 1º de janeiro de cada ano, como instante escolhido para a ocorrência do evento tributário.

Assim, ainda que a aquisição do imóvel rural ocorra após 1º de janeiro e antes da data da declaração do ITR, o adquirente deverá informar na sua declaração as condições presentes no imóvel rural em 1º de janeiro do ano a que se referir a declaração.

Essa é a data fixada pelo legislador para fazer nascer a obrigação tributária relacional. É considerada a data do evento, a partir da qual o contribuinte fica obrigado a cumprir suas obrigações perante o sujeito ativo em data futuramente prevista – no caso do ITR, entre agosto e setembro de cada ano, quando deverá relatar o fato jurídico tributário.

---

182. "E, nessa linha, não pode o ente tributante atingir áreas de Reserva Legal, de Preservação Permanente ou mesmo de qualquer tipo de interesse ambiental com a exação do ITR. Não se trata de simples isenção tributária, mas sim de não incidência do referido tributo federal, eis que não há mais propriedade plena do proprietário rural sobre estas porções do imóvel" (CALCINI, Fábio Pallaretti; GRILI, Evandro Alves da Silva. *ITR e o novo Código Florestal*: áreas não tributáveis e o cadastro ambiental rural (CAR), em imposto sobre a propriedade territorial rural à luz da jurisprudência do Conselho Administrativo de Recursos Fiscais. São Paulo: MP, 2015. v. 2, p. 121).

É sobre as condições do imóvel nessa data que o contribuinte deverá constituir o fato, com a declaração do ITR, ao mencionar o evento.

7.2 Critérios do consequente

Os critérios do consequente são formados pelo critério quantitativo e pessoal.

7.2.1 Critério pessoal

O critério pessoal é composto pelo sujeito passivo, aquele que tem o dever de cumprir a obrigação tributária, e pelo sujeito ativo, aquele que tem o direito de exigir o cumprimento da obrigação tributária.

7.2.1.1 Sujeito ativo

O sujeito ativo – que tem o direito de exigir o cumprimento da obrigação tributária – em regra é da União Federal,[183] pessoa competente para participar do polo ativo da demanda processual, em que se exigirá o cumprimento da obrigação de forma coativa.

Entretanto, tais poderes de fiscalização, cobrança e arrecadação podem ser delegados aos Municípios,[184] cabendo a eles exigirem o cumprimento da obrigação tributária,[185] nos termos do art. 153, VI e § 4º, III, da CF.

7.2.1.1.1 Capacidade tributária ativa e o direito à fiscalização e arrecadação aplicado ao ITR

A delegação da capacidade tributária ativa para arrecadar, fiscalizar e cobrar o tributo é realizada pelo sujeito político

183. BRASIL. Constituição Federal de 1988. Art. 153, VI.

184. BRASIL. Constituição Federal de 1988. Art. 153, § 4º, III.

185. BRASIL. Constituição Federal de 1988. Art. 1º; Lei 11.250 de 2005.

que tem competência tributária dotado de poder legislativo, muito visto nos casos dos tributos parafiscais.

Conforme explica Paulo de Barros Carvalho,[186-187] "uma coisa é poder legislar, desenhando o perfil jurídico de um gravame ou regulando os expedientes necessários à sua funcionalidade; outra é reunir credenciais para integrar a relação jurídica, no tópico do sujeito ativo".

O Código Tributário Nacional define sujeito ativo a pessoa jurídica de direito público titular que pode exigir o cumprimento da obrigação: "Art. 119. Sujeito ativo da obrigação é a pessoa jurídica de direito público, titular da competência para exigir o seu cumprimento".

Importante ressaltar que a competência legislativa é indelegável (princípio da indelegabilidade da competência tributária), conforme as diretrizes constitucionais implícitas e, como projeção genérica do art. 2º da Constituição Federal.[188] Paulo de Barros Carvalho[189] destaca: "a competência tributária é intransferível, enquanto a capacidade tributária ativa não o é".

Sendo o ITR imposto de competência da União Federal, nos termos do art. 153 da Constituição Federal de 1988, apenas a União Federal poderá legislar a respeito, já que essa competência é indelegável: "Art. 153. Compete à União instituir impostos sobre: [...] VI – propriedade territorial rural; [...]".

---

186. CARVALHO, Paulo de Barros. *Curso de direito tributário*. 17. ed. cit., p. 219.

187. Lei 5.172 de 1966. "Art. 6º A atribuição constitucional de competência tributária compreende a competência legislativa plena, ressalvadas as limitações contidas na Constituição Federal, nas Constituições dos Estados e nas Leis Orgânicas do Distrito Federal e dos Municípios, e observado o disposto nesta Lei. Parágrafo único. Os tributos cuja receita seja distribuída, no todo ou em parte, a outras pessoas jurídicas de direito público pertencerá à competência legislativa daquela a que tenham sido atribuídos."

188. BRASIL. Constituição Federal de 1988. "Art. 2º São Poderes da União, independentes e harmônicos entre si, o Legislativo, o Executivo e o Judiciário".

189. CARVALHO, Paulo de Barros. *Curso de direito tributário*. 17. ed. cit., p. 219.

O que o legislador constituinte autorizou foi a transferência da função de arrecadar, fiscalizar, executar leis, serviços, atos ou decisões administrativas, não sendo essas prerrogativas exclusivas do agente competente.

Conforme previsão expressa no Código Tributário Nacional.

> Art. 7º A competência tributária é indelegável, salvo atribuição das funções de arrecadar ou fiscalizar tributos, ou de executar leis, serviços, atos ou decisões administrativas em matéria tributária, conferida por uma pessoa jurídica de direito público a outra, nos termos do § 3º do artigo 18 da Constituição.
>
> § 1º A atribuição compreende as garantias e os privilégios processuais que competem à pessoa jurídica de direito público que a conferir.
>
> § 2º A atribuição pode ser revogada, a qualquer tempo, por ato unilateral da pessoa jurídica de direito público que a tenha conferido.
>
> § 3º Não constitui delegação de competência o cometimento, a pessoas de direito privado, do encargo ou da função de arrecadar tributos.

No caso do ITR, a Constituição Federal de 1988 autorizou a delegação da função de fiscalizar, cobrar e arrecadar (arts. 153, § 4º, III e 158, II), para os Municípios que assim optarem, conforme artigo transcrito a seguir:

> Art. 153. Compete à União instituir impostos sobre:
>
> [...]
>
> § 4º O imposto previsto no inciso VI do *caput*:
>
> [...]
>
> III – será fiscalizado e cobrado pelos Municípios que assim optarem, na forma da lei, desde que não implique redução do imposto ou qualquer outra forma de renúncia fiscal.
>
> [...]
>
> Art. 158. Pertencem aos Municípios:
>
> [...]

> II – cinquenta por cento do produto da arrecadação do imposto da União sobre a propriedade territorial rural, relativamente aos imóveis neles situados, cabendo a totalidade na hipótese da opção a que se refere o art. 153, § 4º, III; (Redação dada pela Emenda Constitucional n. 42, de 19.12.2003)

Referida autorização federal foi criada pela Lei 11.250 de 2005, que permitiu à Secretaria da Receita Federal celebrar convênio com o Distrito Federal e Municípios para delegar as atribuições de fiscalizar, cobrar e arrecadar o ITR, conforme art. 1º:

> Art. 1º A União, por intermédio da Secretaria da Receita Federal, para fins do disposto no inciso III do § 4º do art. 153 da Constituição Federal, poderá celebrar convênios com o Distrito Federal e os Municípios que assim optarem, visando a delegar as atribuições de fiscalização, inclusive a de lançamento dos créditos tributários, e de cobrança do Imposto sobre a Propriedade Territorial Rural, de que trata o inciso VI do art. 153 da Constituição Federal, sem prejuízo da competência supletiva da Secretaria da Receita Federal.

Em 2008 foi promulgado o Decreto 6.433, que instituiu o Comitê Gestor do Imposto sobre a Propriedade Territorial Rural (CGITR), incumbido de operacionalizar a execução dos convênios. Atualmente, mais de 2.200 Municípios já aderiram ao convênio com a União Federal, conforme informa a Receita Federal em *site* destinado ao Encontro de Administradores Tributários.

Portanto, a capacidade tributária ativa foi transferida para os Municípios e o Distrito Federal que assim optaram, passando a figurar como credores da relação obrigacional tributária como sujeitos ativos.

Assim, aqueles Municípios que aderiram ao convênio, tornaram-se responsáveis por fiscalizar, cobrar e arrecadar o ITR, passando a figurar como sujeitos ativos da relação jurídica.

Os arts. 15 e 16[190] do Decreto 6.433 de 2008, que regulamentou a Lei 11.250 de 2005, determinam que a capacidade

---

190. "Art. 15. O contencioso administrativo relativo ao ITR observará a legislação tributária federal. § 1º No caso de impugnação e recursos, deverão eles ser

tributária ativa seria da União Federal e, a de julgar, da Secretaria da Receita Federal na esfera administrativa e da Justiça Federal na esfera judicial, sempre representada pela Procuradoria – Geral da Fazenda Nacional.

Ocorre que a sujeição ativa não é matéria de Decreto, mas sim de Lei, pelo princípio da legalidade tributária, não podendo ser disciplinada por tal instrumento normativo.

Além disso, várias Instruções Normativas foram editadas, tais como a IN 1.877 de 2019 e a IN 1.640 de 2016, todas pela Secretaria da Receita Federal.

Na IN 1.640 de 2016 e posteriores alterações, foram definidas as condições a serem estabelecidas pelos Municípios. Importante chamar a atenção ao fato de que a capacidade de fiscalização e lançamento outorgada aos Municípios quando firmado o Convênio, não pode abranger os fatos geradores ocorridos 5 anos antes da vigência do próprio Convênio, em atenção ao princípio da irretroatividade.

Pela IN 1.877 de 2019, e posteriores alterações, foram criadas diversas regras a serem cumpridas pelos Municípios, para a prestação de informações sobre o valor da terra nua à Secretaria da Receita Federal do Brasil. Competindo aos Municípios fornecerem valores amparados em estudos de profissionais capacitados com a apresentação de Laudos/ART, obedecidos padrões técnicos e científicos, tais informações devem ser levadas

---

protocolizados na administração tributária municipal, que procederá à devida instrução do processo administrativo fiscal e os encaminhará à unidade de julgamento da Secretaria da Receita Federal do Brasil. § 2º As consultas relativas ao ITR serão solucionadas somente pela Receita Federal do Brasil. Art. 16. Os processos relativos ao ITR serão ajuizados em face da União, que será representada em juízo pela Procuradoria-Geral da Fazenda Nacional. § 1º Os Municípios e o Distrito Federal prestarão auxílio sobre matéria de fato à Procuradoria-Geral da Fazenda Nacional, em relação aos atos de fiscalização e cobrança derivados da opção a que se refere este Decreto, na forma a ser disciplinada em ato do CGITR. (Redação dada pelo Decreto 6.621, de 2008). § 2º Os créditos tributários oriundos da aplicação deste Decreto serão apurados, inscritos em Dívida Ativa da União e cobrados judicialmente pela Procuradoria-Geral da Fazenda Nacional, sendo os valores correspondentes transferidos aos Municípios ou ao Distrito Federal na exata razão da fiscalização por eles efetivada. (Redação dada pelo Decreto 6.621, de 2008)".

a público até o último dia útil de abril de cada ano, nos termos do art. 9º, o que possibilita maior credibilidade à aproximação ao real valor da terra nua de cada imóvel rural.

Na IN 1.640 de 2016, alterada pela IN 1.954/2020, temos a disciplina da competência supletiva da Secretaria da Receita Federal do Brasil para fiscalizar e cobrar o ITR, conforme o art. 2º, § 1º.

Nesses termos, o fato é que a capacidade tributária ativa foi delegada integralmente (parafiscalidade) e não em partes aos Municípios. Disso decorreram complexidades que merecem reflexão crítica, conforme o fez Leonardo Furtado Loubet.[191]

Além disso, insta salientar que dúvidas pairam sobre essa delegação de capacidade ativa de tributo federal para ente Municipal, que deverá realizar o lançamento levando em consideração, como fundamento de validade do ato de cobrança, matéria tributária federal.

A IN 1.640/2016 fala em competência supletiva da Receita Federal, ou seja, quando não realizada adequadamente pela Municipalidade, assim o contribuinte poderá ser fiscalizado e cobrado por ambos os entes da Administração Pública.

---

191. "Como o art. 153, § 4º, III, da Constituição Federal de 1988, acrescentado pela malsinada EC 42 de 2003, exige "lei" para regrar a forma como a capacidade tributária ativa do ITR pode ser transferida, foi aprovada a Lei 11.250, de 27 de dezembro de 2005, supostamente com essa intenção. Acontece, todavia, que essa lei, composta por minguados três artigos, não disciplinou nada, cingindo-se à previsão de que a Secretaria da Receita Federal do Brasil poderá celebrar convênios com os Municípios para viabilizar a parafiscalidade, segundo normatização a ser baixada pelo próprio órgão. Em poucas palavras: não bastasse a inconstitucionalidade da EC 42 de 2003, a própria Lei Federal 11.250 de 2005 revela-se inconstitucional, porque, em vez de veicular os requisitos a serem observados, delegou essa missão à Receita Federal, que não tem competência para introduzir regras inaugurais no ordenamento.
Em complemento a essa vitanda inconstitucionalidade e como se isso tudo não fosse suficiente, foi editado o Decreto Federal 6.433, de 15 de abril de 2008, que nada obstante a absoluta ausência de lei, simplesmente criou um órgão denominado de "CGITR – Comitê Gestor do Imposto sobre a Propriedade Territorial Rural", a quem caberá "dispor sobre matérias relativas à opção pelos Municípios e pelo Distrito Federal para fins de fiscalização, inclusive a de lançamento de créditos tributários, e de cobrança do Imposto sobre a Propriedade Territorial Rural – ITR [...]" (LOUBET, Leonardo Furtado. *Tributação federal no agronegócio*. São Paulo: Noeses, 2017. p. 382-383).

Como a matéria tributária é de ordem federal, apesar de a defesa em possível autuação ser protocolada na Secretaria do Município, esta será julgada pela Secretaria da Receita Federal e, em caso de execução, deverá ser feita pela Procuradoria da Fazenda Nacional[192].

Assim, a delegação da capacidade tributária ativa, nesse caso, assume uma condição atípica em que o sujeito da relação como parte será a Secretaria da Receita Federal/União Federal e não o Município, por se tratar de matéria federal, mas a pessoa que deu causa será outra, a Municipalidade.

De modo que, por garantia, entendo que ambas deverão figurar no polo da relação, pois o Município terá interesse processual[193] como destinatário do produto da arrecadação, de forma que o resultado influirá diretamente nas suas atividades e esfera econômica, assim como ocorre na parafiscalidade das contribuições para terceiros, como ao INCRA, SESC, SENAC, SEBRAE, FNDE.[194]

7.2.1.2 Sujeito passivo

O sujeito passivo, nos termos do art. 4º da Lei 9.393/1996, é tanto o proprietário do imóvel rural, o titular de seu domínio útil como seu possuidor a qualquer título. Como esses são conceitos do direito civil, oportuno recorrermos a ele para verificarmos os critérios de cada classe e preenchê-las adequadamente.

Conforme o art. 1.228 do Código Civil, considera-se proprietário aquele que pode usar, gozar e dispor da coisa, e tem o direito de reavê-la de quem injustamente a possua ou detenha.

192. Súmula 139 do STJ: "Cabe à Procuradoria da Fazenda Nacional propor execução fiscal para cobrança de crédito relativo ao ITR".

193. Litisconsórcio necessário, arts. 114 e 116 do CPC.

194. AgInt no AREsp 1153575/RS, Rel. Ministro Mauro Campbell Marques, Segunda Turma, julgado em 21.11.2017, *DJe* 27.11.2017; REsp 413.592/PR, Rel. Ministro Garcia Vieira, *DJ* 21.10.2002, p. 286; REsp 997.669/PR, Rel. Ministra Denise Arruda, Primeira Turma, julgado em 18.09.2008, *DJe* 29.09.2008.

Já o possuidor é aquele que, conforme o art. 1.196, tem o exercício pleno ou não de algum dos poderes inerentes à propriedade. Segundo Rosa de Andrade Nery,[195]

> [...] posse é o exercício, de fato, dos poderes constitutivos do domínio ou propriedade, ou de algum deles. A posse (tanto de coisa móvel quanto de coisa imóvel) é situação jurídica de fato apta a, *atendidas certas exigências legais, transformar o possuidor em proprietário.* O sujeito de direito que tem posse sobre uma coisa exerce alguns dos poderes próprios dos de proprietário (uso, gozo e às vezes o de disposição e o de recuperação da coisa), sem ostentar a natureza jurídica de dono (grifos nossos).

Importante esclarecer a diferença entre posse e detenção. Aquele que detém em nome alheio não tem posse, mas mera detenção. Para haver posse é necessário que aquele que a possua o faça em nome próprio e não por ordem de outro.

Para ser considerado possuidor deve agir como se dono fosse, como ensina Rosa Maria de Andrade Nery.

Segundo a autora[196] para adquirir-se a posse é necessário a presença de dois elementos: "o elemento interno é a intenção de possuir a coisa como sua (*animus*). O elemento externo é caracterizado pela apreensão física da coisa (*corpus*) e pela demonstração (exteriorização) de que o possuidor exerce algum dos poderes inerentes à propriedade".

Já o domínio útil apenas detém aquele que adquiriu o imóvel rural por enfiteuse ou aforamento (art. 2.038 do Código Civil). Esse regime está proibido desde 2002. Enfim, são essas as pessoas autorizadas a figurarem como contribuintes do ITR.

Nesse sentido, concluímos que a posse e o domínio útil devem ser vistos como formas de propriedade, motivo pelo qual não vimos qualquer inconstitucionalidade nas duas formas de

195. NERY JUNIOR, Nelson; NERY, Rosa Maria de Andrade. *Código Civil comentado* cit., p. 704.

196. Idem, p. 710.

se tratar a propriedade. Entendemos que são pessoas autorizadas a figurarem como contribuintes do ITR.

O Superior Tribunal de Justiça a esse respeito, nos autos do Agravo Interno no Recurso Especial 1.601.370/RS, de relatoria do Ministro Og Fernandes, em decisão publicada em 04.04.2017, entendeu ser possível "a configuração da posse de bem imóvel para dar ensejo à exação" tributária.

No caso tratava-se de cobrança de IPTU, conforme trecho da Ementa a seguir transcrita:

> A orientação jurisprudencial deste Tribunal Superior é a de que, à luz dos arts. 32, 34 e 116, I, do CTN, se tem por "dispensável qualquer exigência de prévio registro imobiliário das novas unidades para que se proceda ao lançamento do IPTU individualizado, uma vez que basta a configuração da posse de bem imóvel para dar ensejo à exação" (REsp 1.347.693/RS, Rel. Ministro Benedito Gonçalves, Primeira Turma, *DJe* 17.0412013).

Nesse sentido, também o foi a decisão proferida nos autos do Agravo de Instrumento no Recurso Especial 1.686.696/SP, de Relatoria do Ministro Francisco Falcão, publicada em 14.06.2018, que concluiu pela possibilidade de o "possuidor a qualquer título" ser o contribuinte do imposto incidente sobre propriedade imobiliária.

Nesse caso, reconhecem a responsabilidade solidária do promitente comprador e do promitente vendedor, o tributo em referência é o IPTU, mas o mesmo raciocínio se aplica ao ITR, conforme trecho da ementa a seguir transcrita:

> I – A matéria versada no presente recurso especial se amolda àquela tratada no REsp 1.110.551/SP, apreciado sob o rito dos recursos repetitivos e vinculado ao Tema 122/STJ.
>
> II – Na ocasião, firmou-se a tese de que: Tanto o promitente comprador (possuidor a qualquer título) do imóvel quanto seu proprietário/promitente vendedor (aquele que tem a propriedade registrada no Registro de Imóveis) são contribuintes responsáveis pelo pagamento do IPTU. Neste sentido: REsp 1110551/SP, Rel. Ministro Mauro Campbell Marques, Primeira Seção, julgado em 10.06.2009, *DJe* 18.06.2009.

Assim, veja-se que a não escrituração do contrato de compra e venda para evitar a incidência do ITBI, conforme decidido em repercussão geral no ARE 1.294.969, em que a transferência se dá com o registro, pode levar à responsabilização solidária do ITR entre o vendedor, proprietário e o comprador, possuidor.

O compromisso de compra e venda quando registrado em cartório cria direitos reais sobre o imóvel, art. 156, II, da CF, e pode gerar direitos entre as partes, tendo instrumentos para fazer incidir o ITBI.

Assim, importante notar que o contrato de gaveta tem o lado bom, mas o ruim também.

Uma dúvida que surge é nos casos de condomínio, usucapião e arrendamento, como fica a relação jurídica obrigacional.

Nos casos de condomínio, quando o imóvel rural pertencer a mais de uma pessoa, sejam elas proprietárias ou possuidoras, todas as pessoas se revestirão da condição de contribuintes do imposto (art. 1.199 do Código Civil), como composse ou compossessão, ou seja, quando duas ou mais pessoas exercem, ao mesmo tempo, poderes possessórios sobre a mesma coisa, podendo ser cobrado o ITR de qualquer uma delas. Cabe ainda a qualquer uma realizar a declaração, visto que como contribuintes devem realizar as obrigações e os deveres tributários.

É assim que vem sendo aplicado no direito tributário, inclusive para fins de declaração do imposto, conforme determina o art. 2º da Instrução Normativa RFB 1.715/2017, ao estabelecer para o ano de 2017:

> Art. 2º Está obrigado a apresentar a DITR referente ao exercício de 2017 aquele que seja, em relação ao imóvel rural a ser declarado, exceto o imune ou isento:
>
> I – na data da efetiva apresentação:
>
> *a)* a pessoa física ou jurídica proprietária, titular do domínio útil ou possuidora a qualquer título, inclusive a usufrutuária;

> *b)* um dos condôminos, quando o imóvel rural pertencer simultaneamente a mais de um contribuinte, em decorrência de contrato ou decisão judicial ou em função de doação recebida em comum;
>
> *c)* um dos compossuidores, quando mais de uma pessoa for possuidora do imóvel rural;

Veja que na alínea "b" do inciso I do art. 2º o legislador é claro ao tratar a situação de condomínio como posse no sentido de pertencimento, *animus domini.*

Nesse mesmo sentido é o usucapião, pois nesse caso haverá o exercício da propriedade como se dono fosse, devendo arcar com os encargos tributários que recaem sobre o imóvel rural, na condição de contribuinte.

Inclusive, para fins de comprovação do usucapião é solicitado o comprovante de recolhimento do ITR.

Já o arrendatário, comodatário ou parceiro de imóvel rural explorado por contrato de arrendamento, comodato ou parceria não são contribuintes do imposto (art. 4º da Instrução Normativa 256 de 2002 da SRF):

> Artigo 4º Contribuinte do ITR é o proprietário de imóvel rural, o titular de seu domínio útil ou o seu possuidor a qualquer título.
>
> § 1º É titular do domínio útil aquele que adquiriu o imóvel rural por enfiteuse ou aforamento.
>
> § 2º É possuidor a qualquer título aquele que tem a posse do imóvel rural, seja por direito real de fruição sobre coisa alheia, no caso do usufrutuário, seja por ocupação, autorizada ou não pelo Poder Público.
>
> § 3º Na hipótese de desapropriação do imóvel rural por pessoa jurídica de direito privado delegatária ou concessionária de serviço público, é contribuinte:
>
> I – o expropriado, em relação aos fatos geradores ocorridos até a data da perda da posse ou da propriedade, observado o disposto no artigo 5º;
>
> II – o expropriante, em relação aos fatos geradores ocorridos a partir da imissão prévia ou provisória na posse ou da transferência ou incorporação do imóvel rural ao seu patrimônio.

§ 4º Para fins do disposto nesta Instrução Normativa, não se considera contribuinte do ITR o arrendatário, comodatário ou parceiro de imóvel rural explorado por contrato de arrendamento, comodato ou parceria.

Assim, verificamos que o conceito de propriedade abrange a posse (*animus domini*) e o domínio útil, não sendo o caso do arrendamento em que há mera detenção, mas presente no caso de usucapião, em que há o exercício da propriedade como se dono fosse.

7.3 Critério quantitativo

Esse critério tem a finalidade de mensurar economicamente o critério material confirmando ou infirmando sua natureza, devendo guardar correspondência direta à materialidade que o ensejou, calculada pela aplicação da alíquota à base de cálculo, chegando ao valor quantitativo do imposto.

No ITR, essa apuração oferece grande dificuldade e deve ser analisada com cautela, pois temos exclusões de valores, subtrações de áreas, análise do grau de utilização e tamanho do imóvel rural, classificação da área aproveitável, multiplicações e divisões, para o cálculo do critério quantitativo.

7.3.1 Base de cálculo

Nos termos do art. 30 do Código Tributário Nacional, a base de cálculo do ITR será o valor fundiário, ou seja, o valor de fundo sem nada que lhe acrescente.

Para obter esse valor na instituição do imposto, o art. 10, § 1º, III,[197] da Lei 9.393 de 1996, indica como encontrar a base de cálculo como o valor da terra nua tributável (VTNt), obtido pela multiplicação do valor da terra nua (valor de mercado das

---

197. "III – VTNt, o valor da terra nua tributável, obtido pela multiplicação do VTN pelo quociente entre a área tributável e a área total;"

terras) pelo quociente entre a área tributável e a área total. Essa é a fórmula para se chegar ao valor da base de cálculo.

Para tanto, precisamos saber o valor da terra nua, considerando o valor de mercado, suas exclusões e benfeitorias. Depois disso, deve ser aplicado o percentual encontrado pelo quociente entre a área tributável e a área total.

Primeiro passo: descobrir o valor da terra nua.

Nos termos do art. 10, § 1º, I[198] e alíneas da Lei 9.393 de 1996, para cômputo da terra nua deve-se excluir os valores relativos às construções, instalações, benfeitorias, culturas permanentes e temporárias, pastagens cultivadas e melhoradas, assim como os valores despendidos com as florestas plantadas – observa-se que estamos falando de exclusões de valores.

Para ilustrar, tomemos como exemplo que o valor de mercado do imóvel seja R$ 1 mil por hectares, R$ 100 mil da sede, R$ 50 mil do curral. Nesse caso já temos o valor de mercado do imóvel, considerando que a área total seja de 1 mil hectares, totalizando R$ 1 milhão + R$ 50 mil + R$ 100mil = R$ 1.150.000,00.

Para encontrar a base de cálculo do ITR, o que nos interessa é o valor da terra nua por hectare. Os demais acréscimos (benfeitorias, culturas permanentes e temporárias, pastagens, florestas plantadas, por exemplo), não entram na base de cálculo do imposto.

Segundo passo: descobrir a área tributável.

Nesse caso, para descobrirmos a área tributável, devemos nos socorrer da lei que instituiu o ITR e encontrarmos as áreas consideradas tributáveis pela legislação. Conforme veremos a seguir, a legislação não traz a área tributável, mas as áreas não tributáveis pela isenção. Dessa subtração chegaremos à área tributável. Aqui não teremos exclusão de valores, mas de áreas.

---

198. "I – VTN, o valor do imóvel, excluídos os valores relativos a: a) construções, instalações e benfeitorias; b) culturas permanentes e temporárias; c) pastagens cultivadas e melhoradas; d) florestas plantadas;"

Ou seja, considerando que “C” seja a área total para chegarmos à área tributável, teremos “C, -a, -b, -c -d ... <-> D”, considerando a, b, c, d como as áreas a serem excluídas, e D como o resultado da subtração dessas área com a área total, ter-se-á área tributável.

Então, passamos a elucidar o que seriam a, b, c, d, ... eleitos pelo legislador.

Para calcular a área tributável, deve-se considerar o art. 10, II, “a”, “b”, “c”, “d” e “e”, que lista as áreas a serem excluídas da área total do imóvel, ou seja, as áreas a seguir elencadas são legalmente isentas do ITR.

> II – área tributável, a área total do imóvel, menos as áreas:
>
> *a)* de preservação permanente [definida pela Lei 12.651, de 2012, arts. 3º, inciso II, 4º, incisos I a XI e 6º, incisos I a IX, com redação dada pela Lei 12.727, de 2012, art. 1º] e de reserva legal, previstas [art. 66] na Lei 12.651, de 25 de maio de 2012 [com a redação dada pela Lei 12.727, de 2012];
>
> *b)* de interesse ecológico para a proteção dos ecossistemas, assim declaradas mediante ato do órgão competente, federal ou estadual, e que ampliem as restrições de uso previstas na alínea anterior;
>
> *c)* comprovadamente imprestáveis para qualquer exploração agrícola, pecuária, granjeira, aquícola ou florestal, declaradas de interesse ecológico mediante ato do órgão competente, federal ou estadual;
>
> [...]
>
> *e)* cobertas por florestas nativas, primárias ou secundárias em estágio médio ou avançado de regeneração; (Incluído pela Lei 11.428, de 2006)
>
> *f)* alagadas para fins de constituição de reservatório de usinas hidrelétricas autorizada pelo poder público (Incluído pela Lei 11.727, de 2008).

Para continuarmos com o nosso exemplo e descobrirmos o “D” consideraremos “a” como 200 hectares de reserva legal, “b” como 100 hectares de APP, “c” 50 hectares de área imprestável e "d" como 100 hectares de área alagada para reservatório de usina.

Teremos um total de áreas não tributáveis de "a" + "b", + "c" + "d". Desformalizando, teríamos 200 + 100 + 50 + 100. Considerando a fórmula acima, teremos C –(a+b+c+d) <-> D; na desformalização, teremos 1000 – (200 + 100 + 50 + 100) = 650.

Assim, seria uma área tributável 650 hectares. Para o cálculo do coeficiente entre a área tributável e a área total, é necessário dividir a área tributável pela área total, que resultará em 65%. Esse coeficiente é multiplicado pelo valor da terra nua, que consideramos R$ 1.000.000,00. Assim, chegaremos ao resultado de R$ 650.000,00.

Esse valor é considerado o valor da terra nua tributável, para fins de cálculo do ITR, ou seja, chegamos à nossa base de cálculo.

A fórmula completa fica assim desenhada:

VTNt = VTN (exclusões: art. 10, § 1º, I e alíneas da Lei 9.393 de 1996) x ÁREA TRIBUTÁVEL (área total, subtraídas as áreas isentas art. 10, II, alíneas "a", "b", "c", "d" e "e" da Lei 9.393 de 1996) dividida pela ÁREA TOTAL DO IMÓVEL.

Enfim, a fórmula lógica reduzida em linguagem formalizada ficaria assim disposta: A -> [B – (a + b + c + d)] X [D -> C – (a + b + c + d)], conforme a teoria da lógica delineada em capítulo anterior.

Há também as situações de isenção previstas no art. 3º[199] da Lei 9.393 de 1996, entretanto nessas hipóteses não estamos

199. "Art. 3º São isentos do imposto:
I – o imóvel rural compreendido em programa oficial de reforma agrária, caracterizado pelas autoridades competentes como assentamento, que, cumulativamente, atenda aos seguintes requisitos:
a) seja explorado por associação ou cooperativa de produção;
b) a fração ideal por família assentada não ultrapasse os limites estabelecidos no artigo anterior;
c) o assentado não possua outro imóvel.

diante de exclusões de áreas, mas de situações que o legislador escolheu resguardar e excluir da incidência do ITR.

Sobre a base de cálculo do ITR, existem, nesse critério, dois subcritérios a serem analisados com cautela: a forma de apuração do valor da terra nua, assim como a definição das áreas consideradas não tributadas, e, portanto, isentas.

7.3.1.1 Valor da terra nua

O valor da terra nua é o valor de mercado do imóvel rural em terra nua, o valor de fundo, seu valor fundiário, excluídas as benfeitorias dentre outros gastos no imóvel.

Conforme disposto no art. 8º, § 2º, da Lei 9.393 de 1996:

> Art. 8º O contribuinte do ITR entregará, obrigatoriamente, em cada ano, o Documento de Informação e Apuração do ITR – DIAT, correspondente à cada imóvel, observadas datas e condições fixadas pela Secretaria da Receita Federal.
>
> § 1º O contribuinte declarará, no DIAT, o Valor da Terra Nua – VTN correspondente ao imóvel.
>
> § 2º O VTN refletirá o preço de mercado de terras, apurado em 1º de janeiro do ano a que se referir o DIAT, e será considerado autoavaliação da terra nua a preço de mercado.

A problemática se instaura com a apuração do valor de mercado a ser produzida pelo próprio contribuinte, tratando-se de tributo sujeito ao lançamento por homologação, cabe ao proprietário, possuidor ou quem detém o domínio útil, declarar esse valor. Diversa é a situação do IPTU, que está sujeito ao lançamento de ofício.

Assim, considerando essa sistemática de apuração, e dado o fato de atualmente grande parte dos Municípios serem

---

II – o conjunto de imóveis rurais de um mesmo proprietário, cuja área total observe os limites fixados no parágrafo único do artigo anterior, desde que, cumulativamente, o proprietário:
a) o explore só ou com sua família, admitida ajuda eventual de terceiros;
b) não possua imóvel urbano.”

responsáveis pela fiscalização e pela arrecadação, muitas prefeituras têm disponibilizado valores a serem praticados nas respectivas regiões.

Mas, não podemos perder de vista que o legislador considera valor fundiário o valor de mercado. Assim, ainda que as prefeituras disponibilizem valores a serem praticados, e estando esses fora dos padrões de mercado, não há a obrigatoriedade de aplicá-los. Caberá ao contribuinte, se demandado, demonstrar que outro é o valor de mercado do seu imóvel rural, seja com notícia de jornal, declaração dos cartórios de registro de imóveis ou laudo técnico, entre outros meios de prova.

Outro ponto importante é a aplicação do Sistema de Preço de Terras (SIPT)[200] na apuração da base de cálculo do ITR. Trata-se de mais um instrumento criado para auxiliar a administração tributária na arrecadação e na fiscalização do imposto, que pode servir como instrumento de apoio à cobrança, mas não como prova do valor da terra nua. Isso, porque esse sistema de cálculo da terra nua não reflete o real preço fundiário de cada propriedade.

Conforme a jurisprudência administrativa federal,[201] a apuração do VTN pela Tabela SIPT só é aceita quando observa a aptidão agrícola e não a média das DITRs da municipalidade. Além disso, os laudos técnicos (ABNT) se sobrepõem à Tabela SIPT, sendo, portanto, considerados prova com maior veracidade da realidade fática.

> Acórdão: 9202-005.524
>
> Número do Processo: 13116.720069/2008-63
>
> Data de Publicação: 05.07.2017
>
> Contribuinte: Terplani Terrenos e Planejamentos Imobiliários Ltda - ME
>
> Relator (a): Maria Helena Cotta Cardozo

200. Portaria SRF 447 de 2002.

201. Disponível em: https://carf.fazenda.gov.br. Acesso em: 20 jun. 2018.

Ementa: Imposto sobre a Propriedade Territorial Rural – ITR Exercício: 2004 VTN-valor da Terra Nua. Arbitramento. SIPT--Sistema de Preços de Terras. Valor Médio das DITR. Ausência de aptidão agrícola. Incabível a manutenção do arbitramento com base no SIPT, quando o VTN é apurado adotando-se o valor médio das DITR do município, sem levar-se em conta a aptidão agrícola do imóvel.

Acórdão: 9202-005.781

Número do Processo: 10183.003496/2005-49

Data de Publicação: 13.10.2017

Contribuinte: Madeireira e Agropecuária Sopau S/A

Relator (a): Rita Eliza Reis da Costa Bacchieri

Ementa: Imposto sobre a Propriedade Territorial Rural – ITR Exercício: 2001 VTN-Valor da Terra Nua. Subavaliação. Arbitramento. SIPT – Sistema de Preços de Terras. Valor médio das DITR. Ausência de aptidão agrícola. Incabível a manutenção do arbitramento com base no SIPT, quando o VTN é apurado adotando-se o valor médio das DITR do município, sem levar-se em conta a aptidão agrícola do imóvel.

Acórdão: 9202-006.051

Número do Processo: 13603.001116/2005-31

Data de Publicação: 17.11.2017

Contribuinte: Saint-Gobain Canalização Ltda.

Relator(a): Patricia da Silva

Ementa: Imposto sobre a Propriedade Territorial Rural – ITR Exercício: 2001, 2002 ITR. Valor da Terra Nua. Arbitramento com base no Sistema de Preços de Terras (SIPT). Valor médio com aptidão agrícola. Possibilidade. Resta possível o arbitramento do VTN, com base no SIPT, quando da observância ao requisito legal de consideração de aptidão agrícola para fins de estabelecimento do valor do imóvel.

Acórdão: 9202-005.780

Número do Processo: 10768.720142/2006-72

Data de Publicação: 31.10.2017

Contribuinte: José de Barros Lima

Relator(a): Patricia da Silva

Ementa: Processo Administrativo Fiscal Exercício: 2005 embargos. Omissão ITR. Efeitos infringentes. Valor da Terra Nua. É incabível o arbitramento com base na tabela SIPT quando o laudo técnico elaborado por profissional habilitado atender aos requisitos essenciais das normas da ABNT.

Nesse sentido a jurisprudência administrativa segue a apuração do VTNt pela aptidão agrícola considerada. Assim, muitos municípios para apurarem tal aptidão estão apresentando laudos que prometem mais rigor na verificação do valor fundiário, de maneira que sobre a tabela de valores informada pelos municípios é importante verificar a forma de apuração adotada. Caso tenha sido feita com base nos valores médios das DITRs da região, não servirá para apurar com veracidade o valor fundiário, haja vista não ter considerado a aptidão agrícola.

7.3.1.2 Definição das áreas isentas presentes no art. 10, § 1º, II, da Lei 9.393 de 1996

Dentro das áreas de incidência do ITR, ou seja, dos imóveis rurais localizados fora da zona urbana e cujo imóvel realiza atividade rural, há áreas isentas de tributação segundo a legislação do ITR, assim como aquelas em que o ITR não pode incidir (pelo instituto da não incidência), conforme passaremos a expor.

Como áreas isentas, além daquelas elencadas no art. 3º da Lei 9.393 de 1996, temos as previstas no art. 10, § 1º, II.[202] Estas serão analisadas com maior cautela neste trabalho, justamente porque comporão ou não a base de cálculo do ITR. São elas:

> II – área tributável, a área total do imóvel, menos as áreas:
>
> *a)* de preservação permanente e de reserva legal, previstas na Lei 12.651, de 25 de maio de 2012; (Redação dada pela Lei 12.844, de 2013) (Vide art. 25 da Lei 12.844, de 2013);
>
> *b)* de interesse ecológico para a proteção dos ecossistemas, assim declaradas mediante ato do órgão competente, federal ou estadual, e que ampliem as restrições de uso previstas na alínea anterior;

202. "A Lei 9.393 de 1996 não enumera as hipóteses acima como sendo de isenção, disciplina a matéria na Seção relativa à apuração e pagamento do ITR, mas é indubitável que se tratam de hipóteses de isenção, pois contemplam situações que implicam em uma redução da incidência do ITR. Portanto, o regime aplicável é o das isenções" (CHIESA, Clélio. ITR hipótese de incidência e imunidade. *In: Imposto sobre a propriedade territorial rural à luz da jurisprudência do Conselho Administrativo de Recursos Fiscais*. v.2. São Paulo: APET, MP, 2015. p. 89).

> *c)* comprovadamente imprestáveis para qualquer exploração agrícola, pecuária, granjeira, aquícola ou florestal, declaradas de interesse ecológico mediante ato do órgão competente, federal ou estadual;
>
> *d)* sob regime de servidão ambiental; (Redação dada pela Lei 12.651, de 2012).
>
> *e)* cobertas por florestas nativas, primárias ou secundárias em estágio médio ou avançado de regeneração; (Incluído pela Lei 11.428, de 2006)
>
> *f)* alagadas para fins de constituição de reservatório de usinas hidrelétricas autorizada pelo poder público. (Incluído pela Lei 11.727, de 2008)

O legislador pretendeu trazer uma lista das áreas isentas não atingidas pelo ITR, dando, com isso, uma definição denotativa do que seriam as áreas isentas, mas não traz uma definição conotativa das áreas isentas de ITR, deixando a cargo dos intérpretes do direito essa função.

Motivo pelo qual, com base na definição legal denotativa, daquilo que o legislador pretendeu isentar, passamos a criar a definição conotativa que entendemos mais plausível, para as áreas isentas do ITR.

Em razão do preceito constitucional do exercício da função social do imóvel rural, e sendo a preservação ambiental uma das formas de se realizar a função social – além do apelo social e legal pelo uso sustentável do imóvel rural – a definição do conceito de isenção com fundamento na Constituição Federal seria possível para as áreas de preservação ambiental, quando realizadas por livre-iniciativa do contribuinte, funcionando como um estímulo à preservação ambiental, em consonância com o Código Florestal (Lei 12.651 de 2012), em relação de coordenação e subordinação com o exercício da função social constitucional.

Com base nessas premissas, trataremos de quatro alíneas do artigo transcrito, por entendermos como as mais polêmicas juridicamente: "a", "c", "e" e "f".

7.3.1.2.1 *Áreas isentas previstas no art. 10, § 1º, II, "a", da Lei 9.393 de 1996*

Na alínea "a" temos a previsão de isenção do ITR sobre as áreas de preservação permanente e de reserva legal. Vimos o legislador considerando-as como áreas passíveis de tributação pelo ITR, mas isentas por determinação legal, como uma mutilação parcial da base de cálculo do ITR. Todavia, importante verificarmos se realmente é caso de isenção ou se estaríamos diante de uma não incidência tributária.

Considerando ter havido a relativização do direito de propriedade e, com isso, a impossibilidade de usar e gozar dessa área, de titularidade do contribuinte, Fábio Pallaretti Calcini,[203] pela ausência dos critérios do conceito de propriedade do direito civil (uso e gozo), entende que essas áreas são um bem jurídico coletivo, portanto, não estariam abrangidas no campo da incidência do ITR pela falta da propriedade.

Assim, seguindo esse raciocínio, vamos além, pois entendemos que em se tratando de não incidência, não há que se falar na obrigatoriedade da apresentação dos deveres instrumentais, como ADA e CAR, ou averbação na matrícula, já que sobre essas áreas não há interesse da Administração em fiscalizar e arrecadar.

De fato, são áreas que, apesar de localizadas dentro do imóvel rural, delas o titular não poderá usar nem gozar. E se o conceito de propriedade é usar, gozar e dispôr, há total coerência no raciocínio do doutrinador.

Entretanto, não podemos ignorar que outro é o raciocínio apresentado pelos nossos órgãos julgadores. Ao tratar do assunto, as consideram como áreas isentas, e, assim sendo, sua revogação pode acontecer a qualquer tempo, por outra lei.

Além disso, outro fator que gera bastante discussão é a obrigatoriedade da apresentação do ADA, CAR, averbação na

---

203. CALCINI, Fábio Pallaretti. *Imposto sobre a propriedade territorial rural à luz da jurisprudência do Conselho Administrativo de Recursos Fiscais*. São Paulo: MP, 2015. v. 2, p. 121.

matrícula, para o direito à isenção sobre essas áreas, matéria que veremos adiante ao tratarmos dos deveres instrumentais. Embora seja um tema muito debatido, ainda cabe discussão.

Caso se opte em analisar pela isenção, esta foi concedida pela legislação infraconstitucional, em atenção à Constituição Federal, para fomentar o exercício da função social da propriedade privada e o desenvolvimento sustentável do imóvel rural. Assim, dado o fato de o proprietário rural exercer a atividade em consonância com o disposto na legislação ambiental e na Constituição Federal de 1988, é direito realizar a isenção tributária dessas áreas, até porque a lei isencional não pode ser mais diferente do que a Constituição Federal que lhe fundamenta, lhe autoriza.

De fato, o art. 18 da Lei 12.651 de 2012 (novo Código Florestal), dispõe sobre a obrigatoriedade de se realizar a declaração dessas áreas no Cadastro Ambiental Rural. Trata-se de uma obrigação ambiental de controle e fiscalização dos órgãos ambientais, e que serve como orientação fiscal, em caso de fiscalização tributária, mas não condicionante do direito à isenção, até porque não há lei a obrigar tal declaração para fins de isenção tributária.

Condicionar a isenção à apresentação de qualquer documento, sobre essas áreas, no direito tributário é penalizar aquele que não realizou esse cadastro ou não apresentou algum documento, mesmo tendo exercido a função social da sua propriedade. Perde-se, em verdade, a principal finalidade da isenção, que é fomentar e beneficiar o exercício efetivo da função social e não sua declaração, nos termos do art. 225 da Constituição Federal de 1988.

Até porque este documento não constitui o exercício da função social nem o desenvolvimento sustentável a corroborar a isenção, mas apenas o declara, não o constitui. O que garante a isenção é a preservação ambiental e as demais hipóteses legais.

Cabe ao poder público, por meio do seu dever de polícia, fiscalizar o fato declarado, mas não imputar essa obrigação e dever da administração pública ao contribuinte, como se tratasse de um dever instrumental. *Frise-se, sua função não é instrumental, mas sancionatória, com o aumento de tributo pela simples não apresentação de documento ambiental. Ou seja, ao assim fazer está sancionando o contribuinte com aumento tributário, o que é vedado por lei, já que apenas lei pode majorar tributo.*

De fato, não apresentar o documento pode gerar uma multa administrativa, mas não o aumento tributário. O fato isentivo não é o documento, mas o exercício da função social do imóvel rural nos termos da legislação ambiental.

Entretanto, esse não é o posicionamento que está sendo firmado nos Tribunais Superiores, que vem sedimentando entendimento pela não necessidade de se apresentar o Ato Declaratório Ambiental (ADA) para o direito à isenção das áreas de preservação permanente.

Em relação às áreas de reserva legal, tem-se exigido a averbação no registro imobiliário ou declaração no CAR, conforme decisão recente do Superior Tribunal de Justiça, publicada em 13 de setembro de 2017, de relatoria do Ministro Herman Benjamin, no REsp 1.668.718/CE, cuja ementa transcrevemos:

> TRIBUTÁRIO. *ITR*. ISENÇÃO. ATO DECLARATÓRIO AMBIENTAL (ADA). PRESCINDIBILIDADE. PRECEDENTES. ÁREA DE RESERVA LEGAL. AVERBAÇÃO NA MATRÍCULA DO IMÓVEL. NECESSIDADE. SÚMULA 7 DO STJ. RECURSO ESPECIAL NÃO PROVIDO.
>
> 1. A jurisprudência do STJ firmou-se no sentido de que é desnecessário apresentar o Ato Declaratório Ambiental – ADA para que se reconheça o direito à isenção do *ITR*, mormente quando essa exigência estava prevista apenas em instrução normativa da Receita Federal (IN SRF 67/97) (AgRg no REsp 1.310.972/RS, Rel. Min. Herman Benjamin, Segunda Turma, julgado em 05.06.2012, *DJe* 15.06.2012).
>
> 2. Quando se trata de "área de reserva legal", as Turmas da Primeira Seção firmaram entendimento de que é imprescindível a averbação da referida área na matrícula do imóvel para o gozo do benefício isencional vinculado ao *ITR*.

3. Concluir que se trata de *área de preservação permanente*, e não de área de reserva legal, não é possível, uma vez que a fase de análise de provas pertence às instâncias ordinárias, pois, examinar em Recurso Especial matérias fático-probatórias encontra óbice da Súmula 7 desta Corte.

4. Recurso especial não provido.

Outro julgamento relevante, inclusive para reafirmar nossas premissas sobre a definição das áreas isentas de ITR, é o de relatoria do Ministro Benedito Gonçalves, no EREsp 1.027.051, Embargos de Divergência em Recurso Especial, publicado em outubro de 2013, conforme trechos da ementa transcrita a seguir:

> TRIBUTÁRIO. EMBARGOS DE DIVERGÊNCIA NO RECURSO ESPECIAL. ITR. ISENÇÃO. ART. 10, § 1º, II, *A*, DA LEI 9.393/96. AVERBAÇÃO DA ÁREA DA RESERVA LEGAL NO REGISTRO DE IMÓVEIS. NECESSIDADE. ART. 16, § 8º, DA LEI 4.771/65.
>
> 1. Discute-se nestes embargos de divergência se a isenção do Imposto Territorial Rural (ITR) concernente à Reserva Legal, prevista no art. 10, 1º, II, *a*, da Lei 9.393/96, está, ou não, condicionada à prévia averbação de tal espaço no registro do imóvel. O acórdão embargado, da Segunda Turma e relatoria do Ministro Mauro Campbell Marques, entendeu pela imprescindibilidade da averbação.
>
> 2. Nos termos da Lei de Registros Públicos, é obrigatória a averbação "da reserva legal" (Lei 6.015/73, art. 167, inciso II, n. 22).
>
> 3. A isenção do ITR, na hipótese, apresenta inequívoca e *louvável finalidade de estímulo à proteção do meio ambiente, tanto no sentido de premiar os proprietários que contam com Reserva Legal devidamente identificada e conservada, como de incentivar a regularização por parte daqueles que estão em situação irregular.*
>
> 4. Diversamente do que ocorre com as Áreas de Preservação Permanente, cuja localização se dá mediante referências topográficas e a olho nu (margens de rios, terrenos com inclinação acima de quarenta e cinco graus ou com altitude superior a 1.800 metros), *a fixação do perímetro da Reserva Legal carece de prévia delimitação pelo proprietário*, pois, em tese, pode ser situada em qualquer ponto do imóvel. *O ato de especificação faz-se tanto à margem da inscrição da matrícula do imóvel, como*

administrativamente, nos termos da sistemática instituída pelo novo Código Florestal (Lei 12.651/2012, art. 18).

5. *Inexistindo o registro, que tem por escopo a identificação do perímetro da Reserva Legal, não se pode cogitar de regularidade da área protegida e, por conseguinte, de direito à isenção tributária correspondente.* Precedentes: REsp 1027051/SC, Rel. Min. Mauro Campbell Marques, Segunda Turma, *DJe* 17.05.2011; REsp 1125632/PR, Rel. Min. Benedito Gonçalves, Primeira Turma, *DJe* 31.08.2009; AgRg no REsp 1.310.871/PR, Rel. Ministro Humberto Martins, Segunda Turma, *DJe* 14.09.2012.

6. Embargos de divergência não providos.

De fato, vimos um esforço do Ministro em definir a isenção no ITR, quando relata como "finalidade de estímulo à proteção do meio ambiente" e, "premiar proprietários que contam com reserva legal devidamente identificada e conservada".

Entretanto, discordamos do relator, tendo em vista que o fundamento constitucional para a isenção é o fomento ao exercício da função social, quanto à preservação ambiental.

A isenção não é permitida para aqueles que possuem identificação, mas sim para aqueles que realizam a função social do imóvel rural com preservação ambiental. Além disso, o raciocínio do Ministro é uma sanção por ato ilícito, penalizando aquele que não cumpriu com tal dever, de ordem ambiental e não tributária.

No que diz respeito ao argumento "como incentivo à regularização", se a regularização for exercer a função social, estamos de acordo. Entretanto, se a regularização for apresentar documentação, discordamos. Afinal, a finalidade da isenção é defender e preservar o meio ambiente ecologicamente equilibrado em atenção ao exercício da função social.

Nos casos de preservação ambiental legalmente obrigatória, como de APP e reserva legal, filiamo-nos ao pensamento de Fabio Pallaretti Calcini. Não se trata, portanto, de isenção, mas de não incidência, pela impossibilidade de se exercer o direito de propriedade sobre o imóvel. Assim não é possível realizar a subsunção do fato à norma, pela ausência de materialidade.

Nesses casos, não há que se falar em qualquer dever instrumental, já que não haveria interesse em fiscalizar e arrecadar o imposto sobre essas áreas, já que o ITR sobre elas não pode incidir por lhe faltar materialidade.

7.3.1.2.2 Áreas isentas previstas no art. 10, § 1º, II, "c", da Lei 9.393 de 1996

No que diz respeito à alínea "c" das hipóteses de isenção previstas no art. 10, § 1º, II, da Lei 9.636 de 1996, muito há de se dizer da sua análise: "c) comprovadamente imprestáveis para qualquer exploração agrícola, pecuária, granjeira, aquícola ou florestal, declaradas de interesse ecológico mediante ato do órgão competente, federal ou estadual".

Essa alínea transborda sua competência isentiva. Tratando-se de áreas imprestáveis para qualquer exploração agrícola, não pode ser tido como imóvel rural, considerando aquele passível de exploração agrícola pelo Decreto-lei 57 de 1966 e o Estatuto da Terra, em atenção à sua destinação.

Para ser considerado imóvel rural, além de estar fora da zona urbana, deve ser passível de realizar atividade rural, ou seja, destinado à exploração extrativa agrícola, pecuária ou agroindustrial.[204] Sendo impossível realizar essas atividades, e por tal motivo considerado imprestável o imóvel, não há que se falar em isenção, mas em não incidência.

Como vimos, a materialidade do ITR é ser proprietário de imóvel rural, e não havendo subsunção do fato à norma, ela não poderá incidir.

---

204. Lei 4.504 de 1964: "Art. 4º Para os efeitos desta Lei, definem-se: I – 'Imóvel Rural', o prédio rústico, de área contínua qualquer que seja a sua localização que se destina à exploração extrativa agrícola, pecuária ou agroindustrial, quer através de planos públicos de valorização, quer através de iniciativa privada;".

Além disso, sobre os imóveis com áreas imprestáveis, como de aterro sanitário e mineração, não há como calcularmos a alíquota já que ela é elaborada sobre a efetiva utilização da área aproveitável. Da mesma forma, não há possibilidade de incidência, por falta de subsunção, dado que a não relação jurídica implica o não fato jurídico tributário.

Assim, nesses casos, trata-se de clara não incidência, seja pela falta da materialidade do ITR, seja pela falta de alíquota do imposto.

Entretanto, mesmo para aqueles que insistem em considerá-los isentos, parece-nos que a alínea não condiciona a isenção a qualquer declaração dos órgãos competentes, pois, se assim o desejasse fazer, deveria ter acrescentado os sincategoremas, como "e" ou "desde que", o que não o fez.

Ainda, para aqueles que enxergam a declaração dos órgãos competentes como condicionante da isenção, trata-se de uma condição sancionatória, pois a não realização leva ao aumento do tributo, um ilícito tributário. Ademais o tributo não pode ter caráter de sanção, o que além de ferir o princípio da isonomia, onera de forma diferente pessoas em situações iguais. Não cabe, portanto, às obrigações instrumentais alterar um dos critérios da regra matriz de incidência tributária, majorando-o.

A isenção é concedida para áreas imprestáveis e não para determinadas áreas imprestáveis sob a condicionante da declaração federal, estadual ou municipal. Frisamos que entendemos tratar-se de área passível de não incidência.

A não incidência do ITR também é defendida por Luiz Roberto Domingo:[205]

> Já o art. 10, ao tratar da apuração da base de cálculo do ITR, cumpre os desígnios de princípios constitucionais ao estabelecer

---

205. DOMINGO, Luiz Roberto. Princípios e conceitos jurídicos atinentes a não-incidência do ITR sobre áreas de preservação permanente. *In:* ANAN, Pedro Jr.; PEIXOTO, Marcelo Magalhães (Coord.). *Imposto sobre a propriedade territorial rural à luz da jurisprudência do Conselho Administrativo de Recursos Fiscais*. São Paulo: MP, 2012.

> casos de não incidência. O inciso II indica, na propriedade rural, quais as áreas que compõem a base imponível – quais terras devem ser consideradas para incidência –, ao determinar que a área tributável é: a área total do imóvel, excluídas as áreas:
>
> "a) de preservação permanente e de reserva legal, previstas na Lei 4.771, de 15 de setembro de 1965, com a redação dada pela Lei 7.803, de 18 de julho de 1989;[206]
>
> b) de interesse ecológico para a proteção dos ecossistemas, assim declaradas mediante ato do órgão competente, federal ou estadual, e que ampliem as restrições de uso previstas na alínea anterior;
>
> c) comprovadamente imprestáveis para qualquer exploração agrícola, pecuária, granjeira, aquícola ou florestal, declaradas de interesse ecológico mediante ato do órgão competente, federal ou estadual;
>
> d) sob regime de servidão florestal ou ambiental; (Redação dada pela Lei 11.428, de 2006)[207]
>
> e) cobertas por florestas nativas, primárias ou secundárias em estágio médio ou avançado de regeneração; (Incluído pela Lei 11.428, de 2006)
>
> f) alagadas para fins de constituição de reservatório de usinas hidrelétricas autorizada pelo poder público. (Incluído pela Lei 11.727, de 2008)
>
> Ao definir a área tributável, aquela decorrente da operação matemática de subtração da área total do imóvel pelas áreas que ou a Constituição Federal classifica como relevantes à preservação do patrimônio natural e do meio ambiente ecologicamente equilibrado, ou que são, por sua natureza factual, impróprias à tributação (terras alagadas e terras imprestáveis), a lei estabelece os casos de não incidência.

Veja-se que referido doutrinador também reconhece que a lei estabelece casos de não incidência tributária.

7.3.1.2.3 Áreas isentas previstas no art. 10, § 1º, II, "e", da Lei 9.393 de 1996

No que tange à alínea "e" (Lei 9.393 de 1996, art. 10, § 1º, II), o legislador excluiu da tributação pelo ITR as áreas

206. Nova redação dada pela Lei 12.844/2013: "a) de preservação permanente e de reserva legal, previstas na Lei 12.651, de 25 de maio de 2012".

207. Nova redação dada pela Lei 12.651/2012: "d) sob regime de servidão ambiental".

com vegetação primária ou secundária em estágio médio ou avançado de regeneração: "e) cobertas por florestas nativas, primárias ou secundárias em estágio médio ou avançado de regeneração; (Incluído pela Lei 11.428, de 2006)".

Crucial analisarmos o termo "floresta", pois, uma leitura desatenta pode levar ao entendimento errôneo de que apenas no caso do bioma Amazônia, mais conhecido como floresta Amazônica, estaria autorizada a exclusão de tal área.

Como é sabido, temos diversos biomas, como, por exemplo, o cerrado, a mata atlântica, a caatinga, os pampas e o pantanal. O que a legislação pretende é dar tratamento igual a todos os tipos de "vegetação" e, para tanto, considerou as condições da vegetação nativa, primária ou secundária em estágio médio ou avançado de regeneração, em pé de igualdade para isentar do imposto.

Ou seja, o tratamento não foi atribuído a um específico bioma, mas às condições das vegetações dentro do bioma. Motivo pelo qual entendemos que o mesmo tratamento para as condições das vegetações de todos os biomas deve ser adotado.

Inclusive, é nesse sentido que devem ser interpretadas, para fins de ITR, as dimensões que corresponderem às áreas de preservação nativa instituída voluntariamente (art. 44,[208] II, da Lei 12.651 de 2012), ou qualquer outra área com o tipo de vegetação apresentado na alínea "e" (art. 10, § 1º, II da Lei 9.393 de 1996). Justamente porque a legislação não está isentando do ITR as florestas, mas o tipo de vegetação.

O mesmo tratamento deve ser dado aos tipos de vegetação similares em outros biomas. Assim, o termo empregado pelo legislador deve ser interpretado como "vegetação", pois serve para qualquer tipo de bioma.

O que a lei quer isentar da tributação é o tipo de vegetação e não o bioma, justamente porque está fomentando o

208. "Art. 44. É instituída a Cota de Reserva Ambiental (CRA), título nominativo representativo de área com vegetação nativa, existente ou em processo de recuperação: (Vide ADIN 4.937) (Vide ADC 42) [...] II – correspondente à área de Reserva Legal instituída voluntariamente sobre a vegetação que exceder os percentuais exigidos no art. 12 desta Lei; [...]."

exercício da função social pela preservação ambiental por iniciativa do particular e não por força legal.

7.3.1.2.4 Áreas isentas previstas no art. 10, § 1º, II, "f", da Lei 9.393 de 1996

Por fim, interessante analisarmos a alínea "f" do elenco de isenções tributárias prevista no art. 10, § 1º, II, da Lei 9.636 de 1996: "f) alagadas para fins de constituição de reservatório de usinas hidrelétricas autorizada pelo poder público" (Incluído pela Lei 11.727, de 2008).

Essa alínea se aplica às áreas de terras alagadas para fins de reservatório de usina hidrelétrica, localizadas em imóveis de titularidade dos particulares.

Novamente, há aqui um caso de não incidência tributária, pela falta do critério da propriedade – já que dessa área o titular não poderá usar, gozar e dispor – se assemelhando às áreas de preservação ambiental legal. Isso se dá ou pela falta da possibilidade de ser considerado como imóvel rural (já que sobre a área não poderá ser realizada a exploração extrativa agrícola, pecuária ou agroindustrial) ou pelo simples fato de a União[209] ser a detentora do domínio útil das terras submersas. Assim, não há subsunção pela falta de sujeição passiva. Dessa forma, sob todos os ângulos da questão, haverá a não incidência tributária.

Há, ainda, quem entenda pela não incidência por se tratar de imóvel pluvial e não de imóvel rural, conforme bem sinaliza Marcela Conde Aquaro:[210]

> Com a introdução da alínea "f", II, § 1º, art. 10 da Lei 9.393 de 1996, pretendeu-se isentar as áreas de reservatórios das usinas hidrelétricas, como se tributáveis elas fossem. Ocorre que, conforme veremos em tópico específico sobre o tema, o Imposto Sobre a

---

209. BRASIL. Constituição Federal de 1988. "Art. 20. São bens da União: [...] VIII – os potenciais de energia hidráulica; [...] IX – os recursos minerais, inclusive os do subsolo;".

210. AQUARO, Marcela Conde. *Regra-matriz de incidência tributária do imposto territorial rural.* Dissertação (Mestrado) – Pontifícia Universidade Católica de São Paulo (PUC-SP), 2010. p. 96.

> Propriedade Territorial Rural tem como hipótese de incidência a propriedade territorial rural e não propriedades fluviais.

Interessantes considerações sobre o assunto foram levantadas nesse trecho transcrito. O que levou ao reconhecimento da não sujeição passiva do particular, já que sobre as propriedades pluviais quem exerce a propriedade é a União Federal.

Sobre esse tema, há a Súmula 45 do Conselho Administrativo de Recursos Fiscais, pela não incidência do ITR sobre áreas alagadas:

> ÁREAS ALAGADAS. SÚMULA CARF 45: O Imposto sobre a Propriedade Territorial Rural não incide sobre áreas alagadas para fins de constituição de reservatório de usinas hidroelétricas.

Nesse caso, *prevalece o entendimento de que os reservatórios das usinas são bens de domínio público, de uso especial, afetados a um objetivo* e inalienáveis. A União é a legítima possuidora das terras submersas e, a concessionária, mera detentora. Não são passíveis de incidência do ITR as terras submersas utilizadas como reservatórios de usinas hidrelétricas. Nesses casos, o contribuinte está impedido de exercer direito idêntico ao daquele que detém propriedade particular, já que a União é detentora do verdadeiro domínio útil da faixa de terras submersas.[211]

Veja-se que desse raciocínio podemos extrair que, como *bens de domínio público, de uso especial, afetados a um objetivo,* também estão as áreas de reserva legal, área de preservação permanente e demais situações presentes nas alíneas do inciso II do art. 10, e da mesma forma devem ser consideradas como passíveis de não incidência do ITR.

7.3.1.2.5 Lista exemplificativa e não taxativa do art. 10, § 1º, II, da Lei 9.393 de 1996

Superadas essas conclusões iniciais sobre a definição do conceito de isenção e análise pontual de algumas isenções,

211. Carf. Processo n. 10640.720138/2007-21. Disponível em: https://bitlybr.com/nG-nYC. Acesso em: 21 jun. 2018.

entendemos que essa lista foi criada pelo legislador, mesmo nos casos de não incidência, como forma de o Poder Legislativo regular as áreas que não serão tributadas pelo ITR, tentando oferecer maior segurança para o contribuinte do imposto.

No entanto, ao assim fazê-lo, trouxe outras problemáticas de ordem semântica que levaram igualmente à judicialização do assunto.

Essa lista não deve ser analisada de forma taxativa, mas exemplificativa. Situações diversas que se encaixarem na classificação de isenção do ITR aqui construídas deverão se valer desse benefício, ou seja, como fomento à preservação ambiental com fundamento na Constituição Federal.

O art. 111 do Código Tributário Nacional determina que as isenções devem ser interpretadas literalmente, entretanto, salientamos que nenhuma interpretação é literal. Toda interpretação passa por um processo gerador de sentido, percorrendo os planos do S1, S2, S3 e S4, supradesenhados, construídos por cada intérprete de acordo com o conhecimento prévio daquele que o interpreta.

Nesse sentido, não há que se falar em interpretação literal. Toda interpretação é uma construção de sentido e no direito essa interpretação tem de ser feita de forma sistemática, no caso em tela, entendemos que a isenção serve para prestigiar finalidade constitucional, qual seja, o exercício da função social, que pode ser tanto a exploração quanto a preservação, esses são os desejos do legislador constitucional que fundamentam as isenções.

Assim, nos casos de hipótese de isenção, conforme ensina Clélio Chiesa,[212] teremos "o entrechoque lógico e não cronológico de duas normas, uma estipulando a tributação e outra reduzindo a sua abrangência, tudo se passando no plano normativo". E, assim, interpretamos a isenção no ITR, em sintonia com o doutrinador.

---

212. CHIESA, Clélio. ITR hipótese de incidência e imunidade cit., p. 76; 89.

Como vimos, as áreas previstas no art. 10, § 1º, II, da Lei 9.393 de 1996 deverão ser consideradas não tributáveis, seja por imposição legal isencional, quando há a preservação de áreas em estágio médio ou avançado de regeneração por livre intenção do proprietário rural, seja pela simples não incidência por impossibilidade de subsunção do fato à norma. Por isso, devem ser excluídas do cálculo do VTNt, do ITR.

7.3.1.3 Regra isencional do ITR

A construção da regra da isenção do ITR foi extremamente importante, pois como regra de estrutura, atingirá a RMIT para mutilar parcialmente um dos seus critérios, impedindo que ela incida sobre certos fatos, escolhidos pelo legislador.

Na regra da isenção do ITR teremos a exclusão de determinadas áreas para o cálculo do valor fundiário;[213] não será considerado o valor fundiário de todo imóvel rural, mas apenas de parcela dele para compor a base de cálculo do ITR.

Assim, podemos falar em mutilação parcial da base de cálculo do ITR, sempre que presentes os critérios isentivos, reconhecidas como isenções políticas, ao beneficiarem finalidades prestigiadas constitucionalmente.[214]

7.3.2 Alíquota

A alíquota do ITR é calculada com base em dois fatores: o tamanho do imóvel rural e o grau de utilização da área aproveitável. A aplicação conjunta desses dois critérios formam a alíquota que incidirá sobre o VTNt, conforme o art. 11 da Lei 9.393 de 1996.

O legislador utilizou dois critérios para apurar a progressividade da alíquota do ITR: fiscal e extrafiscal. O primeiro é

213. Código Tributário Nacional. Art. 30.

214. "Já as isenções políticas beneficiam, em regra, pessoas que detêm capacidade de contribuir, mas são outorgadas em função de outras finalidades, prestigiadas constitucionalmente" (COSTA, Regina Helena. *Curso de direito tributário* – Constituição e Código Tributário Nacional cit., p. 278).

o de apuração pelo tamanho do imóvel rural; o segundo, pelo grau de utilização da área aproveitável.

7.3.2.1 Fixação da alíquota progressiva no ITR

Conforme determina a Constituição Federal, o ITR será progressivo e terá suas alíquotas fixadas de maneira a desestimular a manutenção de propriedades improdutivas. Assim preceitua o art. 153, § 4º, I, como forma de atender o caráter extrafiscal do imposto.

O exercício da função social da propriedade rural privada é o que consagra a extrafiscalidade. É para atingir o exercício da função social que podemos falar no caráter extrafiscal do ITR. Já adiantamos, também, que a função social do imóvel rural ocorre tanto com a manutenção da vegetação nativa quanto com sua exploração econômica, nos termos legais, nesse caso estamos diante de uma extrafiscalidade de natureza preventiva, conforme classificamos a progressividade a seguir:

São espécies de progressividade:

> (i) a fiscal: está prevista no art. 145 da Constituição, determinando a graduação de acordo com a capacidade contributiva:
>
> "Art. 145. A União, os Estados, o Distrito Federal e os Municípios poderão instituir os seguintes tributos:
>
> [...]
>
> § 1º Sempre que possível, os impostos terão caráter pessoal e serão graduados segundo a capacidade econômica do contribuinte, facultado à administração tributária, especialmente para conferir efetividade a esses objetivos, identificar, respeitados os direitos individuais e nos termos da lei, o patrimônio, os rendimentos e as atividades econômicas do contribuinte";
>
> (ii) a extrafiscal de natureza preventiva, prevista no art. 156, [§ 1º], II, da Constituição Federal, visa proteger a função social das propriedades, e;
>
> "Art. 156. Compete aos Municípios instituir impostos sobre:
>
> [...]
>
> II – ter alíquotas diferentes de acordo com a localização e o uso do imóvel";

> (iii) a extrafiscal de natureza punitiva, que trata sobre a progressividade no tempo, prevista no art. 182, § 4º, II, visa coibir a reiteração de atos já executados.
>
> "Art. 182. A política de desenvolvimento urbano, executada pelo Poder Público municipal, conforme diretrizes gerais fixadas em lei, tem por objetivo ordenar o pleno desenvolvimento das funções sociais da cidade e garantir o bem-estar de seus habitantes. (Vide Lei 13.311, de 11 de julho de 2016)
>
> [...]
>
> § 4º É facultado ao Poder Público municipal, mediante lei específica para área incluída no plano diretor, exigir, nos termos da lei federal, do proprietário do solo urbano não edificado, subutilizado ou não utilizado, que promova seu adequado aproveitamento, sob pena, sucessivamente, de:
>
> [...]
>
> II – imposto sobre a propriedade predial e territorial urbana progressivo no tempo;

Para nosso estudo, interessa analisar a progressividade fiscal, exigência de tributos para abastecer os cofres públicos, e a extrafiscal preventiva, para atingir outra finalidade que não meramente arrecadatória. Assim, entendemos pertinente a construção da regra fiscal e extrafiscal do ITR, que, juntas, formarão a regra de comportamento incidental.

A seguir, a tabela progressiva do ITR utilizada pelo legislador, sobre a qual trataremos na sequência:

Tabela de alíquotas

Área total do imóvel (em hectares)	**Grau de Utilização – GU (em %)**				
	Maior que 80	Maior que 65 até 80	Maior que 50 até 65	Maior que 30 até 50	Até 30
Até 50	0,03	0,20	0,40	0,70	1,00
Maior que 50 até 200	0,07	0,40	0,80	1,40	2,00
Maior que 200 até 500	0,10	0,60	1,30	2,30	3,30
Maior que 500 até 1.000	0,15	0,85	1,90	3,30	4,70
Maior que 1.000 até 5.000	0,30	1,60	3,40	6,00	8,60
Acima de 5.000	0,45	3,00	6,40	12,00	20,00

Fonte: Lei 9.393 de 1996.

7.3.2.1.1 Regra fiscal do ITR

No critério fiscal, temos considerado o tamanho do imóvel rural, utilizado pelo legislador, para o cálculo da alíquota a ser aplicada. O legislador separou os imóveis de acordo com os seguintes tamanhos: (i) até 50ha; (ii) entre 50ha e 200ha; (iii) entre 200ha e 500ha; (iv) entre 500ha e 1000ha; (v) entre 1000ha e 5000ha; (vi) maior que 5000ha. A alíquota será progressiva de acordo com a capacidade contributiva, ou seja, quanto maior a capacidade contributiva maior a alíquota.

Entretanto, o legislador, ao considerar o tamanho do imóvel rural, para fins de cálculo da progressividade do ITR, como medida de contributividade, trouxe uma regra inconstitucional, ao ferir o princípio da capacidade contributiva e da isonomia, pela desproporcionalidade entre o gravame fiscal e a riqueza evidenciada na situação impositiva, ou seja, entre a falta de proporção considerando o crescimento da base de cálculo e o imposto.

Conforme esclarece Luciano Amaro:[215]

> A adequação do imposto à capacidade econômica do contribuinte encontra, ainda, expressão no princípio da proporcionalidade, em face do qual o gravame fiscal deve ser diretamente proporcional à riqueza evidenciada em cada situação impositiva. A mera ideia de proporcionalidade, porém expressa apenas uma relação matemática entre o crescimento da base de cálculo e o do imposto (se a base de cálculo dobra, o imposto também dobra). A capacidade contributiva reclama mais do que isso, pois exige que se afira a justiça da incidência em cada situação isoladamente considerada, e não apenas a justiça relativa entre uma e outra das duas situações. O princípio da capacidade contributiva, conjugado com o da igualdade, direciona os impostos para a proporcionalidade, mas não se esgota nesta.

Dito isso, verificamos que o simples tamanho do imóvel rural não mensura o tamanho da riqueza fática. Há imóveis

215. AMARO, Luciano. *Direito tributário brasileiro*. 19. ed. São Paulo: Saraiva, 2013. p. 166.

menores e mais valiosos, e maiores e menos valiosos, uma distorção no critério utilizado para a progressividade da alíquota e a riqueza apurada a autorizar tal aumento. Assim, temos um tratamento não isonômico.

Para melhor apurar a capacidade contributiva de cada imóvel rural melhor seria considerar o VTNt para fins de progressividade fiscal, em consonância com a base de cálculo.

7.3.2.1.1.1 Progressividade do ITR (aumento da alíquota em razão do tamanho da área do imóvel rural)

A progressividade do ITR em razão da área do imóvel rural está prevista na Lei 9.393 de 1996, art. 11, e determina que seja progressiva conforme maior for a área do imóvel rural.

Para ilustrar como dispõe a Lei, tomemos como exemplo o primeiro quadro da tabela de progressividade prevista no Anexo I da Lei 9.393 de 1996.

Tabela de progressividade

Área total em hectares	**Grau de utilização Maior que 80**
Até 50	**0,03**
Maior que 50 até 200	0,07
Maior que 200 até 500	0,10
Maior que 500 até 1.000	0,15
Maior que 1.000 até 5.000	0,30
Acima de 5.000	0,45

Fonte: Lei 9.393 de 1996.

Conjugada com a progressividade constitucional do ITR em razão do exercício da função social, em atenção ao caráter extrafiscal, ao desprestigiar o imóvel improdutivo, temos a progressividade fiscal em razão do tamanho da área. Essa progressividade deve manter estreita ligação com o princípio da capacidade contributiva, conforme já sinalizado.

Diante desse quadro percebemos que a alíquota para área de até 50 hectares será de 0,03% e para áreas superiores a 5.000 hectares será de 0,45%, tratando-se de imóvel rural com grau de utilização de 80%. Presume-se que quanto maior a área, maior será a capacidade contributiva, ou seja, maior será o grau de riqueza.

Entretanto, a lei não considerou a localização desses imóveis, entre outros critérios, para atingir a capacidade contributiva, razão da sua progressividade, mas apenas o tamanho da área.

Nesse caso, um imóvel com área de X hectares em Barreiras, no estado da Bahia, com grande plantação de soja, terá um valor; enquanto um imóvel do mesmo tamanho no sul de Minas Gerais, com plantação de café, terá outro valor, o que nos remete a capacidades contributivas distintas. No entanto, a alíquota aplicada será a mesma, pois ambos estarão no mesmo quadro da tabela do ITR.

Um imóvel de X hectares no Mato Grosso, com plantação de soja, e outro de área similar com criação de gado, no mesmo Estado, também terão valores distintos, que correspondem a capacidades contributivas distintas dos respectivos contribuintes, diante do mesmo fato (ser proprietário de imóvel rural).

São diversos os fatores que devem ser analisados de forma conjugada para se chegar à capacidade contributiva. O que desejamos demonstrar é que apenas o tamanho da área não é suficiente a atingir a capacidade contributiva e, portanto, a autorizar sua progressividade.

Pensando numa possível progressividade em atenção à capacidade contributiva, poderíamos considerar o valor da terra nua tributável. Com esse critério para realizar a progressividade, poderíamos nos aproximar mais da capacidade contributiva e do princípio da isonomia.

Inclusive, como ensina Paulo de Barros Carvalho, quando tratamos da regra geral da alíquota, esta assume feição dual e uma delas é a progressividade em razão da progressividade da base de cálculo.

Então, seria possível pensar na seguinte progressividade: para imóveis com valores da terra nua até R$ 300,00 o hectare, a alíquota de X, de R$ 300 até R$ 500, alíquota de Y, de R$ 500 a R$ 800, alíquota de Z, [...].

Assim, estaríamos mais aptos a realizar uma progressividade fiscal que correspondesse à capacidade contributiva de cada um, conforme a definição de capacidade contributiva que passaremos a analisar a seguir.

7.3.2.1.1.2 Majoração da base calculada

A base calculada é o que resulta da conjugação da base de cálculo e alíquota na norma individualizada.

Assim, se da apuração do ITR houver um aumento da base calculada que não apenas de correção monetária, de um ano para o outro, e se esse for o resultado da aplicação da norma geral e abstrata, então, se houver um aumento no resultado da aplicação da norma, a norma aplicada majorou o tributo.

Além disso, considerando a norma como a significação do texto, não é necessário alterar o texto para se alterar a norma, já que a norma em sentido estrito não está no texto em si, mas na sua significação.

Nesse sentido, a majoração repentina do valor da terra nua deve ser legal e respeitar o princípio da anterioridade.

Além disso, deve obediência aos princípios constitucionais do não confisco, da livre-iniciativa e ao direito da propriedade privada, já desenhados, conforme ensina Fábio Brun Goldschmidit:[216]

> Na perspectiva dinâmica, a ofensa ao art. 15, IV, pode ocorrer pelo repentino e excessivo alargamento da base de cálculo do tributo pela nova legislação. O aumento excessivo de tributos, como vimos, é também objeto de controle pelo princípio do não

---

216. GOLDSCHMIDT, Fábio Brun. *O princípio do não-confisco no direito tributário*. São Paulo: RT, 2004. p. 132.

> confisco. Ainda que não se exceda as fronteiras possíveis da hipótese legal de incidência ou da materialidade constitucionalmente desenhada, o tributo poderá atingir o efeito de confisco quando houver uma abrupta e substancial majoração da sua base, que resulte em um aumento tal de seu montante, que o contribuinte tenha a nítida sensação de penalização, de inadequação, de excessividade e, por que não dizer, de injustiça do aumento.

Nesse sentido, importante esclarecer que o produto da arrecadação do ITR, mesmo sendo objeto de distribuição no todo, aos Municípios, em nada se altera, limita ou subordina a competência impositiva da União Federal, pois a ela cabe a competência legislativa plena, dado que a competência tributária é indelegável.

Assim, não podem os Municípios, sob qualquer hipótese, por meio de Decreto Municipal, legislar sobre o valor da terra nua, mesmo que venha disposto, no instrumento legal, de forma declarativa.

A forma como disposto na norma jurídica pode ser declarativa, mas a função será sempre prescritiva, seja para obrigar, permitir ou proibir. Como se trata de matéria reservada à União Federal, não pode ser abordada por Decreto Municipal, por falta de competência constitucional do ente público.

Entretanto, vemos muitos Municípios legislando por meio de Decreto sobre o valor da terra nua a ser aplicado no seu cômputo. Todavia, o Decreto Municipal não é veículo válido, tampouco, o prefeito, agente competente para dispor sobre a matéria regrada.

Para ilustrar, citemos o Decreto 16 de 2016 (Prefeitura Municipal de Nova Morilândia),[217] o Decreto 4.717 de 2017 (Prefeitura Municipal de Morro Agudo),[218] o Decreto 2.381 de 2016 (Município de Pindorama)[219] e o Decreto 1.643 de 2017 (Muni-

---

217. Disponível em: https://bitlybr.com/K2i0pA. Acesso em: 1º jul. 2018.

218. Disponível em: https://bitlybr.com/6AIEi. Acesso em: 1º jul. 2018.

219. Disponível em: https://bitlybr.com/eB9qVuDr. Acesso em: 1º jul. 2018.

cípio de Paranapanema),[220] todos estabelecendo os valores da terra nua para fins de fiscalização e de arrecadação do ITR.

Essas normas municipais, portanto, padecem de vício insanável, por desrespeito e desobediência ao processo de criação de norma válida, qual seja procedimento adequado e agente competente, previstos na Constituição Federal de 1988.

Os Decretos Municipais, ao disporem sobre o valor da terra nua a ser aplicado no cálculo do imposto estão dispondo sobre o ITR. Além de nunca poderem incidir deverão ser excluídos do sistema jurídico vigente, pois infringem diretamente a Constituição Federal, sendo inconstitucionais.

Mesmo para quem entende tratar-se apenas de um critério de fiscalização, por dispor sobre a base de cálculo do ITR, é um dos critérios da regra matriz de incidência tributária do imposto que deve ser legislado pela União Federal.

Em termos práticos, os Municípios devem se adequar ao ordenamento jurídico vigente. Em casos de futuros lançamentos por parte da municipalidade, para aqueles lançamentos que não obedeceram ao regramento municipal, poderão discutir a inconstitucionalidade do veículo introdutor e, por consequência, da matéria introduzida, implicando sua inconstitucionalidade.

O fato é que os valores da terra nua não podem ser fixados por Decretos Municipais. Essa é uma competência exclusiva da União Federal e cabe à Secretaria da Receita Federal discipliná-la.

O regramento da IN 1.877/2019 é para os Municípios e o Distrito Federal prestarem informações sobre o valor da terra nua (VTN) à Secretaria da Receita Federal, anualmente até o dia 30 de abril do exercício da arrecadação, sempre referente ao valor correspondente à 1º de janeiro do evento jurídico tributário daquele exercício, por meio de certificado digital.

220. Disponível em: https://bitlybr.com/aTnb. Acesso em: 1º jul. 2018.

Essas informações deverão estar acompanhadas de informações prestadas por pessoas jurídicas e órgãos que realizem levantamento de preços, entre elas, Empresas de Assistência Técnica e Extensão Rural do Distrito Federal e dos Estados (Emater) e pelo Instituto Nacional de Colonização e Reforma Agrária (Incra), obtidas nos termos do art. 16 da Lei 9.393, de 19 de dezembro de 1996. Cabe à Receita Federal alimentar o sistema (conhecido como tabela SIPT), que anteriormente apurava o valor da terra nua, pela simples média na ponderação das declarações apresentadas. Ela vinha sendo afastada pelas decisões administrativas justamente por não corresponder ao valor real das propriedades, conforme os critérios estabelecidos pelo art. 12 da Lei 8.629 de 1993.

Outra obrigatoriedade das municipalidades e do Distrito Federal é de lançarem tais informações referentes ao valor da terra nua no site da Receita Federal até dia 30 de abril de cada ano, ficando disponível no endereço eletrônico: www.gov.br/receitafederal/pt-br (IN SRFB 1.877 de 2019, art. 9º):

> Art. 9º As informações prestadas pelos municípios e pelo Distrito Federal na forma desta Instrução Normativa serão enviadas eletronicamente, por meio do Portal e-CAC, disponível no site da RFB na Internet, disponível no endereço www.gov.br/receitafederal/pt-br, com utilização de certificado digital do ente federado, até o último dia útil do mês de abril de cada ano. (Redação dada pelo(a) Instrução Normativa RFB nº 2018, de 31 de março de 2021)

Ocorrendo aumento de tributo a pagar sem que haja alteração de critério de aferição pela Receita Federal ou qualquer outro fator externo a elevar o valor da terra nua, haverá o aumento do tributo pela municipalidade, que estará legislando, inconstitucionalmente e indiretamente sobre um dos critérios da regra de incidência do ITR.

As distorções de valores entre imóveis rurais em municípios limítrofes, como o caso de Sarzedo e Ibirité, em Minas Gerais, cujos VTNs são R$ 375.659,78 e R$ 74.134,90 por hectares, respectivamente, são corriqueiras, além da discrepância com o valor da terra nua do município de Sorriso/MT, um dos maiores centros de produção de soja no país, estabelecido em R$ 4.763,09 por hectare, nos faz crer pela inexistência de critérios claros pela legislação federal, ou legislação da base calculado pelas municipalidades, quando da transferência da capacidade arrecadatória para os municípios que virem nesta a grande oportunidade de arrecadação, esquecendo-se de respeitar os critérios exigidos pela legislação.

Com base nessa nova sistemática, a Receita Federal pretende aproximar-se do real valor da terra nua, mas ainda não representa com fidelidade cada caso concreto. Isso possibilita que outro valor da terra nua seja declarado pelo contribuinte. Isso porque, como sabemos, a aptidão agrícola de cada imóvel se altera muito, em curtas distâncias, entretanto, quando abordado pela Receita Federal/Municipalidade deverá estar munido de contraprova.

Com isso exibimos a racionalidade do sistema jurídico e a força dos regramentos constitucionais no contexto das articulações hierárquicas de subordinação e coordenação entre as demais normas do sistema jurídico.

7.3.2.1.1.3 Princípio da capacidade contributiva como limitação constitucional da alíquota progressiva

O princípio da capacidade contributiva é um preceito jurídico constitucional juridicizado no art. 145, § 1º, da Constituição Federal, que contempla fatos que indicam signos presuntivos de renda e de capital para a graduação tributária.

> Art. 145. A União, os Estados, o Distrito Federal e os Municípios poderão instituir os seguintes tributos:
>
> [...]
>
> § 1º Sempre que possível, os impostos terão caráter pessoal e serão graduados segundo a capacidade econômica do contribuinte, facultado à administração tributária, especialmente para conferir efetividade a esses objetivos, identificar, respeitados os direitos individuais e nos termos da lei, o patrimônio, os rendimentos e as atividades econômicas do contribuinte.

Assim, a desobediência pelo legislador ordinário a essa regra constitucional leva à inconstitucionalidade.

O legislador constitucional ao juridicizar esse princípio o fez para os impostos, permitindo sua graduação de acordo com a capacidade econômica do fato jurídico, como uma possibilidade e, ao mesmo tempo, uma limitação à tributação. Entretanto, esse princípio também deve ser aplicado a outros tributos, como, por exemplo, às taxas.[221]

Sobre a capacidade contributiva esclarece Maria Rita Ferraguti:[222]

> É, portanto, a real capacidade de se diminuir o patrimônio do realizador do fato, considerando não sua riqueza pessoal, mas a riqueza do fato jurídico. Não fosse assim, a Constituição teria previsto apenas um critério material – ter patrimônio – e todos os tributos incidiriam independentemente dos fatos passíveis de tributação. Apenas a capacidade econômica da pessoa seria relevante.

Assim, para que seja respeitado o princípio da capacidade contributiva, não basta que a hipótese de incidência constitua um signo presuntivo de renda ou capital, mas que esse signo represente efetivamente a condição econômica do fato jurídico a autorizar a graduação do imposto.

Nesse sentido ressalta Marcela Conde Aquaro:[223]

> A progressividade, por exemplo, é utilizada como meio de aplicação da capacidade contributiva, em que os que podem mais pagam mais; ocorreria dessa forma, uma justiça fiscal, pois os mais privilegiados seriam os mais tributados, na medida de seus patrimônios.

Como já adiantamos, no ITR o signo presuntivo de riqueza escolhido pelo legislador infraconstitucional como sendo o

---

221. AMARO, Luciano. *Direito tributário brasileiro* cit., p. 167.

222. FERRAGUTI, Maria Rita. *Responsabilidade tributária e o Código Civil de 2002*. 2. ed. São Paulo: Noeses, 2009. p. 40.

223. AQUARO, Marcela Conde. *Regra-matriz de incidência tributária do imposto territorial rural* cit., p. 107.

tamanho da propriedade rural não é critério suficiente a representar a condição econômica do fato jurídico como signo presuntivo de riqueza, justamente porque não necessariamente um imóvel de área maior valerá mais que um imóvel com área menor.

Além disso, importante deixar claro que no caso do ITR, a eficácia jurídica dessa progressividade, em razão do tamanho do imóvel rural, não está autorizada pelo caráter extrafiscal do ITR, pois a progressividade extrafiscal do ITR autorizada constitucionalmente está relacionada ao grau de utilização do imóvel rural, das áreas aproveitáveis e ao exercício da função social.

7.3.2.1.1.4 Princípio da isonomia na progressividade do ITR

Além do princípio da capacidade contributiva, outro princípio que deve ser analisado na cobrança gradual do ITR é o princípio da isonomia, garantia fundamental, prescrita no art. 5º da Constituição Federal de 1988.

> Art. 5º Todos são iguais perante a lei, sem distinção de qualquer natureza, garantindo-se aos brasileiros e aos estrangeiros residentes no País a inviolabilidade do direito à vida, à liberdade, à igualdade, à segurança e à propriedade, nos termos seguintes: [...]

Esse princípio, em regra, veda o tratamento diferenciado entre pessoas que se encontram nas mesmas condições jurídicas, assim como veda o tratamento igual a pessoas em situações fáticas jurídicas diferentes. Ele pretende garantir que contribuintes na mesma situação fática arquem com a obrigação tributária na mesma proporção.

Entretanto, na instituição do ITR, o legislador infraconstitucional não obedeceu a esta regra fundamental, pois, ao determinar a progressividade do ITR com base no tamanho do imóvel rural, acabou dando tratamento diferente aos iguais. Afinal, contribuintes que possuem propriedades de áreas idênticas deverão arcar com alíquotas tributárias iguais, mesmo não tendo a mesma condição de capital, ou seja, ainda que sua situação econômica seja distinta.

Em outras palavras, não podem ser considerados iguais pelo simples tamanho da área do imóvel rural. As condições de cada imóvel é que os colocará em situação de igualdade e não a simples mensuração da área da propriedade rural.

7.3.2.1.1.5 A decisão do Supremo Tribunal Federal sobre a progressividade do ITR

O Supremo Tribunal Federal, no julgamento do AgRg no RE 1.038.357, de relatoria do Ministro Dias Toffoli, publicado em 26 de fevereiro de 2018, considerou constitucional a progressividade do ITR:

> *Agravo regimental no recurso extraordinário. Tributário. Imposto sobre a Propriedade Territorial Rural (ITR). Lei 9.393/96. Progressividade das alíquotas. Grau de utilização e área do imóvel. Constitucionalidade.*
>
> 1. Mostra-se alinhada com a redação originária do § 4º do art. 153 da Constituição Federal a progressividade das alíquotas do ITR a qual se refere à Lei 9.393/96, progressividade essa que leva em conta, de maneira conjugada, o grau de utilização (GU) e a área do imóvel.
>
> 2. Agravo regimental não provido, com imposição de multa de 2% (art. 1.021, § 4º, do CPC).
>
> 3. Não se aplica ao caso o art. 85, § 11, do CPC, haja vista tratar-se, na origem, de mandado de segurança (art. 25 da Lei 12.016/09).

A recorrente, no caso em tela, alega que há impossibilidade de se instituir alíquota progressiva em razão do tamanho da propriedade e que a progressividade constitucional autorizada seria somente para desestimular a manutenção de propriedades improdutivas.

Na decisão, o Ministro citou o RE 562045, com fundamento na Ministra Carmen Lúcia, para afirmar que todos os impostos devem respeitar a capacidade contributiva, sejam reais ou pessoais, e considerou que a progressividade fiscal seria apta a dar concretude a isso.

Ora, essa decisão considerou a progressividade em razão do tamanho do imóvel como progressividade fiscal, tal qual realizamos neste estudo, e que deve respeitar a capacidade contributiva, conforme o trecho seguinte:

> No exame do RE 562.045/RS, Relatora para o acórdão, a Ministra Cármen Lúcia, *DJe* de 27.11.13, submetido à sistemática da repercussão geral, o Tribunal Pleno firmou orientação no sentido de que todos os impostos, sejam eles de caráter pessoal ou real, devem observar a capacidade contributiva, nos termos do art. 145, § 1º, da Constituição Federal, e consignou que a progressividade fiscal seria apta para dar concretude a isso. Naquela ocasião, a Corte concluiu pela validade da progressividade fiscal de determinado imposto (ITCMD) cujo texto constitucional específico não previa, de modo expresso, a adoção dessa técnica.

Concordamos plenamente com os termos da decisão, mas o que defendemos – e que não foi apreciado na decisão – é que o tamanho do imóvel rural não satisfaz o princípio da capacidade contributiva justamente por não mensurar adequadamente o fato de maneira a obedecer tal princípio.

No recurso extraordinário a discussão cinge-se na aplicação da não possibilidade da progressividade do ITR em razão do tamanho da área, por não estar autorizado na Constituição Federal.

O foco da discussão é se seria constitucional ou não a progressividade em razão do tamanho do imóvel rural (fiscal) pelo art. 153, § 4º, por esse apenas dispor sobre a progressividade considerada extrafiscal, em razão do exercício da função social, para desestimular a manutenção de propriedades improdutivas.

De fato, assim como na decisão não vimos qualquer óbice numa progressividade fiscal – pois, como decidido e visto, todo tributo apresenta um caráter fiscal e extrafiscal – percebemos que não foi analisado se a progressividade em razão do tamanho do imóvel realmente obedece ao princípio da capacidade contributiva. Nesse aprofundamento a decisão deixou a desejar.

Que o caráter fiscal da progressividade deve estar presente não temos dúvida. Nessa parte, inclusive, discordamos do teor dos argumentos da recorrente. O que não foi analisado é se a capacidade contributiva está sendo respeitada pela progressividade fiscal, como fizemos acima, ao demonstrar que tal progressividade não respeita a capacidade contributiva.

Conforme já sinalizamos nesta pesquisa, não discordamos do caráter constitucional da progressividade fiscal, tampouco da constitucionalidade da progressividade extrafiscal.

O que temos praticado como inconstitucional é a forma de se realizar o cálculo, conforme previsto na Lei 9.393 de 1996, da progressividade fiscal, haja vista que o tamanho da área não respeita a capacidade contributiva.

De acordo com a decisão do Supremo Tribunal Federal, a progressividade fiscal seria uma forma de respeitar a capacidade contributiva independentemente do caráter real ou pessoal do imposto, entendimento com o qual concordamos plenamente.

Conforme exploramos, em que pese a decisão do Supremo Tribunal Federal, apenas isolar o tamanho da área para definir a capacidade contributiva do ITR é uma redução que não observa o sistema jurídico. É insuficiente respeitar a capacidade contributiva constitucional do imposto.

Ou seja, não basta criar uma progressividade em relação à área do imóvel, que determine que quanto maior o imóvel maior a alíquota e quanto menor o imóvel menor a alíquota. Apenas esse critério não é suficiente a observar a capacidade contributiva do contribuinte, a autorizar sua aplicação. Isso porque existem imóveis menores e mais caros, portanto, maior capacidade contributiva, e imóveis maiores e mais baratos, portanto, menor a capacidade contributiva.

Sobre a progressividade extrafiscal, analisando mais de perto o teor do acórdão verificamos que esse não foi o cerne da questão, e sobre ela a análise foi simplista.

No que diz respeito à progressividade extrafiscal, a qual passaremos a analisar no tópico seguinte, entendemos que também está desajustada à sua norma fundamental, diante da mutação do conceito de função social da propriedade rural de 1988 para 2018, ou seja, transcorridos 30 anos.

Não há qualquer observação sobre a definição de improdutividade ou efetiva utilização da propriedade rural a autorizar a progressividade extrafiscal pelo exercício da função social constitucional.

O que não podemos perder de vista é a *capacidade contributiva do contribuinte* a autorizar a progressividade fiscal, assim como na progressividade extrafiscal não podemos desconsiderar a *função social do imóvel rural.*

Inegável que ambas estão resguardadas pela Constituição Federal. Então, não discutimos se a progressividade pelo tamanho da área é inconstitucional, por não ter previsão ou fundamento na Carta. Queremos verificar é se a forma como a Lei 9.393 de 1996, que trouxe essa progressividade, respeitou a Constituição Federal, conforme uma análise sistemática e pragmática.

O teor da discussão no acórdão cingiu-se a: (i) ter ou não fundamento de validade constitucional, por previsão na Carta ou não, da progressividade fiscal; e (ii) ser o tamanho da área uma forma de realizar a progressividade fiscal. Ou seja, a decisão não avançou em analisar se a progressividade fiscal pelo tamanho da área seria suficiente a respeitar a capacidade contributiva do contribuinte, tampouco definiu o que seria função social do imóvel rural a autorizar a progressividade extrafiscal.

7.3.2.1.2 Regra extrafiscal e alíquota progressiva do ITR

Ao utilizarmos a forma lógica da RMIT para construir a norma jurídica extrafiscal, vimos que seu critério material será "realizar o exercício da função social", com verbo de predicação incompleta e seu complemento que exprime uma atividade social. Diferente do critério material fiscal que exprime uma grandeza econômica.

No critério quantitativo, teremos, na formação da alíquota, a extrafiscalidade do imposto.

Diante desse cenário temos, em síntese, a garantia do caráter extrafiscal do ITR, atrelado ao exercício da função social que, por sua vez, é tanto a preservação do meio ambiente quanto sua exploração agropecuária dentro dos limites legais.

Nesse contexto, sendo a progressividade disciplinada pela Constituição Federal para desestimular as propriedades improdutivas, progredimos os estudos a fim de interpretarmos o que seria propriedade improdutiva para os fins atuais, a fim de construirmos tal progressividade.

Pois, se considerarmos improdutiva aquela que não tem exploração agropecuária, que tem parte dela sendo regenerada, ou que a exploração agrícola não tenha atingido alto nível de produção e melhor produtividade, estaremos na contramão de uma das funções sociais do imóvel rural, privilegiando uma em detrimento da outra.

A definição da função social do imóvel rural, prevista no art. 5º, XXIII, da Constituição Federal de 1988, é algo bastante complexo e pouco visto na doutrina atual.

Há quem diga que a função social da propriedade rural seria a preservação ambiental, com fundamento no art. 170, III e VI, da Constituição Federal de 1988; há quem defenda que a função social do imóvel rural seria a exploração, e que o art. 153, § 4º, da Constituição Federal de 1988 reforça esse entendimento.

Sobre o tema, selecionamos o pensamento de alguns doutrinadores.

Para Diego Bomfim,[224] o exercício da função social do imóvel seria sua exploração econômica:

> Reforça este entendimento a redação do art. 153, § 4º, I, da Constituição Federal de 1988, segundo o qual o ITR "será progressivo

224. BOMFIM, Diego. *Extrafiscalidade, identificação, fundamentação, limitação e controle* cit., p. 260.

> e terá suas alíquotas fixadas de forma a desestimular a manutenção de propriedades improdutivas", prescrição que se ajusta ao art. 5º, XXIII, também da CF, quando determina que a "a propriedade atenderá a sua função social".

Para Paulo de Barros Carvalho,[225] da mesma forma, o exercício da função social do imóvel rural seria realizado por meio da sua exploração econômica:

> A lei do Imposto Territorial Rural (ITR), ao fazer incidir a exação de maneira mais onerosa, no caso dos imóveis inexplorados ou de baixa produtividade, busca atender, em primeiro plano, a finalidades de ordem social e econômica e não ao incremento de receita.

Entretanto, assim como Alexandre Naoki Nishioka,[226] entendemos que "o ITR é um imposto que incentiva, ao mesmo tempo, a preservação do meio ambiente e a manutenção de terras produtivas, zelando pelo cumprimento da função social".

Nesse sentido, também o é a Constituição Federal, ao dispor sobre a função social do imóvel rural, nos termos do art. 186:

> Art. 186. A função social é cumprida quando a propriedade rural atende, simultaneamente, segundo critérios e graus de exigência estabelecidos em lei, aos seguintes requisitos:
>
> I – aproveitamento racional e adequado;
>
> II – utilização adequada dos recursos naturais disponíveis e preservação do meio ambiente;
>
> III – observância das disposições que regulam as relações de trabalho;
>
> IV – exploração que favoreça o bem-estar dos proprietários e dos trabalhadores.

---

225. CARVALHO, Paulo de Barros. *Curso de direito tributário*. 17. ed. cit., p. 235.

226. NISHIOKA, Alexandre Naoki. O imposto sobre a propriedade territorial rural como instrumento do poder público para o desenvolvimento agrário sustentável: o ITR e as áreas de preservação permanente e de reserva legal. *In:* ANAN, Pedro Jr.; PEIXOTO, Marcelo Magalhães (Coord.). *Imposto sobre a propriedade territorial rural à luz da jurisprudência do Conselho Administrativo de Recursos Fiscais*. São Paulo: MP, 2012. p. 16.

Se a propriedade rural deve exercer sua função social, sendo ela tanto a exploração quanto a manutenção do meio ambiente, como devemos interpretar o caráter extrafiscal insculpido no art. 153 da Constituição Federal de 1988 a desestimular as propriedades improdutivas?

> Art. 153. Compete à União instituir impostos sobre:
>
> [...]
>
> VI – propriedade territorial rural;
>
> [...]
>
> § 4º O imposto previsto no inciso VI do *caput*: (Redação dada pela Emenda Constitucional 42, de 19.12.2003)
>
> I – será progressivo e terá suas alíquotas fixadas de forma a desestimular a manutenção de propriedades improdutivas; (Incluído pela Emenda Constitucional 42, de 19.12.2003)

Para esta análise devemos compreender o que dispõe a lei que instituiu o ITR, n. 9.393 de 1996, e analisá-la em subordinação à Constituição Federal, conforme ensina Paulo de Barros Carvalho, ao elucidar o processo gerador de sentido no plano S4.

Para traçarmos a progressividade do ITR devemos nos debruçar no cálculo do grau de utilização, pois será ele o responsável por apresentar a alíquota a ser aplicada, em conjunto com a área do imóvel rural, conforme tabela anexa, nos termos do art. 11 da Lei 9.393 de 1996.

Nossa análise deverá recair, mais precisamente, nos critérios de aferição do grau de utilização: as áreas aproveitáveis e efetivamente utilizadas, tendo em vista que conforme o art. 10, VI, da Lei 9.393 de 1996,[227] o grau de utilização é a relação percentual entre as áreas efetivamente utilizadas e aproveitáveis.

Nesse passo, devemos considerar como *área aproveitável* o que está disposto no art. 10, § 1º, II, IV, da Lei 9.393 de

227. "Art. 10. [...] VI – Grau de Utilização – GU, a relação percentual entre a área efetivamente utilizada e a área aproveitável."

1996,[228] ou seja, *aquelas passíveis de exploração agrícola, pecuária, granjeira, aquícola ou florestal*, excluídas as áreas:

- ✓ ocupadas por benfeitorias úteis e necessárias;
- ✓ de preservação permanente e de reserva legal;
- ✓ de interesse ecológico para proteção dos ecossistemas assim declaradas mediante ato do órgão competente, federal ou estadual, e que ampliem as restrições de uso previstas na alínea anterior;
- ✓ comprovadamente imprestáveis para qualquer exploração agrícola, pecuária, granjeira, aquícola ou florestal, declaradas de interesse ecológico mediante ato do órgão competente, federal ou estadual;
- ✓ sob regime de servidão ambiental;
- ✓ cobertas por florestas nativas, primárias ou secundárias em estágio médio ou avançado de regeneração;
- ✓ alagadas para fins de constituição de reservatório de usinas hidrelétricas autorizadas pelo poder público.

---

228. "Art. 10. A apuração e o pagamento do ITR serão efetuados pelo contribuinte, independentemente de prévio procedimento da administração tributária, nos prazos e condições estabelecidos pela Secretaria da Receita Federal, sujeitando-se a homologação posterior. § 1º Para os efeitos de apuração do ITR, considerar-se-á: [...] II – área tributável, a área total do imóvel, menos as áreas: a) de preservação permanente e de reserva legal, previstas na Lei 12.651, de 25 de maio de 2012; (Redação dada pela Lei 12.844, de 2013) (Vide art. 25 da Lei 12.844, de 2013); b) de interesse ecológico para a proteção dos ecossistemas, assim declaradas mediante ato do órgão competente, federal ou estadual, e que ampliem as restrições de uso previstas na alínea anterior; c) comprovadamente imprestáveis para qualquer exploração agrícola, pecuária, granjeira, aquícola ou florestal, declaradas de interesse ecológico mediante ato do órgão competente, federal ou estadual; d) sob regime de servidão ambiental; (Redação dada pela Lei 12.651, de 2012); e) cobertas por florestas nativas, primárias ou secundárias em estágio médio ou avançado de regeneração; (Incluído pela Lei 11.428, de 2006); f) alagadas para fins de constituição de reservatório de usinas hidrelétricas autorizada pelo poder público. (Incluído pela Lei 11.727, de 2008) [...] IV – área aproveitável, a que for passível de exploração agrícola, pecuária, granjeira, aquícola ou florestal, excluídas as áreas: a) ocupadas por benfeitorias úteis e necessárias; b) de que tratam as alíneas do inciso II deste parágrafo; (Redação dada pela Lei 11.428, de 2006)".

Entre as áreas aproveitáveis para o cômputo do grau de utilização, é fácil perceber que as áreas cobertas por mata nativa, além das áreas de preservação permanente e de reserva legal foram excluídas deste cálculo, desde 2006. Isso nos sinaliza a correta correlação hierárquica com a Constituição Federal, já que as áreas cobertas com vegetação nativa são uma forma de se exercer a função social do imóvel rural. Isso porque, nesse caso, há uma preservação, e, por isso, não pode ser calculada como se aproveitável fosse, de acordo com a forma de cálculo escolhida pelo legislador infraconstitucional.

Como vimos, as áreas aproveitáveis são aquelas aptas a serem efetivamente utilizadas na atividade agropecuária. Caso elas fossem consideradas aproveitáveis, haveria um grau de utilização muito baixo, o que elevaria a alíquota do imposto. Entretanto, estaria sendo penalizado aquele que realiza a manutenção da vegetação nativa, uma das funções sociais do imóvel rural.

As áreas efetivamente utilizadas, conforme rege o art. 10, § 1º, V, da Lei 9.393 de 1996,[229] são aquelas que:

- ✓ foram plantadas com produtos vegetais;
- ✓ serviram de pastagem nativa ou plantada, observados os índices de lotação por zona de pecuária;
- ✓ serviu de exploração extrativa, observado índice de rendimento;
- ✓ serviu de exploração para atividade granjeira e aquícola;
- ✓ foi objeto de implantação de projeto técnico.

229. "V – área efetivamente utilizada, a porção do imóvel que no ano anterior tenha: a) sido plantada com produtos vegetais; b) servido de pastagem, nativa ou plantada, observados índices de lotação por zona de pecuária; c) sido objeto de exploração extrativa, observados os índices de rendimento por produto e a legislação ambiental; d) servido para exploração de atividades granjeira e aquícola; e) sido o objeto de implantação de projeto técnico, nos termos do art. 7º da Lei 8.629, de 25 de fevereiro de 1993;"

Com base nessas informações, conseguimos chegar ao grau de utilização do imóvel rural calculado com base na área aproveitável. Combinado com o tamanho do imóvel rural, chegaremos à alíquota aplicável, conjugada na tabela legal, a ser aplicado sobre o Valor da Terra Nua Tributável (VTNt) para conhecer o valor do imposto a pagar. Essa é a forma de se calcular a alíquota do ITR, em atenção ao seu caráter extrafiscal, em função do exercício da função social.

Com base na legislação de regência do ITR fica fácil perceber que, desde 2006, o legislador infraconstitucional, ao excluir das áreas aproveitáveis as áreas com vegetação nativa, adaptou à mutação a definição do conceito de improdutivo para fins de progressividade do ITR, deixando fora do cálculo do grau de utilização as áreas com vegetação nativa, primária ou secundária, em estágio médio ou avançado de regeneração.

É possível compreender que a forma de calcular o grau de utilização, conforme previsto, desde 2006, tem a finalidade de tributar de forma mais onerosa aqueles que não usam (ou usam pouco), a área passível de exploração, em consonância com a Constituição Federal.

Essas são previsões legais importantes para o cálculo da alíquota a ser empregada no cômputo do imposto. Elas nos permitirão afirmar ou infirmar o caráter extrafiscal do imposto.

7.3.2.1.2.1 Critério extrafiscal do imposto para a progressividade da alíquota extrafiscal

No critério extrafiscal temos a progressividade do ITR conforme o grau de utilização, em razão do exercício da função social do imóvel rural. Essa regra deve analisar a produtividade do imóvel rural pelo grau de utilização, em atenção ao exercício da função social.

A progressividade extrafiscal se dá em razão do exercício da função social. Assim, devem ser analisadas a produtividade e a improdutividade do imóvel rural de acordo com o exercício da função social almejado pela sociedade atual. Para calcular o grau de utilização, analisa-se a área aproveitável (passível de exploração agrícola, pecuária, granjeira, aquícola ou florestal), excluindo as áreas não aproveitáveis e isentas, nos termos do art. 10, IV, da Lei 9.393/1996:

> IV – área aproveitável, a que for passível de exploração agrícola, pecuária, granjeira, aquícola ou florestal, excluídas as áreas:
>
> *a)* ocupadas por benfeitorias úteis e necessárias;
>
> *b)* de que tratam as alíneas do inciso II deste parágrafo; (Redação dada pela Lei 11.428, de 2006)

Dentro da área aproveitável devemos analisar sua efetiva utilização, ou seja, a área que foi plantada, que serviu de pastagem ou de exploração agrícola, conforme dispõe o art. 10, V, da Lei 9.393 de 1996:

> V – área efetivamente utilizada, a porção do imóvel que no ano anterior tenha:
>
> *a)* sido plantada com produtos vegetais;
>
> *b)* servido de pastagem, nativa ou plantada, observados índices de lotação por zona de pecuária;
>
> *c)* sido objeto de exploração extrativa, observados os índices de rendimento por produto e a legislação ambiental;
>
> *d)* servido para exploração de atividades granjeira e aquícola;
>
> *e)* sido o objeto de implantação de projeto técnico, nos termos do art. 7º da Lei 8.629, de 25 de fevereiro de 1993;

Teremos, ainda, o grau de utilização a partir do cotejo entre as áreas aproveitáveis e efetivamente utilizadas. Esse será o percentual que, combinado com o tamanho do imóvel rural, resultará na alíquota a ser aplicada, nos termos do art. 10, VI, da Lei 9.393 de 1996: "VI – Grau de Utilização – GU, a relação percentual entre a área efetivamente utilizada e a área aproveitável".

As alíquotas foram fixadas conforme o percentual do grau de utilização e demarcadas da seguinte forma: para imóveis com grau de utilização acima de 80%; para imóveis com grau de utilização entre 65% e 80%; para imóveis com grau de utilização entre 50% e 65%; para imóveis com grau de utilização entre 30% e 50%; e para imóveis com grau de utilização até 30%, que conjugados com o tamanho da área do imóvel rural nos proporcionam a alíquota aplicável.

Entretanto, como o grau de utilização analisado de acordo com a efetiva utilização da área aproveitável deve ser verificado conforme com o exercício da função social da propriedade rural (a autorizar a sua progressividade para desestimular os imóveis improdutivos) e, tendo o conceito do exercício da função social da propriedade rural sofrido ampla mutação para os dias atuais (principalmente com o apelo pela preservação ambiental), instigamos neste estudo uma nova análise sobre a progressividade extrafiscal. Ela deve ser feita sobre o grau de utilização, pois mesmo as áreas aproveitáveis não utilizadas na atividade agropecuária, ou aquelas previstas no art. 10, V, da Lei 9.393 de 1996, também foram úteis para a terra as quais revestem e para a sociedade; não pode ser considerada como se efetivamente não tivesse sido utilizada para o cômputo do grau de utilização.

Assim, a progressividade extrafiscal também passou por uma mutação de sentido e uma nova interpretação deve ser feita. Com base na interpretação proposta, a aplicação da norma deve ser revista.

Outro aspecto importante sobre o cálculo da alíquota a ser aplicada, com base no grau de utilização da área aproveitável, diz respeito aos imóveis rurais que não possuem área aproveitáveis, considerando área aproveitável aquela prevista no art. 10, IV, da Lei 9.393 de 1996: "IV – área aproveitável, a que for passível de exploração agrícola, pecuária, granjeira, aquícola ou florestal", como de mineração e de aterro sanitário.

Assim, não há como calcular a alíquota a ser aplicável, pois ela é uma conjunção entre o grau de utilização e o tamanho do imóvel rural, de maneira que nesses casos não poderá incidir por falta de alíquota, ou seja, não haverá ITR.

Apesar de a lei infraconstitucional tratar essas áreas como se isentas fossem, na verdade, são verdadeiros casos de não incidência, como já enfatizamos anteriormente.

7.3.2.1.2.2 Da classificação do imóvel rural em produtivo ou improdutivo para fins de desapropriação para reforma agrária

Importante, nessa sequência, ressaltar que para fins de desapropriação do imóvel rural, a Lei 8.629 de 1993, que regulamentava os dispositivos constitucionais relativos à reforma agrária, no art. 6º conjugado com o art. 10 consignam o que deve ser considerado propriedade produtiva, conforme cálculo do grau de utilização.

Da leitura dos artigos a seguir transcritos conseguimos verificar sutil, mas importante diferença, entre o cálculo do grau de utilização para fins de desapropriação e o cálculo do grau de utilização, para fins de tributação do ITR, até janeiro de 2021 quando foi incluído o inciso V na Lei.

> Art. 6º Considera-se propriedade produtiva aquela que, explorada econômica e racionalmente, atinge, simultaneamente, graus de utilização da terra e de eficiência na exploração, segundo índices fixados pelo órgão federal competente.
>
> § 1º O grau de utilização da terra, para efeito do *caput* deste artigo, deverá ser igual ou superior a 80% (oitenta por cento), calculado pela relação percentual entre a área efetivamente utilizada e a área aproveitável total do imóvel.
>
> § 2º O grau de eficiência na exploração da terra deverá ser igual ou superior a 100% (cem por cento), e será obtido de acordo com a seguinte sistemática:
>
> I – para os produtos vegetais, divide-se a quantidade colhida de cada produto pelos respectivos índices de rendimento estabelecidos pelo órgão competente do Poder Executivo, para cada Microrregião Homogênea;
>
> II – para a exploração pecuária, divide-se o número total de Unidades Animais (UA) do rebanho, pelo índice de lotação estabelecido pelo órgão competente do Poder Executivo, para cada Microrregião Homogênea;

III – a soma dos resultados obtidos na forma dos incisos I e II deste artigo, dividida pela área efetivamente utilizada e multiplicada por 100 (cem), determina o grau de eficiência na exploração.

§ 3º Considera-se efetivamente utilizadas:

I – as áreas plantadas com produtos vegetais;

II – as áreas de pastagens nativas e plantadas, observado o índice de lotação por zona de pecuária, fixado pelo Poder Executivo;

III – as áreas de exploração extrativa vegetal ou florestal, observados os índices de rendimento estabelecidos pelo órgão competente do Poder Executivo, para cada Microrregião Homogênea, e a legislação ambiental;

IV – as áreas de exploração de florestas nativas, de acordo com plano de exploração e nas condições estabelecidas pelo órgão federal competente;

V – as áreas sob processos técnicos de formação ou recuperação de pastagens ou de culturas permanentes, tecnicamente conduzidas e devidamente comprovadas, mediante documentação e Anotação de Responsabilidade Técnica (Redação dada pela Medida Provisória n. 2.183-56, de 2001)

[...]

Art. 10. Para efeito do que dispõe esta lei, consideram-se não aproveitáveis:

I – as áreas ocupadas por construções e instalações, excetuadas aquelas destinadas a fins produtivos, como estufas, viveiros, sementeiros, tanques de reprodução e criação de peixes e outros semelhantes;

II – as áreas comprovadamente imprestáveis para qualquer tipo de exploração agrícola, pecuária, florestal ou extrativa vegetal;

III – as áreas sob efetiva exploração mineral;

IV – as áreas de efetiva preservação permanente e demais áreas protegidas por legislação relativa à conservação dos recursos naturais e à preservação do meio ambiente;

V – as áreas com remanescentes de vegetação nativa efetivamente conservada não protegidas pela legislação ambiental e não submetidas a exploração nos termos do inciso IV do § 3º do art. 6º desta Lei (Incluído pela Lei 14.119, de 2021).

Até o início desse ano de 2021, para o cálculo do grau de utilização, as áreas de vegetação nativa que não aquelas obrigatoriamente previstas em lei, como áreas de preservação permanente e reserva legal, eram classificadas como área aproveitável, não estando albergadas no art. 10 supratranscrito.

E, sendo o cálculo do grau de utilização sobre a área aproveitável, igual ou maior que 80%, e o de efetividade de 100%, parece-nos que, apesar de grandes ou pequenos latifúndios com extensão de vegetação nativa pagarem a menor alíquota do ITR (por essas áreas serem isentas, art. 10, II, "e", da Lei 9.393 de 1996 e não calculadas como áreas aproveitáveis, para fins de tributação e aferição do grau de utilização do ITR), poderiam ser desapropriadas para reforma agrária.

O que nos levou a pensar sobre a possibilidade de existirem dois conceitos de propriedade produtiva ou improdutiva: um para incidência do ITR, e outro, para finalidade de desapropriação.

Resta saber se esse conceito da norma infraconstitucional que regulamentou a reforma agrária até 2021, é constitucional, e se seria possível existir conceitos distintos para um mesmo termo jurídico.

Entendemos ser inconstitucional, para fins de reforma agrária, desconsiderar essas áreas de preservação ambiental como áreas aproveitáveis, além de isentas de ITR. Segundo o que apresentamos sobre o exercício da função social do imóvel rural (obrigação constitucional), a preservação da vegetação nativa é uma dessas funções.

Inclusive, tal inconstitucionalidade foi corrigida pelo legislador com a inclusão do inciso V no art. 10 supra transcrito.

Além disso, notamos que para o cálculo das áreas efetivamente utilizadas a mencionada lei (art. 6º, § 3º, V) considera as áreas sob processo técnico de formação ou recuperação de pastagens ou de culturas permanentes, desde que tecnicamente conduzidas e comprovadas por meio de documentação e anotação de responsabilidade técnica.

Ora, tal condicionante para considerar as áreas de recuperação de pastagem e cultura permanente é uma limitação ao direito do produtor rural, no exercício da sua atividade produtiva e em afronta à função social da propriedade privada. Além de restringir o direito a todo tipo de prova, funciona como sanção ao penalizar o proprietário rural, impossibilitando o cômputo dessa área dentro da área aproveitável como efetivamente utilizada e, com isso, diminuindo o grau de utilização.

Esta regra parece ser demasiadamente limitadora, em afronta à Constituição Federal, já que o descanso da área rural, com a recuperação de pastagem, é uma forma de realizar a função social, independentemente de qualquer condicionante, haja vista que assim não dispôs a Constituição Federal, além de ser abusiva a regra que restringe outros meios de prova.

Condicionar à prova específica o direito ao exercício da função social do imóvel rural é inconstitucional. Para entendermos esse cálculo da progressividade em razão da função social do imóvel rural, analisaremos o que seria área isenta, aproveitável e efetivamente utilizada.

7.3.2.1.2.3 Áreas aproveitáveis e não aproveitáveis para cálculo da alíquota

Importante essa análise sobre as áreas aproveitáveis e não aproveitáveis do imóvel rural porque é sobre as primeiras que será calculada a alíquota aplicável pelo efetivo grau de utilização da área. Alíquota esta que recairá sobre as áreas aproveitáveis e não aproveitáveis que não forem isentas.

Sobre as áreas aproveitáveis, a Lei 9.393 de 1996, art. 10, IV,[230] dispõe que são aquelas passíveis de exploração agrícola, pecuária, granjeira, aquícola ou florestal, excluídas as áreas

230. "IV – área aproveitável, a que for passível de exploração agrícola, pecuária, granjeira, aqüícola ou florestal, excluídas as áreas: a) ocupadas por benfeitorias úteis e necessárias; b) de que tratam as alíneas do inciso II deste parágrafo; (Redação dada pela Lei 11.428, de 2006)."

ocupadas por benfeitorias úteis e necessárias e aquelas isentas, dispostas no inciso II do mesmo diploma.

O legislador considerou não aproveitáveis áreas que não poderão ser utilizadas para a atividade agropecuária (agrícola, pecuária, granjeira, aquícola ou florestal), conforme definidas no art. 10, II, e alíneas já mencionadas, e as áreas de benfeitorias.

Assim, com base no enunciado prescritivo, o inciso IV define como área aproveitável apenas aquelas passíveis de exploração agrícola, pecuária, granjeira, aquícola ou florestal, trazendo em suas alíneas duas hipóteses de áreas não passíveis desta exploração.

Com base na definição legal de área aproveitável, concluímos que a lista das áreas não aproveitáveis não pode ser interpretada taxativamente, pois, demais áreas que não sirvam para a exploração agropecuária e não estejam no campo de abrangência dessa lista, deverão ser consideradas não aproveitáveis.

O que o legislador pretende é, com base na área aproveitável, calcular quanto dela foi utilizada para chegar à alíquota a ser aplicada dentro do que vimos sobre o exercício da função social do imóvel rural.

Nesse sentido, importante trazermos o que seriam as áreas não passíveis de exploração agropecuária, e, portanto, não aproveitáveis à atividade agrícola, para chegarmos às áreas aproveitáveis.

Não são áreas passíveis de exploração agropecuária (agrícola, pecuária, granjeira ou florestal) as áreas excluídas por força da lei ou por força das condições da atividade exercida, e, quando isentas, são não aproveitáveis, portanto, não entram no cálculo do grau de utilização que recai sobre as áreas aproveitáveis.

Diante da leitura e interpretação do art. 10, II, da Lei 9.393 de 1996, as áreas aproveitáveis são aquelas que não participam de APP e reserva legal, que não participam das áreas com vegetação primária ou secundária em estágio médio ou avançado de regeneração, que não participam das áreas alagadas para hidrelétrica, que não participam das áreas imprestáveis para exploração agrícola, e todas as demais áreas que não são aproveitáveis na exploração agropecuária.

Esse inciso reafirma que as áreas imprestáveis são não tributáveis, pelo instituto da não incidência.

A Lei 8.629 de 1993, que dispõe sobre a regulamentação da reforma agrária (art. 10 e incisos), também considera não aproveitáveis as áreas imprestáveis para qualquer tipo de exploração agrícola, pecuária, florestal ou extrativa. A Lei enfatiza também as áreas sob efetiva exploração mineral, independentemente de qualquer declaração. Isso, porque o que se pretende verificar é a efetiva utilização da área aproveitável, a tributação das áreas aproveitáveis e não aproveitáveis quando estas forem utilizadas na atividade agropecuária.

> Art. 10. Para efeito do que dispõe esta lei, consideram-se não aproveitáveis:
>
> I – as áreas ocupadas por construções e instalações, excetuadas aquelas destinadas a fins produtivos, como estufas, viveiros, sementeiros, tanques de reprodução e criação de peixes e outros semelhantes;
>
> *II – as áreas comprovadamente imprestáveis para qualquer tipo de exploração agrícola, pecuária, florestal ou extrativa vegetal;*
>
> *III – as áreas sob efetiva exploração mineral;*
>
> IV – as áreas de efetiva preservação permanente e demais áreas protegidas por legislação relativa à conservação dos recursos naturais e à preservação do meio ambiente;
>
> V – as áreas com remanescentes de vegetação nativa efetivamente conservada não protegidas pela legislação ambiental e não submetidas a exploração nos termos do inciso IV do § 3º do art. 6º desta Lei (Incluído pela Lei 14.119, de 2021).

Definição importante já que culminara no cálculo da alíquota a ser aplicada.

7.3.2.1.2.4 Área efetivamente utilizada para o cálculo da alíquota progressiva extrafiscal

Verificar a efetiva utilização da área aproveitável serve para calcular o grau de utilização da área aproveitável, responsável pelo ajuste no percentual da alíquota a ser aplicada, no cômputo do ITR (calculado pela relação percentual entre as áreas utilizadas e aproveitáveis).

Assim, é necessário verificar o que seriam áreas efetivamente utilizadas. Na legislação de regência, temos no art. 10, § 1º, V, e § 6º da Lei 9.393 de 1996:

> V – área efetivamente utilizada, a porção do imóvel que no ano anterior tenha:
>
> *a)* sido plantada com produtos vegetais;
>
> *b)* servido de pastagem, nativa ou plantada, observados índices de lotação por zona de pecuária;
>
> *c)* sido objeto de exploração extrativa, observados os índices de rendimento por produto e a legislação ambiental;
>
> *d)* servido para exploração de atividades granjeira e aquícola;
>
> *e)* sido o objeto de implantação de projeto técnico, nos termos do art. 7º da Lei 8.629, de 25 de fevereiro de 1993;
>
> [...]
>
> § 6º Será considerada como efetivamente utilizada a área dos imóveis rurais que, no ano anterior, estejam:
>
> I – comprovadamente situados em área de ocorrência de calamidade pública decretada pelo Poder Público, de que resulte frustração de safras ou destruição de pastagens;
>
> II – oficialmente destinados à execução de atividades de pesquisa e experimentação que objetivem o avanço tecnológico da agricultura.

Novamente vemos que o legislador não definiu o que seriam áreas efetivamente utilizadas, mas apenas denotou algumas hipóteses.

Assim, com base nas hipóteses elencadas e em análise sistemática, de subordinação e de coordenação, cabe definir o que seriam áreas efetivamente utilizadas. Essa definição será importante para a graduação da produtividade ou improdutividade do imóvel rural, motivo pelo qual devemos, ao conceituar, considerar o exercício da função social do imóvel rural constitucional, que legitima a progressividade do imóvel improdutivo.

Com base nesse cenário, consideramos áreas efetivamente utilizadas aquelas atividades que, dentro das áreas aproveitáveis, realizam o fim social da propriedade rural, tanto com a exploração agropecuária (agrícola, pecuária, granjeira, aquícola ou florestal), mesmo que infrutífera, quanto com a preservação do solo e cuidado para o desenvolvimento sustentável da propriedade privada (arts. 170, VI e 225 da Constituição Federal).

Os enunciados prescritivos apontam denotativamente para a atividade de exploração (agrícola, pecuária, granjeira, aquícola ou florestal), e ainda condicionam a consideração da utilização efetiva das áreas que resultaram em frustração de safra ou destruição de pastagem à declaração de calamidade pública pelo Poder Público.

Mais uma vez, temos uma forma condicionante cuja função é sancionatória, pois aqueles que tiveram frustração da safra e destruição de pastagem usaram o solo, com plantação de safra ou de pastagem, o que, por si só, já demonstra o uso do solo, independentemente de qualquer declaração do Poder Público.

Se o legislador pretende verificar o efetivo uso do solo, não podemos dizer que aquele que teve a frustração da safra e a destruição de pastagem, mas não possuiu a declaração do Poder Público, não o tenha efetivamente utilizado.

Esse tipo de sanção travestido de ato declaratório penaliza quem teve a frustração da safra e a destruição de pastagem, pois, ao não considerar essa área efetivamente utilizada, deverá pagar uma alíquota muito maior de ITR. É mais um típico caso de tributação como sanção de ato ilícito (pela não declaração do Poder Público). Ademais, é contraditório com a definição do conceito de utilização efetiva.

Além disso, não considera expressamente as áreas efetivamente utilizadas em prol do desenvolvimento sustentável, como de descanso, de reforma da pastagem e rotação de pasto, entre outras que visam preservar a qualidade do solo, mais uma forma de uso efetivo da área aproveitável.

Na Lei 8.629 de 1993, em seu art. 6º, § 3º, V, que regulamenta a reforma agrária, já se vê a inclusão de algo próximo a isso. Ainda que não muito bem elaborado, a intenção é considerar essas áreas efetivamente utilizadas, sem entrar no mérito dos detalhes de incoerência do legislador.

> Art. 6º Considera-se propriedade produtiva aquela que, explorada econômica e racionalmente, atinge, simultaneamente, graus de utilização da terra e de eficiência na exploração, segundo índices fixados pelo órgão federal competente.
>
> [...]
>
> § 3º Considera-se efetivamente utilizadas:
>
> I – as áreas plantadas com produtos vegetais;
>
> II – as áreas de pastagens nativas e plantadas, observado o índice de lotação por zona de pecuária, fixado pelo Poder Executivo;
>
> III – as áreas de exploração extrativa vegetal ou florestal, observados os índices de rendimento estabelecidos pelo órgão competente do Poder Executivo, para cada Microrregião Homogênea, e a legislação ambiental;
>
> IV – as áreas de exploração de florestas nativas, de acordo com plano de exploração e nas condições estabelecidas pelo órgão federal competente;
>
> *V – as áreas sob processos técnicos de formação ou recuperação de pastagens ou de culturas permanentes, tecnicamente conduzidas e devidamente comprovadas, mediante documentação e Anotação de Responsabilidade Técnica* (Redação dada pela Medida Provisória 2.183-56, de 2001).

Importante enfatizar o sentido a ser considerado na qualificação de área efetivamente utilizada. Isso porque devem ser consideradas, além daquelas exploradas na atividade (agrícola, pecuária, granjeira, aquícola ou florestal), aquelas que tiveram frustração de safra e destruição de pastagem – só assim foi possível ter tal prejuízo, cabendo a comprovação fática por todos os meios de prova. Além disso, devem assim ser consideradas as áreas em recondução para o desenvolvimento sustentável, porque essas atividades são extremamente úteis e realizam o seu fim social, conforme fundamentado na Constituição Federal.

O art. 2º[231] do novo Código Florestal inclusive enfatiza a utilidade dessas vegetações como primordiais para as terras as quais revestem.

Importante percebermos que o legislador infraconstitucional, ao criar a progressividade extrafiscal, não usou o termo "produtiva" ou "improdutiva", mas "grau de utilização" para chegar à produtividade ou não do imóvel rural. Mencionou área aproveitável e deixou a cargo do intérprete definir dentro desse arcabouço o conceito de área efetivamente utilizada.

Atualmente, mesmo as áreas que não alcançam o índice de lotação ou de produtividade são úteis e efetivamente utilizadas, pois se não estão sendo utilizadas na exploração da atividade agropecuária (agrícola, pecuária, granjeira, aquícola ou florestal) o estão para a sociedade e para a terra que revestem. São, portanto, produtivas para o fim a que se prestam: o exercício da função social, conforme a Constituição. Dessa forma, esvaziam a necessidade da intervenção econômica conforme mencionada em 1988, pois o contexto contemporâneo mudou o conceito de propriedade produtiva e improdutiva. Houve uma inegável mutação dessa definição.

Assim, o cálculo da progressividade pelo grau de utilização das áreas aproveitáveis deve manter relação direta com a

231. "Art. 2º As florestas existentes no território nacional e as demais formas de vegetação nativa, reconhecidas de utilidade às terras que revestem, são bens de interesse comum a todos os habitantes do País, exercendo-se os direitos de propriedade com as limitações que a legislação em geral e especialmente esta Lei estabelecem."

"improdutividade" constitucional, analisada com base na função social do imóvel rural.

Diante do exposto sobre a função social do imóvel rural e a progressividade extrafiscal, o cálculo da progressividade que não observar as áreas aproveitáveis e utilizadas, mas não exploradas na atividade agropecuária (agrícola, pecuária, granjeira, aquícola ou florestal) – inclusive aquelas em estágio inicial de regeneração, até mesmo momentâneo – como áreas produtivas (pois efetivamente utilizadas para a terra que revestem) será inconstitucional. Isso, porque não guardará obediência à função social constitucional do imóvel rural que outorga o caráter extrafiscal do ITR e, portanto, autoriza sua progressividade.

Além disso, apesar de entendermos que o caráter extrafiscal do ITR e, consequentemente, sua progressividade em razão do exercício da função social, é uma garantia constitucional, não vemos atualmente sua aplicabilidade, dado o fato da mutação do conceito de função social do imóvel rural.

Isso, porque tanto a exploração da atividade agropecuária (agrícola, pecuária, granjeira ou florestal) quanto a manutenção da vegetação exercem o papel de efetiva utilização, portanto, a propriedade deve ser considerada produtiva.

7.3.2.1.2.5 Princípio constitucional do não confisco: limitação à progressividade extrafiscal do ITR

O princípio do não confisco está insculpido no art. 150, IV, da Constituição Federal, que veda expressamente a utilização de tributo com caráter confiscatório, ou seja, é proibido usurpar o patrimônio do contribuinte, em qualquer situação, de forma que os tributos extrafiscais não estão autorizados a atuar de maneira confiscatória, com alíquotas ou base de cálculo excessivas em desconformidade com a capacidade contributiva do contribuinte:

> Art. 150. Sem prejuízo de outras garantias asseguradas ao contribuinte, é vedado à União, aos Estados, ao Distrito Federal e aos Municípios:

> [...]
>
> IV – utilizar tributo com efeito de confisco.

A finalidade da norma constitucional é proibir que o legislador onere além da conta a imposição tributária ou sancionatória do contribuinte. É proibir, com isso, qualquer previsão legal que culmine na absorção considerável do patrimônio, propriedade, aniquilamento da empresa ou impedimento ao prosseguimento da atividade empresarial lícita, em total inobservância da capacidade contributiva dos contribuintes.

O princípio do não confisco deve ser visto como medida de contenção, limitadora ao poder do legislador. Nesse sentido, eis como devemos interpretar a alíquota de 20% do ITR, considerando o quadro de alíquotas do anexo I da Lei 9.393 de 1996, em atenção ao art. 11, a seguir transcrito.

Quadro de alíquotas

Área em hectares	**Grau de utilização Até 30**
Até 50	1,00
Maior que 50 até 200	2,00
Maior que 200 até 500	3,30
Maior que 500 até 1.000	4,70
Maior que 1.000 até 5.000	8,60
Acima de 5.000	20,00

Fonte: Lei 9.393 de 1996.

A alíquota de 20% é aplicada sobre o valor da terra nua tributável (VTNt). Considerando que o VTNt equivale ao VTN (excluídos valores com benfeitorias, pastagens...) multiplicado pela divisão entre a área total e a área aproveitável (excluídas as áreas isentas e não aproveitáveis), teremos a aplicação de 20% sobre grande fração do imóvel rural.

Em números, considerado o VTN de R$ 1 mil por hectare e a fração da área total (1 mil hectares) com a área tributável (700 hectares), para o cálculo do VTNt tributável teremos a multiplicação de R$ 1 mil por 700 hectares, totalizando R$ 700 mil. Essa será a base de cálculo para a aplicação da alíquota de 20%.

Considerando que o valor do imóvel rural é de R$ 1 mil multiplicado por 1 mil hectares, totaliza-se um valor de R$ 1 milhão.

Assim, a aplicação da alíquota de 20% sobre R$ 700 mil (VTNt), R$ 140 mil, por 7 anos, de tão onerosa, terá o caráter confiscatório[232] vedado constitucionalmente. A progressividade fiscal e extrafiscal do ITR não autoriza o confisco, que está proibido sob todos os aspectos.

Conforme ensina Hugo de Brito Machado,[233]

> Assim, o tributo com efeito de confisco, no regime da vigente Constituição, está proibido sob todos os aspectos, seja qual for a interpretação adotada para os dispositivos pertinentes ao direito de propriedade (art. 5º, XXII), e ao regime econômico prevalecente (art. 170, II e IV). O dispositivo em seu art. 150, item IV, não permite dúvidas a este respeito.

Além disso, o caráter confiscatório não está restrito aos tributos, mas é aplicado também às sanções, conforme observa Roque Antonio Carrazza:[234]

> A nosso sentir, confiscatório são os tributos ou as multas fiscais que, por assim dizer, esgotam (ou têm a potencialidade de esgotar) a riqueza tributável das pessoas. Ou, se preferirmos: que ignoram a aptidão de uma pessoa, física ou jurídica, de entregar parte da riqueza que possui, ou sancionam de modo escorchante, sem nenhuma correlação com a infração por ela cometida.

---

232. "Atendendo a esse dispositivo, a Lei 9.393 de 1996, estabelece as alíquotas do ITR em função da área total e do grau de utilização do imóvel, que variam de 0,03% a 20%, alíquota esta de caráter evidentemente confiscatório e, portanto, incompatível com o princípio da vedação da utilização de tributo com efeito de confisco (art. 150, IV, CF)" (COSTA, Regina Helena. *Curso de direito tributário* – Constituição e Código Tributário Nacional cit., p. 362).

233. MACHADO, Hugo de Brito. *Os princípios jurídicos da tributação na Constituição de 1988*. São Paulo: RT, 1989. p. 68.

234. CARRAZZA, Roque Antonio. *Reflexões sobre a obrigação tributária* cit., p. 199.

A previsão constitucional do não confisco não se limita à instituição apenas da obrigação tributária principal, mas se estende às sanções a ela relacionadas, pois a finalidade constitucional, vista como a intenção da lei, é justamente amparar o contribuinte contra os excessos do poder público.

É certo que apenas em cada caso concreto poderemos verificar o caráter confiscatório da exação tributária. Entretanto, podemos antever que, assim como ocorre com alíquota excessiva, a repentina e excessiva majoração da base de cálculo de qualquer tributo traz sérias repercussões ao patrimônio, com considerável tempo para adaptação da atividade empresarial ao novo regramento, agredindo o princípio do não confisco, da propriedade privada e da livre-iniciativa, pois estará dificultando a exploração econômica habitual ou até impossibilitando seu prosseguimento.

Na prática, sempre que o contribuinte deva fazer novos pedidos de financiamento para prosseguir a atividade, em face da oneração excessiva e inesperada do tributo por majoração da base de cálculo, estaremos diante de um caso confiscatório, pois parcela do seu patrimônio está sendo dada em garantia para a continuidade da sua atividade empresarial lícita. Isso ocorre justamente porque esse princípio repercute diretamente na fixação das alíquotas, progressividade e majoração da base de cálculo, implicando maior base calculada, ou seja, nos critérios de aferição do tributo.

São, certamente, situações que fogem ao princípio da razoabilidade e da valorização ao princípio da livre-iniciativa, requisitos constitucionais de fundamento de validade das normas jurídicas tributárias, inclusive daquelas que tratam das sanções pelo descumprimento dos deveres instrumentais, em total desrespeito à capacidade contributiva.

Conforme ensina Roque Antonio Carrazza,[235] "em suma, o princípio do não confisco veda excessos, seja na tributação, seja na apenação de condutas de contribuintes que não cumprem a preceito suas obrigações tributárias (principais ou acessórias)".

---

235. CARRAZZA, Roque Antonio. *Reflexões sobre a obrigação tributária* cit., p. 204.

Muito se discute sobre a aplicação do princípio constitucional do não confisco às multas. Entretanto, como vimos, o caráter confiscatório das multas não pode ser dissociado da proporcionalidade existente entre a norma jurídica violada e sua consequência. Portanto, é extremamente importante a aplicação do princípio do não confisco para a dosimetria da proporcionalidade tributária.

O próprio Supremo Tribunal Federal reconhece a aplicação do princípio do não confisco às multas, conforme ementa a seguir transcrita do acórdão, nos autos do AI 727872 AgR do RS, Rel. Min. Roberto Barroso, julgado em 2015:

> EMENTA: AGRAVO REGIMENTAL NO AGRAVO DE INSTRUMENTO. TRIBUTÁRIO. MULTA MORATÓRIA DE 30%. CARÁTER CONFISCATÓRIO RECONHECIDO. INTERPRETAÇÃO DO PRINCÍPIO DO NÃO CONFISCO À LUZ DA ESPÉCIE DE MULTA. REDUÇÃO PARA 20% NOS TERMOS DA JURISPRUDÊNCIA DA CORTE.
>
> 1. É possível realizar uma dosimetria do conteúdo da vedação ao confisco à luz da espécie de multa aplicada no caso concreto.
>
> 2. Considerando que as multas moratórias constituem um mero desestímulo ao adimplemento tardio da obrigação tributária, nos termos da jurisprudência da Corte, é razoável a fixação do patamar de 20% do valor da obrigação principal.
>
> 3. Agravo regimental parcialmente provido para reduzir a multa ao patamar de 20%.

Ou seja, qualquer sanção tributária que exceda os limites da proporcionalidade, violando a correta e adequada cobrança tributária sem preservar a capacidade econômica e a obediência aos princípios constitucionais, tornam-se confiscatórias e, portanto, inconstitucionais.

7.3.2.1.2.6 Vedação do tributo como sanção por ato ilícito e sua aplicação no ITR

Durante toda a pesquisa, ressaltamos a vedação ao caráter sancionatório tributário.

O art. 3º do Código Tributário Nacional, ao definir o conceito de tributo, vedou a instituição do tributo como sanção por ato ilícito, o que guarda relação direta com a instituição de normas extrafiscais, justamente para impedir que a extrafiscalidade tributária se torne sanção por ato ilícito. Assim ensina Diego Bomfim:[236] "se o interesse do legislador for o de tornar a conduta ilícita, proibindo-a, a norma tributária será inadequada".

Não cabe ao legislador competente proibir condutas mediante o emprego de normas tributárias. Esse fato feriria frontalmente a natureza jurídica do tributo. O caráter extrafiscal das normas tributárias serve para induzir determinados comportamentos no sentido almejado pela sociedade e não para proibir determinado comportamento, tornando ilícito e sancionatório seu cumprimento.

Ou seja, o critério material não pode ser um ilícito tributário, deve sempre regular as condutas lícitas, determinar como deve ser o comportamento do contribuinte. É ilícito o descumprimento do dever tributário prescrito apenado pela sanção, multa.

Essa característica fundamental não pode ser desnaturada. O caráter extrafiscal não pode tornar a conduta ilícita, ou seja, proibida, mas apenas poderá desestimular certo comportamento perante a conduta lícita. Isso, porque a conduta ilícita gera multa e não tributo a pagar.

O Supremo Tribunal Federal em precedente não muito recente, mas importante, em decisão de relatoria do Ministro Moreira Alves,[237] esclareceu que "não é permitido em nosso sistema tributário, que se utilize de um tributo com finalidade extrafiscal de se penalizar a ilicitude. Tributo não é multa, nem pode ser usado como se fosse".

---

236. BOMFIM, Diego. *Extrafiscalidade, identificação, fundamentação, limitação e controle* cit., p. 235.

237. BRASIL. Supremo Tribunal Federal. RE 94.001, Rel. Min. Moreira Alves, Tribunal Pleno, j. 11.03.1982, public. 11-06-1982.

Diante da vedação de tributo como sanção por ato ilícito devemos tomar cuidado ao criarmos a regra matriz da progressividade extrafiscal. No que diz respeito ao critério material, não podemos considerar um ato ilícito. Nele teremos sempre um ato lícito, construído por um verbo mais seu complemento.

No caso da progressividade extrafiscal, o critério material deve ser "a conduta de realizar a função social" e a alíquota deve ser fixada conforme o grau de realização da função social. Assim, se o imóvel realizou 10% da função social, a alíquota será X; se realizou entre 10% e 15% da função social, então a alíquota será Y. Haverá uma gradação da alíquota conforme maior utilização da função social do imóvel rural.

Caso contrário, ao construirmos um critério material da progressividade como ilícito, estaremos diante de uma sanção e não de um tributo.

O mesmo raciocínio se aplica aos deveres instrumentais, que muitas vezes assim aparecem, porém com função sancionatória tributária. Muitos deveres instrumentais assim intitulados alteram a composição tributária, como a base de cálculo, majorando-o, o que implica sanção, pois aquele que não cumprir determinado "dever instrumental" deverá pagar mais imposto.

O descumprimento de deveres instrumentais não pode ter o condão de aumentar o imposto a pagar, mas tão somente de aplicar determinada multa pelo descumprimento do dever legal.

É nesse sentido que os deveres instrumentais (que têm natureza sancionatória tributária e alteram o valor do tributo a pagar) são, na verdade, tributo como sanção por ato ilícito, vedado pela lei complementar, e não dever instrumental. Isso porque há uma alteração na própria composição tributária, em um de seus critérios, para majorá-la.

7.4 Os deveres instrumentais no ITR

Os deveres instrumentais são aquelas obrigações de fazer ou não fazer, de cunho não patrimonial, previstas em normas gerais e abstratas que fazem nascer a relação jurídica em face da ocorrência do fato jurídico.

Servem para auxiliar a administração na fiscalização e arrecadação tributária, com a constituição do evento jurídico em fato jurídico.

Ocorrido o evento do dever instrumental, fica o contribuinte obrigado a realizar o fato jurídico do dever instrumental. Nesse instante faz nascer a relação jurídica de conteúdo não patrimonial, com a incidência e a aplicação da norma do dever instrumental.

Conforme esclarece Paulo de Barros Carvalho,[238] ao tratar das relações jurídicas tributárias:

> No conjunto de prescrições normativas que interessam ao Direito Tributário, vamos encontrar os dois tipos de relações: as de substância patrimonial e os vínculos que fazem irromper meros deveres administrativos. As primeiras, previstas no núcleo da norma que define o fenômeno da incidência – regra-matriz – e as outras, circumpostas a ela, para tornar possível a operatividade da instituição tributária: são os deveres instrumentais.

Ou seja, na primeira situação, temos uma relação jurídica obrigacional, cujo marco característico é de natureza patrimonial. Na medida em que é possível exprimir-se em valores, estamos diante de uma obrigação de dar. Enquanto isso, nas relações não obrigacionais, temos simples deveres, cujo conteúdo não é passível de mensuração econômica, é um fazer.

Assim, utilizamo-nos do termo obrigação no sentido de relação jurídica de cunho econômico. Com isso, diferenciamos as relações jurídicas entre obrigação tributária e deveres instrumentais.

Acima, muito já falamos sobre as obrigações tributárias da norma comportamental de incidência tributária e da norma de estrutura da isenção. Chegada a hora de tratarmos dos deveres instrumentais do ITR,

238. CARVALHO, Paulo de Barros. *Curso de direito tributário*. 17. ed. cit.

7.4.1 DIAC, DIAT, ADA, CAR e averbação da reserva legal na matrícula

No ITR existem dois tipos de deveres instrumentais: o da própria obrigação tributária, cujo dever é a declaração do tributo realizada com a entrega do DIAC (Documento de Informação e Atualização Cadastral) e do DIAT (Documento de Informação e Apuração do ITR) e outro é o dever instrumental das isenções tributárias, como as declarações do ADA, averbação da reserva legal na matrícula e, atualmente, a declaração do CAR.

Nesta pesquisa, dada a polêmica sobre as declarações pertinentes às isenções tributárias, pretendemos focar na análise desses deveres instrumentais das isenções tributárias, como obrigações de fazer, consideradas importantes para a constituição da isenção tributária, e, com isso, para a fiscalização e arrecadação da administração pública.

Já vimos, em oportunidade anterior, que os deveres instrumentais correspondem a normas de conduta que servem para atingir o comportamento humano, cuja estrutura H -> C deve ser construída pela seguinte linguagem: dado o fato de realizar a preservação ambiental, ou qualquer outra hipótese isencional,[239] prevista no art. 10, II, da Lei 9.393 de 1996, quando isencional, deve ser a obrigação de declarar essa hipótese para a administração pública por meio do documento X.

Diante dessa regra comportamental e da estrutura da norma jurídica primária, a sanção pelo não cumprimento da regra do dever instrumental da isenção deve ser a multa, ou seja, o não cumprimento do consequente vira hipótese da consequência multa, assim formalizada: -C -> D.

Separamos o dever do contribuinte de declarar o ADA, averbar a reserva legal na matrícula e realizar a declaração do

239. Sobre as hipóteses isencionais do art. 10, II, da Lei 9.393 de 1996, já tecemos muitas considerações ao tratarmos do critério quantitativo da RMIT do ITR, motivo pelo qual não adentraremos novamente na questão.

CAR como os principais deveres instrumentais isencionais, cuja análise sistemática interessa a esta pesquisa, ultrapassada a análise da estrutura lógica da norma jurídica do dever instrumental da isenção supradescrita.

7.4.1.1 Declaração do ADA e averbação da reserva legal na matrícula

A declaração do ADA e a averbação da reserva legal na matrícula são vistas pela SRF e pela PGFN como obrigatórias para o direito à isenção das áreas descritas no art. 10, II, da Lei 9.393 de 1996.

Inicialmente, importante destacar que a sanção pelo descumprimento do dever instrumental não pode ser o aumento do tributo, mas a aplicação de uma multa. Nesses casos, condicionar a apresentação de qualquer dever instrumental para o exercício da isenção, sendo a sanção a própria exclusão do direito de isentar, deve ser considerada sanção por ato ilícito, conduta proibida por nosso ordenamento jurídico, pois está alterando um dos critérios da RMIT e aumentando a base calculada como sanção pelo não cumprimento do dever instrumental.

Por esse motivo, deve imediatamente ser rechaçado qualquer dever instrumental que, não cumprido pela apresentação do dever de fazer, altere a obrigação tributária. A sanção cabível é a aplicação de multa e não o aumento de tributo.

Do mesmo raciocínio comunga Fernando Gomes Favacho[240] ao identificar os tributos sancionatórios quando há "alteração na norma padrão de incidência graças a uma *sanção de ato ilícito*".

Nesse sentido também o foi o RE 112910, de relatoria do Ministro Néri da Silveira, publicado em fevereiro de 1992, conforme ementa a seguir transcrita:

> Recurso extraordinário. IPTU. Acréscimo no valor do IPTU, a título de sanção por falta de inscrição imobiliária. Sanção por

240. FAVACHO, Fernando Gomes. *Definição do conceito de tributo* cit., p. 141.

> ilícito administrativo. Multa administrativa e multa tributária. Não pode ser exigida multa administrativa, por falta de inscrição imobiliária, a título de tributo. CTN, art. 3º. Inaplicável, na espécie, o art. 113, § 3º, do CTN. Recurso conhecido e provido.

Ultrapassada essa análise preliminar, relevante analisarmos a criação dos supostos deveres instrumentais da isenção.

O Ato Declaratório Ambiental (ADA) é um documento de cadastro do Ibama em que o proprietário rural declara as áreas de interesse ambiental. Trata-se de uma obrigação criada e disciplinada pela Lei 6.938 de 1981.

Atualmente a exigência do ADA para a exclusão da base de cálculo do ITR das áreas isentas pela Lei 9.393 de 1996 baseia-se no art. 17-O, § 1º, da Lei 6.938, de 31 de agosto de 1981, alterada pela Lei 10.165 de 2000, quando passou a ser obrigatória sua apresentação pela administração pública.

> Art. 17-O. Os proprietários rurais que se beneficiarem com redução do valor do Imposto sobre a Propriedade Territorial Rural – ITR, com base em Ato Declaratório Ambiental – ADA, deverão recolher ao Ibama a importância prevista no item 3.11 do Anexo VII da Lei 9.960, de 29 de janeiro de 2000, a título de Taxa de Vistoria. (NR)
>
> § 1º A utilização do ADA para efeito de redução do valor a pagar do ITR é obrigatória. (NR)

Nesse mesmo sentido é o art. 9º, § 3º, da Instrução Normativa RFB n. 256 de 2002.

> Art. 9º Área tributável é a área total do imóvel rural, excluídas as áreas:
>
> [...]
>
> § 3º Para fins de exclusão da área tributável, as áreas do imóvel rural a que se refere o *caput* deverão:
>
> I – ser obrigatoriamente informadas em Ato Declaratório Ambiental (ADA), protocolado pelo sujeito passivo no Instituto Brasileiro do Meio Ambiente e dos Recursos Naturais Renováveis (Ibama), observada a legislação pertinente; (Redação dada pelo(a) Instrução Normativa RFB n. 861, de 17 de julho de 2008).

Esses artigos levaram ao entendimento pela obrigação de apresentar o ADA como imprescindível para a exclusão das áreas isentas, tais como reserva legal e APP, entre outras.

Entretanto, a Lei 9.393 de 1996, que dispõe sobre o ITR, em seu art. 10, § 7°, acrescido pela MP 2.166-67 de 2001, posterior à Lei 10.165 de 2000, determinou não ser obrigatório comprovar as condições das áreas isentas pelo proprietário rural. É dever da fiscalização apurar e lançar, quando em discordância da declaração, o valor com multa e juros, artigo revogado em 2012.

> ~~§ 7º A declaração para fim de isenção do ITR relativa às áreas de que tratam as alíneas "a" e "d" do inciso II, § 1º, deste artigo, não está sujeita à prévia comprovação por parte do declarante, ficando o mesmo responsável pelo pagamento do imposto correspondente, com juros e multa previstos nesta Lei, caso fique comprovado que a sua declaração não é verdadeira, sem prejuízo de outras sanções aplicáveis. (Incluído pela Medida Provisória nº 2.166-67, de 2001).~~ (Revogada pela Lei 12.651, de 2012)

Entretanto, até sua revogação, ele era válido, vigente e eficaz, e prevalecia sobre a regra de 2000. Por serem regras antinômicas, prevalecia a norma posterior, como forma de solução das normas em conflito por antinomia. Dessa maneira, até essa data, bastaria a declaração do contribuinte na DITR e DIAT para conceder-se a isenção.

Todavia, por mais claro que nos pareça tal raciocínio, não é assim que entende a Secretaria da Receita Federal do Brasil, nem o que prevalece na jurisprudência dos Tribunais Superiores.

Durante esse lapso de tempo, entre a vigência e a revogação do art. 10, § 7°, acrescentado pela MP 2.166-67 de 2001, houve a publicação do Decreto 4.382 de 2002 que, ao regulamentar a tributação, a arrecadação e a fiscalização do ITR, determinou, em seu art. 10, a obrigatoriedade de apresentação do ADA.

Ocorre que, como não há essa obrigatoriedade na Lei de 2001, e sendo o Decreto um instrumento secundário de norma, nunca poderia ter aumentado a base de cálculo do ITR, pois não cabe a ele ampliar, reduzir ou modificar o conteúdo de lei. Ele serve apenas para criar normas para aplicar a lei não autoaplicável, ou seja, para a fiel execução da lei, conforme o art. 84, IV, da Constituição Federal de 1988.

A necessidade de averbação da reserva legal na matrícula era tratada no art. 16, § 8º, do anterior Código Florestal, alterado pela MP 2.166-67 de 2001, como obrigatória. Por esse motivo, era considerado ato constitutivo da reserva legal, portanto, obrigatório para a exclusão da base de cálculo do ITR. Foi revogada pelo novo Código Florestal (Lei 12.651 de 2012).

> ~~§ 8º A área de reserva legal deve ser averbada à margem da inscrição de matrícula do imóvel, no registro de imóveis competente, sendo vedada a alteração de sua destinação, nos casos de transmissão, a qualquer título, de desmembramento ou de retificação da área, com as exceções previstas neste Código. (Incluído pela Medida Provisória nº 2.166-67, de 2001)~~

Entretanto, mesmo naquela época, a averbação na matrícula era ato declaratório, para fins ambientais. Não havia a obrigação desse registro para fins de exclusão tributária. Além disso, a reserva legal era constituída pela aprovação da localização da área de reserva por órgão competente, conforme art. 16, § 4º, da Lei 4.771 de 1965, alterado pela MP 2166-67 de 2001. Na matrícula havia apenas a declaração, atualmente revogada pela Lei 12.651 de 2012.

A jurisprudência foi se sedimentando e, atualmente, pacificou-se o entendimento conforme as diretrizes que veremos a seguir.

7.4.1.1.1 Jurisprudência sobre a isenção de APP e a inexigibilidade do ADA e exigibilidade da averbação na matrícula da reserva legal, exigência substituída pelo cadastro no CAR nos termos da Lei 12.651 de 2012

No Conselho Administrativo de Recursos Fiscais, o entendimento que prevalece, mas não é unânime, é pela obrigatoriedade de apresentação do ADA a partir do exercício de

2001, com a alteração da Lei 10.165 de 2000, conforme as decisões a seguir.

A primeira delas diz respeito ao acórdão 9202-006.824, relatora Elaine Cristina Monteiro da Silva Vieira, publicado em 19.04.2018:

> Ementa(s)
>
> Assunto: Imposto sobre a Propriedade Territorial Rural - ITR Ano-calendário: 2003. ÁREAS DE PRESERVAÇÃO PERMANENTE. ISENÇÃO. APRESENTAÇÃO DE ATO DECLARATÓRIO AMBIENTAL (ADA). OBRIGATORIEDADE A PARTIR DE LEI 10.165/00. APRESENTAÇÃO APÓS O INÍCIO DA AÇÃO FISCAL. INTEMPESTIVA.
>
> A apresentação do ADA, a partir do exercício de 2001, tornou-se requisito para a fruição da redução da base de cálculo do Imposto sobre a Propriedade Territorial Rural - ITR em relação às áreas de preservação permanente, passando a ser, regra geral, uma isenção condicionada, tendo em vista a promulgação da Lei 10.165/00, que alterou o conteúdo do art. 17-O, § 1°, da Lei 6.938/81. A apresentação de ATO DECLARATÓRIO AMBIENTAL - ADA após o início da ação fiscal é considerada intempestiva, não fazendo jus, assim, à redução da base de cálculo do ITR. ÁREA DE RESERVA LEGAL. AVERBAÇÃO NO REGISTRO DE IMÓVEIS ANTES DA OCORRÊNCIA DO FATO GERADOR. NECESSIDADE. APRESENTAÇÃO TEMPESTIVA DE ADA. DISPENSÁVEL.
>
> Para ser possível a dedução da área de reserva legal da base de cálculo do ITR, basta sua averbação à margem da inscrição de matrícula do imóvel, no registro de imóveis competente, antes da ocorrência do fato gerador do tributo, sendo dispensável a apresentação tempestiva de Ato Declaratório Ambiental - ADA. No caso, a averbação ocorreu antes do fato gerador, assim, não é de se manter a glosa.

Sobre o tema, o conselheiro relator Cleberson Alex Friess, no acórdão 2401-005-440, entendeu que para a exclusão da APP está dispensada a apresentação do ADA e para a exclusão da reserva legal deve-se realizar a averbação da área na matrícula do imóvel:

> Ementa(s)
>
> Assunto: Imposto sobre a Propriedade Territorial Rural - ITR Exercício: 2005. ÁREA DE PRESERVAÇÃO PERMANENTE.

> ÁREA DE UTILIZAÇÃO LIMITADA (RESERVA LEGAL). ATO DECLARATÓRIO AMBIENTAL. NÃO EXIGÊNCIA. ORIENTAÇÃO DA PROCURADORIA-GERAL DA FAZENDA NACIONAL. PARECER PGFN/CRJ N. 1.329/2016. Para fins de exclusão da tributação relativamente às áreas de preservação permanente e de reserva legal, é dispensável a protocolização do Ato Declaratório Ambiental (ADA) junto ao Instituto Brasileiro do Meio Ambiente e dos Recursos Naturais Renováveis (Ibama), ou órgão estadual conveniado. Tal entendimento alinha-se com a orientação da Procuradoria-Geral da Fazenda Nacional para atuação dos seus membros em Juízo, conforme Parecer PGFN/CRJ 1.329/2016, tendo em vista a jurisprudência consolidada no Superior Tribunal de Justiça, desfavorável à Fazenda Nacional. ÁREA DE RESERVA LEGAL. FALTA DE AVERBAÇÃO NA MATRÍCULA DO IMÓVEL RURAL. A averbação à margem da inscrição da matrícula do imóvel é requisito formal constitutivo da existência da área de reserva legal. Para fins de exclusão da base de cálculo, a área de reserva legal deverá estar averbada até a data de ocorrência do fato gerador do imposto. VALOR DA TERRA NUA. ARBITRAMENTO. SISTEMA DE PREÇOS DE TERRAS. Cabe manter o Valor da Terra Nua (VTN) médio atribuído pela fiscalização, com base no Sistema de Preços de Terras (SIPT), em detrimento do VTN declarado pelo contribuinte, quando aquele reflete melhor o preço de mercado de terras apurado em 1º de janeiro do ano a que se refere a declaração.

O tribunal administrativo federal tem admitido a comprovação da área de preservação permanente por laudo técnico, conforme o acórdão 2401-005.435 de relatoria de Francisco Ricardo Gouveia Coutinho, publicado em 05-04-2018:

> Ementa(s)
>
> Assunto: Imposto sobre a Propriedade Territorial Rural – ITR Exercício: 2002. EMBARGOS INOMINADOS. INEXATIDÃO MATERIAL. RECURSO TEMPESTIVO.
>
> Admite-se os embargos para sanar vício na análise de admissibilidade da tempestividade quando o sujeito passivo comprovou ter apresentado o recurso voluntário dentro do prazo de 30 (trinta) dias da ciência da decisão de primeira instância.
>
> ÁREA DE PRESERVAÇÃO PERMANENTE. COMPROVAÇÃO. ADA. LAUDO TÉCNICO. Havendo o sujeito passivo demonstrado que a área de preservação permanente, informada em ADA, não corresponde à área efetivamente informada, pode ser admitida a

> área comprovada em Laudo Técnico, que atenda às disposições normativas. VALOR DA TERRA NUA. LAUDO TÉCNICO. REQUISITOS. O Laudo Técnico é um instrumento admitido dentro das normas técnicas para determinação do valor da terra nua – VTN, obedecidos os parâmetros definidos em disposições, desde que contenha todas as especificações e elementos capazes de identificar efetivamente o VTN do imóvel rural.

O citado parecer da PGFN 1.329 de 2016, no acórdão 2401-005-440 do conselheiro relator Cleberson Alex Friess, pauta suas conclusões e orientações em diversas decisões do Superior Tribunal de Justiça, entre elas, no EREsp 1.027.051/SC, que analisou a isenção do ITR concernente à RL e a necessidade de averbação na matrícula pelo art. 16, § 8º, da Lei 4.771 de 1965.[241] Na oportunidade, entendeu-se que a APP se dá mediante referência topográfica e a olho nu, enquanto a RL carece de delimitação pelo proprietário que se faz tanto à margem da matrícula quanto na sistemática do novo Código Florestal.

> TRIBUTÁRIO. EMBARGOS DE DIVERGÊNCIA NO RECURSO ESPECIAL. ITR. ISENÇÃO. ART. 10, § 1º, II, *A*, DA LEI 9.393/96. AVERBAÇÃO DA ÁREA DA RESERVA LEGAL NO REGISTRO DE IMÓVEIS. NECESSIDADE. ART. 16, § 8º, DA LEI 4.771/65. 1. Discute-se nestes embargos de divergência se a isenção do Imposto Territorial Rural (ITR) concernente à Reserva Legal, prevista no art. 10, § 1º, II, *a*, da Lei 9.393/96, está, ou não, condicionada à prévia averbação de tal espaço no registro do imóvel. O acórdão embargado, da Segunda Turma e relatoria do Ministro Mauro Campbell Marques, entendeu pela imprescindibilidade da averbação.
>
> 2. Nos termos da Lei de Registros Públicos, é obrigatória a averbação “da reserva legal” (Lei 6.015/73, art. 167, inciso II, n. 22).
>
> 3. A isenção do ITR, na hipótese, apresenta inequívoca e louvável finalidade de estímulo à proteção do meio ambiente, tanto no sentido de premiar os proprietários que contam com Reserva Legal devidamente identificada e conservada, como de incentivar a regularização por parte daqueles que estão em situação irregular.
>
> 4. Diversamente do que ocorre com as Áreas de Preservação Permanente, cuja localização se dá mediante referências

241. Revogada pela Lei 12.651 de 2012.

> topográficas e a olho nu (margens de rios, terrenos com inclinação acima de quarenta e cinco graus ou com altitude superior a 1.800 metros), a fixação do perímetro da Reserva Legal carece de prévia delimitação pelo proprietário, pois, em tese, pode ser situada em qualquer ponto do imóvel. O ato de especificação faz-se tanto à margem da inscrição da matrícula do imóvel, como administrativamente, nos termos da sistemática instituída pelo novo Código Florestal (Lei 12.651/2012, art. 18).
>
> 5. Inexistindo o registro, que tem por escopo a identificação do perímetro da Reserva Legal, não se pode cogitar de regularidade da área protegida e, por conseguinte, de direito à isenção tributária correspondente. Precedentes: REsp 1027051/SC, Rel. Min. Mauro Campbell Marques, Segunda Turma, *DJe* 17.05.2011; REsp 1125632/PR, Rel. Min. Benedito Gonçalves, Primeira Turma, *DJe* 31.08.2009; AgRg no REsp 1.310.871/PR, Rel. Ministro Humberto Martins, Segunda Turma, *DJe* 14.09.2012.
>
> 6. Embargos de divergência não providos.

Sobre a exclusão das áreas de preservação permanente, o Superior Tribunal de Justiça reconhece a dispensa de apresentação do ADA, conforme decisão da Ministra Eliana Calmon no REsp 665.123, publicado em 05.02.2007:

> Ementa. TRIBUTÁRIO. IMPOSTO TERRITORIAL RURAL. BASE DE CÁLCULO. EXCLUSÃO DA ÁREA DE PRESERVAÇÃO PERMANENTE. DESNECESSIDADE DE ATO DECLARATÓRIO AMBIENTAL DO IBAMA.
>
> 1. O Imposto Territorial Rural – ITR é tributo sujeito a lançamento por homologação que, nos termos da Lei 9.393/96, permite da exclusão da sua base de cálculo a área de preservação permanente, sem necessidade de Ato Declaratório Ambiental do Ibama.
>
> 2. Recurso especial provido.

Assim como o fez o Ministro Luiz Fux nos autos do REsp 587.429, publicado em 02.08.2014, conforme Ementa a seguir transcrita, já analisando sob o prisma da MP 2.166-67, de 24.08.2001, ao inserir § 7º ao art. 10 da Lei 9.393 de 1996:

> PROCESSUAL CIVIL. TRIBUTÁRIO. ITR. ÁREA DE PRESERVAÇÃO PERMANENTE. EXCLUSÃO. DESNECESSIDADE DE ATO

DECLARATÓRIO DO IBAMA. MP 2.166-67/2001. APLICAÇÃO DO ART. 106 DO CTN. RETRO-OPERÂNCIA DA *LEX MITIOR*.

1. Recorrente autuada pelo fato objetivo de ter excluído da base de cálculo do ITR área de preservação permanente, sem prévio ato declaratório do Ibama, consoante autorização da norma interpretativa de eficácia *ex tunc* consistente na Lei 9.393/96. 2. A MP 2.166-67, de 24 de agosto de 2001, ao inserir § 7º ao art. 10, da Lei 9.393/96, dispensando a apresentação, pelo contribuinte, de ato declaratório do Ibama, com a finalidade de excluir da base de cálculo do ITR as áreas de preservação permanente e de reserva legal, é de cunho interpretativo, podendo, de acordo com o permissivo do art. 106, I, do CTN, aplicar-se a fator pretérito, pelo que indevido o lançamento complementar, ressalvada a possibilidade da Administração demonstrar a falta de veracidade da declaração contribuinte.

3. Consectariamente, forçoso concluir que a MP 2.166-67, de 24 de agosto de 2001, que dispôs sobre a exclusão do ITR incidente sobre as áreas de preservação permanente e de reserva legal, consoante § 7º, do art. 10, da Lei 9.393/96, veicula regra mais benéfica ao contribuinte, devendo retroagir, a teor disposto nos incisos do art. 106, do CTN, porquanto referido diploma autoriza a retro-operância da *lex mitior*.

4. Recurso especial improvido.

Outros são os julgamentos recentes sobre a obrigatoriedade de cumprimento dos deveres instrumentais para fins de aplicação do direito isencional legalmente concedido, como os proferidos pela 2ª Turma da CSRF, nºs 9202-009.243, publicado em 04.01.2021; 9202-009.343, publicado em 08.03.2021, cujas Ementas seguem colacionadas, respectivamente, abaixo:

ASSUNTO: IMPOSTO SOBRE A PROPRIEDADE TERRITORIAL RURAL (ITR) Exercício: 2003 ITR. ÁREA DE PRESERVAÇÃO PERMANENTE. ATO DECLARATÓRIO AMBIENTAL. DESNECESSIDADE. PARECER PGFN/CRJ 1329/2016. É desnecessária a apresentação de Ato Declaratório Ambiental - ADA para o reconhecimento do direito à não incidência do ITR em relação às áreas de preservação permanente.

ASSUNTO: IMPOSTO SOBRE A PROPRIEDADE TERRITORIAL RURAL (ITR). Exercício: 2001. PROCESSO ADMINISTRATIVO FISCAL. RECURSO ESPECIAL DE DIVERGÊNCIA. PRESSUPOSTOS. CONHECIMENTO.

> Resta caracterizada a divergência quando, em face de situações fáticas similares, são adotadas soluções diversas, tendo em vista interpretações distintas conferidas à legislação tributária. ÁREAS DE PRESERVAÇÃO PERMANENTE. ATO DECLARATÓRIO AMBIENTAL. DESNECESSIDADE DE APRESENTAÇÃO. Para possibilitar a dedução de áreas de preservação permanente da base de cálculo do ITR, é prescindível a apresentação do Ato Declaratório Ambiental (ADA).

Assim, concluímos que a jurisprudência reconheceu a inexigibilidade do ADA para a exclusão das áreas isentas do ITR elencadas no art. 10, II, da Lei 9.393 de 1996, inclusive a de APP. Quanto às áreas de reserva legal, entendeu-se pela necessidade de sua averbação na matrícula. Esta obrigação foi substituída pela inscrição no CAR, nos termos do novo Código Florestal que revogou os demais artigos que disciplinavam a matéria.

O parecer da PGFN 1.329 de 2016, pacificou sua orientação no sentido de não ser obrigatória a apresentação do ADA para a exclusão da APP até a Lei 12.651 de 2012:

> Consequentemente, caso a ação envolva fato gerador de ITR, ocorrido antes da vigência da Lei 12.651, de 2012, não há motivo para discutir em juízo a obrigação de o contribuinte apresentar o ADA para o gozo de isenção do ITR, diante da pacificação da jurisprudência.

Assim, desde 24.08.2001, quando a Medida Provisória 2.166-67 introduziu o § 7º ao art. 10 da Lei nº 9.393/96, o contribuinte ficou dispensado de comprovar previamente a exclusão das áreas de preservação permanente e de reserva legal da base de cálculo do ITR, no momento da apresentação da declaração anual, sendo desnecessária a apresentação do ADA – Ato Declaratório Ambiental, apenas se exigia a averbação da reserva legal na matrícula, dispensada tal providência para as áreas de preservação.

Conforme supraexposto, mesmo a averbação, na matrícula, da reserva legal, para fins de isenção tributária, entendemos que tal medida é inconstitucional, já que gera o aumento da carga tributária por meio de sanção pelo descumprimento do dever instrumental e tal medida não pode ser o aumento do tributo, mas a aplicação de uma multa, já que tributo não é sanção.

7.4.1.2 O novo Código Florestal e a Declaração do CAR para a exclusão das áreas de APP e reserva legal da base de cálculo do ITR

A obrigatoriedade de declaração das áreas de APP e RL no Cadastro Ambiental Rural veio com a Lei 12.651 de 2012, como imposição legal ambiental, conforme art. 29 e seguintes:

> Art. 29. É criado o Cadastro Ambiental Rural - CAR, no âmbito do Sistema Nacional de Informação sobre Meio Ambiente - Sinima, registro público eletrônico de âmbito nacional, obrigatório para todos os imóveis rurais, com a finalidade de integrar as informações ambientais das propriedades e posses rurais, compondo base de dados para controle, monitoramento, planejamento ambiental e econômico e combate ao desmatamento.

O registro no CAR substitui a obrigatoriedade de averbação no Cartório de Registro de Imóveis, conforme art. 18, § 4º, da Lei 12.651 de 2012, para fins ambientais.

Entretanto, estamos novamente diante de uma legislação ambiental, cujo cadastro não seria condição imprescindível para a exclusão das áreas isentas pelo art. 10, II, da Lei 9.393 de 1996, porque não há disposição legal nesse sentido, em obediência ao princípio da estrita legalidade tributária. Assim, a obrigação de cadastramento no CAR não tem qualquer efeito tributário.

Desse modo, a falta de registro da propriedade no CAR, ou a falta de delimitação da RL e APP no CAR não interferem no direito do proprietário de excluir essas áreas da base de cálculo do ITR.

Nesse mesmo sentido também são as palavras de Fábio Pallaretti Calcini:[242] "Portanto, o cadastro ambiental rural –

242. CALCINI, Fábio Pallaretti; GRILI, Evandro Alves da Silva. *ITR e o novo Código Florestal*: áreas não tributáveis e o cadastro ambiental rural (CAR), em imposto sobre a propriedade territorial rural à luz da jurisprudência do Conselho Administrativo de Recursos Fiscais cit., p. 123.

CAR – como regra, não pode ser reconhecido como um requisito legal para a exclusão das áreas não tributáveis consignadas no art. 10, inciso II da Lei 9.393 de 96 do ITR".

Entretanto, a jurisprudência tem aplicado o novo Código Ambiental e a exigência do CAR no lugar da averbação da reserva legal na matrícula, como se houvera ocorrido a revogação tácita da norma anterior, tendo esta substituído a obrigação de averbação da reserva legal, que já reconhecíamos indevida para fins de isenção tributária.

Nesse sentido, já se pronunciou o Superior Tribunal de Justiça no REsp 1.356.207/SP:

> RECURSO ESPECIAL. CIVIL E AMBIENTAL. USUCAPIÃO. IMÓVEL RURAL SEM MATRÍCULA. REGISTRO DA SENTENÇA. NECESSIDADE DE DELIMITAÇÃO DA RESERVA LEGAL AMBIENTAL. REGISTRO NO CADASTRO AMBIENTAL RURAL – CAR. NOVO CÓDIGO FLORESTAL.
>
> 1. Controvérsia acerca da possibilidade de se condicionar o registro da sentença de usucapião de imóvel sem matrícula à averbação da reserva legal ambiental.
>
> 2. "É possível extrair do art. 16, § 8º, do Código Florestal que a averbação da reserva florestal é condição para a prática de qualquer ato que implique transmissão, desmembramento ou retificação de área de imóvel sujeito à disciplina da Lei 4.771/65" (REsp 831.212/MG, *DJe* 22.09.2009).
>
> 3. Extensão desse entendimento para a hipótese de aquisição originária por usucapião, aplicando-se o princípio hermenêutico *in dubio pro natura*.
>
> 4. *Substituição da averbação no Cartório de Registro de Imóveis pelo registro no Cadastro Ambiental Rural – CAR, por força do novo Código Florestal.*
>
> 5. Adaptação do entendimento desta Corte Superior à nova realidade normativa, mantida a eficácia da norma protetiva ambiental.
>
> 6. *Necessidade de prévio registro da reserva legal no CAR, como condição para o registro da sentença de usucapião no Cartório de Registro de Imóveis.*
>
> 7. RECURSO ESPECIAL PROVIDO (REsp 1.356.207/SP, Rel. Min. Paulo de Tarso Sanseverino, Terceira Turma, j. 28.04.2015, *DJe* 07.05.2015).

Seguindo esse entendimento foi a orientação da Procuradoria-Geral da Fazenda Nacional pelo Parecer 1.329 de 2016:

> Desse modo, considerando que a Lei 12.651, de 2012, prevê a identificação da área de preservação permanente e da reserva legal na inscrição no CAR (art. 29, § 1º, III, da Lei 12.651, de 2012), parece-nos que seria defensável essa exigência como condição à concessão de isenção do ITR.

Entretanto, pelo princípio da estrita legalidade tributária, nos termos dos arts. 5º, II; 150, I, da Constituição Federal de 1988; 97 do Código Tributário Nacional, e a vedação da analogia no art. 106, § 1º, a exigência do CAR para a exclusão das áreas não tributadas da base de cálculo do ITR ainda depende de outra norma que assim a determine.

Importante destacar que o entendimento da Secretaria da Fazenda Nacional é pela exigência do ADA e do CAR para a exclusão das áreas não tributadas, salvo as áreas de reserva legal já averbadas na matrícula do imóvel, com fundamento nos arts. 17-O, § 1º da Lei 6.398; RITR, 10, § 3º, I; e IN SRF 256 de 2002, art. 9º, § 3º, I, conforme elaboração de respostas à consulta de 2017, números 65 e 83.

Em que pesem os argumentos e decisões transcritas, por todos os ângulos observados, não entendemos compreensível a exigência de qualquer dever instrumental para a exclusão das isenções da base de cálculo do ITR previstas no art. 10, II, da Lei 9.393 de 1996,

i) seja porque não reconhecemos o instituto da isenção, mas sim de verdadeira não incidência, a maioria das isenções elencadas no art. 10, II, da Lei 9.393 de 1996, por falta de materialidade do ITR, qual seja, ser proprietário de imóvel rural sendo a definição do conceito de rural apenas àqueles imóveis passíveis de exploração da atividade agrícola, pecuária, granjeira, aquícola ou florestal;

ii) seja porque mesmo para aqueles que entendem tratar de isenção, ela não poderia ser mais restritiva que a própria Constituição Federal, que lhe autoriza, para fomentar o uso sustentável da propriedade rural, e não para exercer o dever da administração pública, que é de fiscalizar;

iii) seja, ainda, por ferir o princípio da isonomia;

iv) seja porque o ADA, o CAR ou a averbação na matrícula são deveres instrumentais da norma de isenção, e cuja sanção não pode ser aumento de tributo, mas apenas multa; assim, ao sancionar o não cumprimento do dever instrumental para fins de isenção com o aumento da obrigação tributária estamos diante de uma verdadeira sanção por ato ilícito, proibida pelo art. 3º do CTN;

v) seja porque não tem previsão legal a obrigação da apresentação de qualquer dever instrumental para o direito à isenção tributária.

8. ANÁLISE DE CASOS PRÁTICOS

Separamos alguns casos práticos que entendemos pertinentes para análise com base no até aqui exposto, como as propriedades que desenvolvem atividade de exploração mineral e de aterro sanitário, além de propriedades rurais cuja área aproveitável está embargada por decisão judicial.

8.1 ITR nas propriedades que desenvolvem atividade de exploração mineral

Conforme já adiantamos, o critério material do ITR é o fato de ser proprietário, possuidor ou ter o domínio útil de imóvel rural. Este último, conforme definido pelo art. 15 do Decreto 57 de 1966, recepcionado como lei complementar pela Constituição Federal de 1988[243] e definido pelo art. 4º, I, da Lei 4.504 de 1964 e pela Lei 9.393 de 1996, é aquele destinado à atividade de exploração extrativa agrícola, pecuária ou agroindustrial.

Assim, as propriedades que não são destinadas a essas finalidades, mesmo que localizadas na zona rural dos municípios, não serão consideradas imóveis rurais para fins de incidência tributária do ITR. Dessa forma, nos casos em que se desenvolve atividade de exploração mineral, não haverá como falar de subsunção do fato à norma, por falta de preenchimento do critério material.

243. REsp 492-86/PR (2003 0011619-3) de relatoria do Ministro Teori Zavascki.

Além disso, como a alíquota do ITR é calculada pelo efetivo grau de utilização da área aproveitável (e sendo a área aproveitável apenas aquela passível de exploração agrícola, pecuária, granjeira, aquícola ou florestal, conforme art. 10, VI, da Lei 9.393 de 1996), se não houver área passível dessa forma de exploração – como é o caso das propriedades que realizam atividade de exploração mineral, por possuírem vocação mineral, pois em geral trata-se de solos rochosos, pobres e inapropriados para o desenvolvimento agrícola, pecuária, granjeira, aquícola ou florestal – não há como se calcular a alíquota do imposto de áreas imprestáveis.

Assim, novamente, não há subsunção do fato à norma, por faltar um dos critérios da relação jurídica. É, portanto, caso de não incidência tributária.

E, mesmo para aqueles que entendem como isenção, pelo art. 10, II, "c" da Lei 9.393 de 1996: "comprovadamente imprestáveis para qualquer exploração agrícola, pecuária, granjeira, aquícola ou florestal, declaradas de interesse ecológico mediante ato do órgão competente, federal ou estadual".

O legislador não condicionou a isenção à declaração de interesse ecológico, mas apenas à sua comprovação, haja vista não ter incluído o conjuntor "e" ou "desde que". Essa comprovação, nos casos de tributo sujeito à homologação, fica postergada para momentos futuros se houver alguma divergência de informação a ser esclarecida pela RFB, mas não no momento da declaração.

Conforme parecer da PGFN, em atenção às reiteradas decisões do Superior Tribunal de Justiça, nos casos de lançamento por homologação, a prova dos fatos constituídos não deve ser feita no momento da declaração, mas quando houver divergência de informação.

> Parecer PGFN 1329 de 2016. Precedentes: AgRg no Ag 1360788/MG, REsp 1027051/SC, REsp 1060886/PR, REsp 1125632/PR, REsp 969091/SC, REsp 665123/PR e AgRg no REsp 753469/SP. Resumo: *O STJ entendeu que, por se tratar de imposto sujeito a*

> *lançamento que se dá por homologação, dispensa-se a prova da averbação da reserva legal no registro de imóveis, bem como a prova do ato declaratório do IBAMA, no momento da declaração tributária. Caso comprovada a irregularidade da declaração do contribuinte, ficará este responsável pelo pagamento do imposto correspondente, com juros e multa* (grifos nossos).

Entretanto, a Receita Federal do Brasil vem apresentando posicionamento distinto e aplicando elevada alíquota de 20%, ao considerá-la área tributável, aproveitável e não utilizada.

Esse posicionamento vem embasado na decisão da RFB 195 de 1998, na INSRF 256 de 2002 e no Decreto 982 de 2002.

> a) Decisão da RFB 195 de 1998:
>
> ASSUNTO: Imposto sobre a Propriedade Territorial Rural - ITR EMENTA: As áreas destinadas à exploração mineral (minas, lavras, jazidas, lagoas de rejeitos, oficinas etc.) são consideradas pela legislação do ITR como componentes da Área Tributável e da Área Aproveitável do imóvel, mas não como componentes de sua Área de Utilização Limitada.
>
> Sobre o valor do imóvel
>
> b) INSRF 256 de 2002:
>
> Art. 30. A *área não utilizada* pela atividade rural corresponde ao somatório das parcelas da área aproveitável do imóvel que, no ano anterior ao de ocorrência do fato gerador do ITR, não tenham sido objeto de qualquer exploração ou tenham sido utilizadas para fins diversos da atividade rural, tais como:
>
> [...]
>
> *II – áreas ocupadas por jazidas ou minas, exploradas ou não;*
>
> [...]
>
> c) Decreto 4.382/2002:
>
> Art. 27. Área objeto de *exploração extrativa* é aquela servida para a atividade de extração e coleta de produtos vegetais nativos, não plantados, inclusive a exploração madeireira de florestas nativas, observados a legislação ambiental e os índices de rendimento por produto estabelecidos em ato da Secretaria da Receita Federal, ouvido o Conselho Nacional de Política Agrícola.

Esses fundamentos, numa análise mais séria, são ilegais e inconstitucionais. O Decreto-lei 57 de 1966,[244] em seu art. 8º, não deixa dúvidas, ao tratar as áreas de exploração mineral como inaproveitáveis, justamente por serem imprestáveis, e a imprestabilidade leva à inaproveitabilidade.

Assim rege o art. 50, § 4º, "a" e "c", da Lei 4.504 de 1964, que define as áreas aproveitáveis. Delas são excluídas as áreas ocupadas por benfeitoria ou imprestáveis para qualquer exploração agrícola, pecuária ou florestal.

Desse modo, nessas propriedades, caso se entenda pela incidência do ITR – o que não se coaduna com o nosso entendimento, já que interpretamos o fato como não incidência tributária – a RFB deverá observar o art. 11, § 1º, da Lei 9.393 de 1996, para apurar a alíquota aplicável:

> [...] Na hipótese de *inexistir área aproveitável* após efetuadas as exclusões previstas no art. 10, § 1º, inciso IV, *serão aplicadas as alíquotas, correspondentes aos imóveis com grau de utilização superior a 80% (oitenta por cento),* observada a área total do imóvel.

Ou seja, a alíquota deverá variar conforme o tamanho da propriedade entre 0,03% e 0,45%, não podendo ultrapassar esse patamar, de acordo com o Anexo I do art. 11 da Lei 9.393 de 1996.

Importante lembrar, por fim, que a alíquota de 20%, por si só, é confiscatória, conforme já abordamos neste trabalho.

8.1.1 Das decisões administrativas e judiciais

Na esfera administrativa, verificamos que as decisões, em sua quase unanimidade, são pela exclusão das áreas de mineração da base de cálculo do ITR, por serem consideradas

244. "Art. 8º. Para fins de cadastramento e do lançamento do ITR, a área destinada à exploração mineral, em um imóvel rural, será considerada como inaproveitável, desde que seja comprovado que a mencionada destinação impede a exploração da mesma em atividades agrícolas, pecuária ou agroindustrial e que sejam satisfeitas as exigências estabelecidas na regulamentação deste Decreto-Lei."

imprestáveis, conforme verificamos da leitura das ementas dos acórdãos do CARF, a seguir colacionados:

a) 302-39.946/2008:

Ementa(s)

ASSUNTO: IMPOSTO SOBRE A PROPRIEDADE TERRITORIAL RURAL - ITR. Exercício: 1999, 2000, 2001, 2002, 2003 ITR. LANÇAMENTO POR HOMOLOGAÇÃO. DECADÊNCIA. O prazo decadencial do direito de a Fazenda constituir o crédito tributário, na hipótese dos tributos sujeitos ao lançamento por homologação, é regido pelo art. 150, § 4º, do Código Tributário Nacional (CTN), ou seja, será de 5 (cinco) anos a contar da ocorrência do fato gerador, o qual, a partir da vigência da Lei 9.393, de 19 de dezembro de 1996, se perfaz em 1º de janeiro de cada ano. ALTERAÇÃO da área TOTAL DO IMÓVEL. Para ser aceita a alteração da Área Total do Imóvel a solicitação deve ser fundamentada em documento hábil e idôneo. ÁREAS DE RESERVA LEGAL. ATO DECLARATÓRIO AMBIENTAL. OBRIGATORIEDADE. É obrigatória a utilização do Ato Declaratório Ambiental - ADA para fins de redução no cálculo do Imposto sobre a Propriedade Territorial Rural pelo reconhecimento da isenção tributária prevista para as áreas de reserva legal declaradas pelo contribuinte. ÁREA DE MINERAÇÃO. EXCLUSÃO. As áreas de mineração não estão sujeitas à tributação, de acordo com o art. 50, § 4º, da Lei 4.504/1964 (Estatuto da Terra). TAXA SELIC. JUROS DE MORA. MULTA DE OFÍCIO. Apurado imposto suplementar em procedimento de fiscalização, no caso de informação incorreta na declaração - ITR, cabe exigi-lo juntamente com a multa e os juros de mora aplicados aos demais tributos. Por expressa previsão legal, os juros de mora equivalem à taxa SELIC. Recurso voluntário provido em parte. Vistos, relatados e discutidos os presentes autos.

b) 303-34.668/2007:

Ementa(s)

Imposto sobre a Propriedade Territorial Rural - ITR Exercício: 2001 ITR/2001. LAUDO TÉCNICO COMPETENTE. ÁREA DE PRESERVAÇÃO PERMANENTE. ÁREA DE RESERVA LEGAL. A vigente Lei 9.393/96, com a nova redação posterior à Lei 10.165/2000, deve ser interpretada em conjunto com o Código Florestal, de forma sistemática e teleológica, e não autoriza a exigência prévia de protocolo de requerimento de ADA para fins de isenção do ITR. O lançamento pretendeu glosar áreas de interesse ambiental legalmente isentas do ITR, apresentando como única motivação o requerimento intempestivo de ADA ao IBAMA, em contrariedade ao prazo definido arbitrariamente em IN SRF, porém, trata-se de exigência sem qualquer fundamento legal. Os laudos técnicos elaborados por engenheiros agrônomos constituem prova suficiente da existência de área de preservação permanente pelo só efeito do art. 2º da Lei 4.771/65, e da área de reserva legal definida no Código Florestal. O lançamento é improcedente. ÁREA DE EXPLORAÇÃO MINERAL. A exploração mineral de superfície é atividade econômica produtiva que inviabiliza a utilização da área para qualquer finalidade agrícola, pecuária, aquícola, granjeira e florestal. A área utilizada em mineração de superfície deve ser considerada inaproveitável, sem efeito no cálculo do grau de utilização da propriedade rural, devendo ser excluída da incidência do ITR. Recurso voluntário provido.

c) 303-33.596/2006:

Ementa(s)

ITR/96. LAUDO TÉCNICO COMPETENTE. GRAU DE UTILIZAÇÃO. BASE DE CÁLCULO. ALÍQUOTA APLICÁVEL. A sucessão de indícios representados pelo laudo técnico do Eng. Agrônomo, pelo Laudo da EBDA, pela Certidão do DNPM, pela declaração da Prefeitura de Jaguari/BA e o novo laudo técnico apresentado, no seu conjunto, constituem prova suficiente e satisfazem em grande medida às exigências deste processo. O laudo elaborado pela EBDA leva à conclusão de que a exploração mineral de superfície praticada no caso é atividade produtiva que inviabiliza a utilização para qualquer finalidade agrícola, pecuária, aquícola, granjeira e florestal. A área utilizada em mineração de superfície, neste caso, deve ser considerada imprestável, sendo passível de exclusão da base de cálculo do ITR. Sobre a área do imóvel passível de tributação pelo ITR deverá incidir o VTN de RS 22,17/hectare demonstrado tecnicamente pela EBDA. O grau de utilização da propriedade, considerada a sua dedicação quase integral à atividade mineral de superfície é de aproximadamente 94,74%, e a área total do imóvel é de 20.362,0 hectares, o que leva à alíquota a ser aplicada indicada na Tabela anexa à Lei 8.847/94 não agravada. Recurso voluntário provido.

No Poder Judiciário, podemos citar o AC 1999.35.00.022367-7 com a numeração única 0022324-29.1999.4.01.3500, do TRF1, publicado em 21.10.2013, proferido pela 5ª Turma, de relatoria do juiz federal Wilson Alves de Souza, que decidiu pela isenção da incidência do ITR nas áreas de mineração, ao interpretá-las como imprestáveis para a atividade agrícola, conforme o Decreto 57 de 1966.

> Ementa. PROCESSUAL CIVIL E TRIBUTÁRIO. *ITR*. ISENÇÃO. ÁREA DE PRODUÇÃO *MINERAL*. DECRETO 57/66 REGULAMENTADO PELO DECRETO 59.900/66. ISENÇÃO. AÇÃO DECLARATÓRIA. INEXISTÊNCIA DE RELAÇÃO JURÍDICA. EFEITOS PROSPECTIVOS. CABIMENTO. HONORÁRIOS ADVOCATÍCIOS. MAJORAÇÃO.
>
> 1. Dispõe o art. 8º, do Decreto 57/66 que para fins de cadastramento e do lançamento do *ITR*, a área destinada à *exploração mineral*, em um imóvel rural, será considerada como inaproveitável, desde que seja comprovado que a mencionada destinação impede a *exploração* da mesma em atividades agrícolas, pecuária ou agroindustrial e que sejam satisfeitas as exigências estabelecidas na regulamentação deste Decreto-Lei.
>
> 2. O regulamento, no caso, ficou por conta do Decreto 59.900/66, que dispôs que para efeito do disposto no art. 8º do Decreto-lei 57, de 18 de novembro de 1966, o contribuinte deverá apresentar planta com a localização das áreas de *exploração mineral* e o respectivo registro no Departamento Nacional de Produção *Mineral* do Ministério de Minas e Energia, o decreto de lavra, e a justificativa quando a lavra não for de superfície, de que a mencionada destinação impede a *exploração* com finalidade agrícola, pecuária, ou agroindustrial.
>
> 3. Da perícia realizada nestes autos, restou indene de dúvidas que existe concessão *mineral* sobre o imóvel sendo que o mesmo está sendo usado em sua totalidade para este fim. Concluiu o perito, ademais, que a área onde está sendo executado o trabalho de lavra, ou seja, a totalidade do imóvel, é imprestável para atividades agrícolas ou pecuárias.
>
> 4. O Decreto de Lavra, por sua vez, encontra-se devidamente encartado às fls. 53/54, razão pela qual, de fato, os imóveis em tela são insuscetíveis de incidência do *ITR*, enquanto estiverem, em sua completude, sendo utilizados para produção *mineral*.
>
> 5. O C. STJ já sedimentou o entendimento de que é cabível o ajuizamento de ação declaratória para obter a declaração de inexistência de relação jurídica tributária, com o intuito não só de desconstituir relações pretéritas, mas, também, para prevenir novos lançamentos relativos a operações futuras.
>
> 6. Ressalte-se que o provimento declaratório tem efeito futuro apenas enquanto permanecerem inalteradas as premissas

fáticas normativas que lhe deram suporte. Isso tendo em vista o brocardo *rebus sic stantibus*. Precedente.

7. Os honorários de sucumbência devem ser fixados nos termos do § 4º do art. 20 do CPC[/1973] [§ 8º do art. 85 do CPC/2015], que estabelece que nas causas de pequeno valor, nas de valor inestimável, naquelas em que não houver condenação ou for vencida a Fazenda Pública, e nas execuções, embargadas ou não, os honorários serão fixados consoante apreciação equitativa do juiz, atendidas as normas das alíneas "a", "b" e "c" do § 3º do referido artigo.

8. Considerados os §§ 3º e 4º do art. 20 do CPC[/1973] [art. 83, §§ 2º e 8º do CPC/2015], é insuficiente o valor referente aos honorários advocatícios fixados em R$ 200,00 (duzentos reais), afigurando-se razoável o valor de R$ 2.000,00 (dois mil reais).

9. Apelação da União e remessa oficial desprovidas. Apelação da parte autora provida.

Tanto na esfera administrativa quanto no Poder Judiciário as decisões encontradas são pela isenção do ITR nas áreas de exploração mineral, ou seja, divergem do posicionamento da Secretaria da Receita Federal.

8.2 ITR nas propriedades que desenvolvem atividade de aterros sanitários

O raciocínio supramencionado também deve ser aplicado às propriedades que realizam atividade de aterro sanitário, ou seja, como áreas imprestáveis para a exploração agrícola. Isso nos autoriza a afirmar que essa atividade não preenche o critério material do ITR. Não havendo área aproveitável para a realização da atividade de exploração agrícola, não será possível calcular o grau de utilização para apuração da alíquota aplicável, o que nos leva a entender que estamos novamente diante de um caso de não incidência tributária.

Mas, se assim não for interpretado, deve ser analisado como caso de isenção, previsto no art. 10, II, da Lei 9.393 de 1996, conforme vem sendo analisado pelos tribunais administrativos e judiciais nos casos de áreas imprestáveis, como o foi nas atividades de exploração mineral.

As proposições supramencionadas se encaixam perfeitamente aqui, pois estamos novamente diante de áreas imprestáveis para a atividade rural. Já no tocante às decisões, sobre esse fato específico, nada encontramos nos tribunais administrativos e judiciais.

8.3 ITR nas propriedades rurais com áreas aproveitáveis embargadas por decisão da autoridade competente

Nas propriedades com áreas aproveitáveis, mas embargadas por decisão administrativa ou judicial, o proprietário fica impossibilitado de aproveitar determinado perímetro de sua propriedade. Essas situações se alastram nas repartições públicas do Ibama por muitos anos, pela morosidade do sistema da administração pública ambiental.

Nesses casos, tratando-se de áreas aproveitáveis, mas que por outra norma (decisão administrativa ou judicial), estão impedidas de serem utilizadas, temos um impasse jurídico na declaração do ITR. Nesses casos, deveriam ser consideradas aproveitáveis, mas não utilizadas, o que elevaria substancialmente a alíquota a ser aplicada, tendo em vista a diminuição do grau de utilização, conforme se vê atualmente pelo conceito de função social.

Considerando a mutação da definição do conceito de função social do imóvel rural – temos trabalhado o tempo todo pela preservação ambiental e a exploração econômica – estas áreas deveriam ser consideradas aproveitáveis e utilizadas, pois estão sendo úteis para as terras as quais revestem, assim como para a sociedade, a partir da manutenção da vegetação nativa, em estágio inicial de regeneração.

Quando em estágio médio ou avançado de regeneração devem ser consideradas áreas isentas do ITR, nos termos do art. 10, II, "e", da Lei 9.393 de 1996:

> II – área tributável, a área total do imóvel, menos as áreas:

> [...]
>
> *e)* cobertas por florestas nativas, primárias ou secundárias em estágio médio ou avançado de regeneração; (Incluído pela Lei 11.428, de 2006)

Além disso, interessante notar que uma norma (decisão que embargou a área) está impedindo o exercício de outra norma, qual seja, a garantia do direito de propriedade, ao impedir o uso dessa área.

Assim, reconhecemos que não há propriedade plena sobre essa área. Enquanto tal situação perdurar poderá haver a não incidência do ITR pela falta do direito de propriedade, sem, portanto, subsunção do fato à norma do ITR, pela falta do elemento material, diante da ineficácia técnico-sintática do direito de propriedade, haja vista a existência de outra norma impedindo o exercício desse direito.

9. CONCLUSÃO

Este trabalho foi realizado visando aprofundar o conhecimento do imposto territorial, principalmente no que diz respeito à sua norma de incidência, isenção e deveres instrumentais.

O método utilizado para a aproximação ao objeto do conhecimento foi o do constructivismo lógico-semântico, com forte influência nos ensinamentos do jurista Paulo de Barros Carvalho.

Dividimos a pesquisa em duas partes: a primeira delas, reservada aos conceitos da teoria geral do direito, fixando premissas a nos guiarem em direção à conclusão; a segunda, dedicada à análise da norma de incidência do ITR e dos deveres instrumentais, aplicando as premissas adotadas.

Ao analisarmos a norma de incidência tributária do ITR construímos seu sentido e alcance, definindo os critérios da RMIT do ITR.

Para tanto, inicialmente, sendo o ITR um tributo extrafiscal, analisamos o princípio da extrafiscalidade constitucional a autorizar a progressividade extrafiscal.

Verificamos que a progressividade extrafiscal está prevista na Constituição Federal de 1988 e se traduz num instrumento para obrigar os destinatários à realização do exercício da função social do imóvel rural.

Assim, a progressividade extrafiscal, para desestimular a manutenção de propriedades improdutivas, art. 153, § 4º, I, da Constituição Federal, deve ser analisada pelo prisma do exercício da função social. Em razão disso, definir o exercício da função social foi de suma relevância para verificarmos que a função social do imóvel rural é realizada tanto pela exploração econômica quanto pela manutenção da vegetação nativa.

A partir desse ângulo, passamos a analisar o que seriam propriedades improdutivas atualmente a autorizar a progressividade extrafiscal, tendo em mente que a função social é tanto a exploração quanto a manutenção da vegetação nativa.

Nesse sentido, foi forçoso construirmos tanto a norma fiscal do ITR quanto a norma extrafiscal, que fundidas formaram a norma de incidência tributária.

A norma extrafiscal e a norma fiscal apenas se alteraram quanto aos critérios material e alíquota no critério quantitativo.

Na norma extrafiscal construímos a materialidade como "o exercício da função social". E a alíquota progressiva para desestimular a manutenção da propriedade improdutiva deve obediência a essa materialidade que lhe autoriza.

Isso nos fez observar que seus efeitos se esvaziaram, haja vista o conceito atual do exercício da função social, muito diferente do almejado pela sociedade em 1988 ou até antes desse período, visto que, naquela época, o fim social era a exploração.

Na norma fiscal, apuramos que a materialidade composta por um verbo de predicação incompleta mais seu complemento ficou assim construída, pelo fato de "ser proprietário, possuidor ou ter o domínio útil de imóvel rural", o que nos levou a investigar a definição de propriedade no direito civil (uso, gozo e disposição), como também a definição de imóvel rural (exploração extrativa vegetal, agrícola, pecuária ou agroindustrial, conforme art. 15 do Decreto-lei 57 de 1966), recepcionado pela Constituição Federal como lei complementar.

Na alíquota do critério quantitativo verificamos a progressividade em razão do tamanho da área do imóvel rural, o qual foi altamente rechaçado pela sua inconstitucionalidade, já que fere o princípio da isonomia e da capacidade contributiva, tendo em vista que o tamanho do imóvel não reflete a grandeza econômica, o que deveria ser realizado pelo VTN; além disso, em certo momento, assume caráter confiscatório.

Os demais critérios ficaram construídos conforme descritos em seguida.

Quanto ao critério espacial, atualmente tem-se entendido que o local do acontecimento jurídico que autoriza o nascimento da relação jurídico-tributária do ITR não é apenas o território denominado rural (art. 153, VI, Constituição Federal de 1988), fora do território urbano, mas também este quando o imóvel dedicar-se à exploração extrativa vegetal, agrícola, pecuária ou agroindustrial (art. 15 do Decreto-lei 57 de 1966), o que nos autoriza dizer que o critério espacial pode ser tanto a zona urbana quanto a zona rural.

Quanto ao critério temporal, o tempo do fato, o legislador o elegeu todo primeiro dia do ano de cada exercício.

Até aqui verificamos que o ITR irá incidir nos imóveis localizados tanto na zona urbana quanto na zona rural, desde que se dediquem à exploração extrativa vegetal, agrícola, pecuária ou agroindustrial, em 1º de janeiro de cada exercício.

Quanto aos critérios do consequente, analisamos os critérios quantitativo e pessoal.

Sobre o critério quantitativo, verificamos a complexidade do cálculo do imposto, no que diz respeito à apuração da base de cálculo. Analisamos a forma de se apurar o valor de mercado realizada atualmente, pelos Municípios, como também a exclusão das áreas para a apuração do VTNt, já que ITR apenas pode incidir, por previsão no art. 30 do Código Tributário Nacional, sobre o valor fundiário, ou seja, de fundo, sem o acréscimo das construções nele realizadas.

Quanto ao critério pessoal, analisamos os sujeitos passivos, considerando a posse apenas daquele que a exerce como se proprietário fosse, e o domínio útil, atualmente revogado pelo CPC.

No que diz respeito ao sujeito ativo, observamos que a delegação da competência para os Municípios, com previsão constitucional no art. 153, § 4º, III, da Carta ficou delegada aos Municípios que assim optarem.

Quanto às isenções previstas no art. 10, § 1º, II, verificamos que são verdadeiros casos de não incidência. Além disso, pontuamos as mais relevantes com aprofundamento teórico, sendo apenas caso de isenção como verdadeiro estímulo à manutenção da vegetação nativa, daqueles que assim realizarem por livre e espontânea vontade.

Classificamos as normas isencionais como de estrutura a mutilar parcialmente um dos critérios da norma de incidência tributária, esta sim, de comportamento.

Sobre os deveres instrumentais, entendidos como instrumentos a auxiliarem o órgão público na fiscalização e controle arrecadatório tributário, verificamos que os documentos de declaração do ITR, tais como DIAC e DIAT, são deveres instrumentais da norma incidental, já os outros deveres, como ADA, CAR e averbação da reserva legal na matrícula, são ambientais. Não há exigência legal tributária do cumprimento desses deveres e, mesmo que houvesse, deveriam ser analisados como deveres instrumentais da norma de isenção.

A sanção para o descumprimento desses deveres é a aplicação de multa, e não o aumento tributário, conforme tem sido praticado atualmente, o que acaba realizando uma ilicitude, pois ocorre o aumento de tributo como uma sanção por ato ilícito. É uma inegável ilegalidade prevista no art. 3º do Código Tributário Nacional.

Por fim, analisamos alguns casos práticos, como a incidência do ITR nas áreas de exploração mineral e de exploração em aterro sanitário. Neles verificamos duas hipóteses distintas de não incidência tributária, seja porque são áreas improdutivas para a atividade rural (exploração extrativa vegetal, agrícola, pecuária ou agroindustrial), podendo o ITR incidir apenas sobre as áreas aproveitáveis e não aproveitáveis, seja porque se não há área aproveitável, não há como calcular a alíquota aplicável, pois ela é calculada sobre o grau de efetiva utilização da área aproveitável. Além disso, apesar de muitas estarem situadas em zonas rurais, não realizam materialidade rural.

Ao final, tratamos também da análise da incidência do ITR nas áreas embargadas para a realização de qualquer atividade, por decisão do agente competente, como uma possível não incidência, já que sobre a área o contribuinte não poderá dela usar e gozar. Durante esse período, só é possível dispor, já que há uma limitação ao direito de propriedade, que nos leva a entender pela falta da materialidade a autorizar a incidência, não há o uso pleno da propriedade.

REFERÊNCIAS

ABBAGNANO, Nicola. *Dicionário de filosofia*. São Paulo: Martins Fontes, 2015.

AMARO, Luciano. *Direito tributário brasileiro*. 19. ed. São Paulo: Saraiva, 2013.

AQUARO, Marcela Conde. *Regra-matriz de incidência tributária do imposto territorial rural*. Dissertação (Mestrado) – Pontifícia Universidade Católica de São Paulo (PUC-SP), 2010.

ARAÚJO, Clarice Von Oertzen. Fato e evento tributário – uma análise semiótica. *In:* SANTI, Eurico Marcos Diniz de (Coord.). *Curso de especialização em direito tributário*: estudos analíticos em homenagem a Paulo de Barros Carvalho. Rio de Janeiro: Forense, 2005.

______. Semiótica e investigação do direito. *In:* CARVALHO, Paulo de Barros (Coord.). *Constructivismo lógico-semântico*. Organizado por Aurora Tomazini de Carvalho. São Paulo: Noeses, 2014. v. I.

______. *Semiótica do direito*. São Paulo: Quartier Latin, 2005.

ATALIBA, Geraldo. *Hipótese de incidência tributária*. 6. ed. São Paulo: Malheiros, 2011.

ÁVILA, Humberto. Imposto sobre a prestação de serviços de comunicação. Conceito de prestação de serviço de comunicação.

Intributabilidade das atividades de veiculação de publicidade em painéis e placas. Inexigibilidade de multa. *Revista Dialética de Direito Tributário*, São Paulo, n. 143, p. 118, 2007.

BALEEIRO, Aliomar. *Direito tributário*. 11. ed. Atualizada por Mizabel Abreu Machado Derzi. Rio de Janeiro: Forense, 2000.

BARRETO, Aires Fernandino. *Base de cálculo, alíquota e princípios constitucionais*. 2. ed. São Paulo: Max Limonad, 1998.

BARRETO, Paulo Ayres. *Base de cálculo, alíquota e princípios constitucionais*. 2. ed. São Paulo: Max Limonad, 1998.

______. Ordenamento e sistema jurídicos. *In:* CARVALHO, Paulo de Barros (Coord.). *Constructivismo lógico-semântico*. Organizado por Aurora Tomazini de Carvalho. São Paulo: Noeses, 2014. v. I.

BASTOS, Celso Ribeiro. *Curso de direito financeiro e de direito tributário*. 7. ed. São Paulo: Saraiva, 1999.

BECKER, Alfredo Augusto. *Teoria geral do direito tributário*. 2. ed. São Paulo: Saraiva, 1972.

______. *Teoria geral do direito tributário*. 3. ed. São Paulo: Lejus, 1998.

BOMFIM, Diego. *Extrafiscalidade, identificação, fundamentação, limitação e controle*. São Paulo: Noeses, 2015.

BRASIL. *Código Tributário Nacional*. Lei n. 5.172, de 25 de outubro de 1966.

______. *Constituição Federal do Brasil*. Promulgada em 5 de outubro de 1988.

______. *Lei Complementar* n. 118, de 09 de fevereiro de 2005.

BRITTO, Lucas Galvão de. Dividir, definir e classificar: conhecer é recortar o mundo. *In:* CARVALHO, Paulo de Barros (Coord.). *Constructivismo lógico-semântico*. Organizado por Aurora Tomazini de Carvalho. São Paulo: Noeses, 2014. v. I.

______. *O lugar e o tributo*: ensaio sobre competência e definição do critério espacial na regra-matriz de incidência tributária. São Paulo: Noeses, 2014.

CALCINI, Fábio Pallaretti. *Imposto sobre a propriedade territorial rural à luz da jurisprudência do Conselho Administrativo de Recursos Fiscais*. São Paulo: MP, 2015. v. 2.

______; GRILI, Evandro Alves da Silva. *ITR e o novo Código Florestal*: áreas não tributáveis e o cadastro ambiental rural (CAR), em imposto sobre a propriedade territorial rural à luz da jurisprudência do Conselho Administrativo de Recursos Fiscais. São Paulo: MP, 2015. v. 2.

CARRAZZA, Roque Antonio. *Curso de direito constitucional tributário*. São Paulo: Malheiros, 2010.

______. *Princípios constitucionais tributários e competência tributária*. São Paulo: RT, 1986.

______. *Reflexões sobre a obrigação tributária*. São Paulo: Noeses, 2010.

CARVALHO, Aurora Tomazini de. *Curso de teoria geral do direito*. O constructivismo lógico-semântico. 4. ed. São Paulo: Noeses, 2014.

CARVALHO, Cristiano. *Comentários do Código Tributário Nacional*. São Paulo: MP Editora, 2005.

CARVALHO, Paulo de Barros. Algo sobre o constructivismo lógico-semântico. *In:* CARVALHO, Paulo de Barros (Coord.). *Constructivismo lógico-semântico*. Organizado por Aurora Tomazini de Carvalho. São Paulo: Noeses, 2014. v. I.

______. *Curso de direito tributário*. 17. ed. São Paulo: Saraiva, 2005.

______. *Curso de direito tributário*. 19. ed. São Paulo: Saraiva, 2007.

______. *Curso de direito tributário*. 31. ed. rev. e atual. São Paulo: Noeses, 2021.

______. *Direito tributário*: fundamentos jurídicos da incidência. 9. ed. São Paulo: Saraiva, 2014.

______. *Direito tributário, linguagem e método*. 5. ed. São Paulo: Noeses, 2013.

______. Poesia e direito – o legislador como poeta: anotações ao pensamento de Flusser. *In:* HARET, Florence; CARNEIRO, Jerson Carneiro (Coord.). *Vilém Flusser e juristas*. Comemoração dos 25 anos do grupo de estudos de Paulo de Barros Carvalho. São Paulo: Noeses, 2009.

______. (Coord.). *Constructivismo lógico-semântico*. Organizado por Aurora Tomazini de Carvalho. São Paulo: Noeses, 2014. v. I.

CATAPANI, Marcio Ferro. *Títulos públicos, natureza jurídica e mercado*. São Paulo: Quartier Latin, 2014.

CHIESA, Clélio. ITR hipótese de incidência e imunidade. *In: Imposto sobre a propriedade territorial rural à luz da jurisprudência do Conselho Administrativo de Recursos Fiscais*. São Paulo APET, MP, 2015. v. 2.

COELHO, Sacha Calmon Navarro. *Segurança jurídica*. Rio de Janeiro: Forense, 2013.

COSTA, Regina Helena. *Curso de direito tributário* – Constituição e Código Tributário Nacional. São Paulo: Saraiva, 2009.

DOMINGO, Luiz Roberto. Princípios e conceitos jurídicos atinentes a não-incidência do ITR sobre áreas de preservação permanente. *In:* ANAN, Pedro Jr.; PEIXOTO, Marcelo Magalhães. (Coord.). *Imposto sobre a propriedade territorial rural à luz da jurisprudência do Conselho Administrativo de Recursos Fiscais*. São Paulo: MP, 2012.

FAVACHO, Fernando Gomes. *Definição do conceito de tributo*. São Paulo: Quartier Latin, 2011.

FERRAGUT, Mara Rita. *Responsabilidade tributária e o Código Civil de 2002*. 2. ed. São Paulo: Noeses, 2009.

GAMA, Tácio Lacerda. *Competência tributária* – fundamentos para uma teoria da nulidade. 2. ed. São Paulo: Noeses, 2011.

GOLDSCHMIDT, Fábio Brun. *O princípio do não-confisco no direito tributário*. São Paulo: RT, 2004.

GRAU, Eros Roberto. *O direito posto e o direito pressuposto*. 2. ed. São Paulo: Malheiros, 1998.

HARET, Florence. *Teoria e prática das presunções no direito tributário*. São Paulo: Noeses, 2010.

IHERING, Rudolf Von. *A luta pelo direito*. 24.ed. Rio de Janeiro: Forense, 2011.

KELSEN, Hans. *Teoria pura do direito*. 8. ed. Tradução de João Baptista Machado. São Paulo: Martins Fontes, 2015.

LINS, Robson Maia. *A mora no direito tributário*. Tese (Doutorado em Direito) – Faculdade de Direito, Pontifícia Universidade Católica de São Paulo (PUC-SP), 2008.

_____. *Controle de constitucionalidade da norma tributária*: decadência e prescrição. São Paulo: Quartier Latin, 2005.

LOUBET, Leonardo Furtado. *Tributação federal no agronegócio*. São Paulo: Noeses, 2017.

LUNARDELLI, Pedro Guilherme Accorsi. *Isenções tributárias*. São Paulo: Dialética, 1999.

MACHADO, Hugo de Brito. *Curso de direito tributário*. 26. ed. São Paulo: Malheiros, 2005.

_____. *Os princípios jurídicos da tributação na Constituição de 1988*. São Paulo: RT, 1989.

MARICATO, Andreia Fogaça. *Deveres instrumentais:* regra matriz e sanções. Dissertação (Mestrado) – Pontifícia

Universidade Católica de São Paulo (PUC-SP), São Paulo, 2009.

MARTINS, Ives Gandra da Silva. *Ideologia de gênero*. São Paulo: Noeses, São Paulo, 2016.

MENDONÇA, Christine. Decadência e prescrição em matéria tributária. *In:* SANTI, Eurico Marcos Diniz de (Coord.). *Curso de especialização em direito tributário*: estudos analíticos em homenagem a Paulo de Barros Carvalho. Rio de Janeiro: Forense, 2005. Livro III, capítulo V.

MONTESQUIEU, Charles de Secondat, Baron de. *O espírito das leis*. 3. ed. São Paulo: Martins Fontes, 2005.

MORAES, Bernardo Ribeiro de. *Sistema tributário da Constituição de 1969*. São Paulo: RT, 1979. v. 1.

MOUSSALLEM, Tarek Moysés. *Fontes do direito tributário*. 2. ed. São Paulo: Noeses, 2006.

______. *Revogação em matéria tributária*. São Paulo: Noeses, 2005.

NERY JUNIOR, Nelson; NERY, Rosa Maria de Andrade. *Código Civil comentado*. 4. ed. São Paulo: RT, 2006.

NEVES, Luís Fernando de Souza. Apontamentos sobre o ITR e sua progressividade. *In:* SANTI, Eurico Marcos Diniz de (Coord.). *Curso de especialização em direito tributário*: estudos analíticos em homenagem a Paulo de Barros Carvalho. Rio de Janeiro: Forense, 2005.

NISHIOKA, Alexandre Naoki. O imposto sobre a propriedade territorial rural como instrumento do poder público para o desenvolvimento agrário sustentável: o ITR e as áreas de preservação permanente e de reserva legal. *In:* ANAN, Pedro Jr.; PEIXOTO, Marcelo Magalhães (Coord.). *Imposto sobre a propriedade territorial rural à luz da jurisprudência do Conselho Administrativo de Recursos Fiscais*. São Paulo: MP, 2012.

PADILHA, Maria Ângela Lopes Paulino. *As sanções no direito tributário*. São Paulo: Noeses, 2015.

PAULSEN, Leandro. *Direito tributário* – Constituição *à luz da doutrina e da jurisprudência*. 11. ed. Porto Alegre: Livraria do Advogado, 2009.

PEIXOTO, Daniel Monteiro. Prescrição intercorrente e a Lei Complementar 118/2005. *In:* SANTI, Eurico Marcos Diniz de (Coord.). *Curso de especialização em direito tributário*: estudos analíticos em homenagem a Paulo de Barros Carvalho. São Paulo: Forense, 2005.

QUEIROZ, Luis Cesar Souza de. Regra matriz de incidência tributária. *In:* SANTI, Eurico Marcos Diniz de (Coord.). *Curso de especialização em direito tributário*: estudos analíticos em homenagem a Paulo de Barros Carvalho. São Paulo: Forense, 2005.

QUELBANI, Mélika. A filosofia científica e o princípio do sentido. *In:* QUELBANI, Mélika. *O círculo de Viena*. São Paulo: Parábola Editorial, 2009.

______. *O círculo de Viena*. São Paulo: Parábola Editorial, 2009.

SANTI, Eurico Marcos Diniz de. *Curso de especialização em direito tributário*. Rio de Janeiro: Forense, 2005.

______. *Decadência e prescrição no direito tributário*. 2. ed. São Paulo: Max Limonad, 2002.

______. *Lançamento tributário*. 2. ed. São Paulo: Max Limonad, 1999.

SCAVINO, Dardo. *A filosofia atual*: pensar sem certezas. Tradução de Lucas Galvão de Britto. São Paulo: Noeses, 2014.

SOUSA, Rubens Gomes. *Comentários ao Código Tributário Nacional*. 2. ed. São Paulo: Quartier Latin, 2007.

TAGLIARI, Carlos Augustinho. *Os princípios e a construção da norma jurídica tributária.* Dissertação (Mestrado) – Pontifícia Universidade Católica de São Paulo (PUC-SP), 2007.

TOMÉ, Fabiana Del Padre. *A prova no direito tributário.* 2. ed. São Paulo: Noeses, 2008.

______. *A prova no direito tributário.* 4. ed. São Paulo: Noeses, 2016.

VILANOVA, Lourival. *Estruturas lógicas e o sistema de direito positivo.* 3. ed. São Paulo: Noeses, 2005.

WITTGENSTEIN, Ludwig. *Tractatus logico-philosophicus.* Tradução de Luiz Henrique dos Santos. São Paulo: Edusp, 1993.

Sites consultados:

ESTADO DE MATO GROSSO. Prefeitura Municipal de Nova Marilândia. Disponível em: https://bitlybr.com/K2i0pA. Acesso em: 1º jul. 2018.

ESTADO DE SÃO PAULO. Prefeitura Municipal de Morro Agudo. Disponível em: https://bitlybr.com/6AIEi. Acesso em: 1º jul. 2018.

______. Prefeitura do Município de Pindorama: Disponível em: https://bitlybr.com/eB9qVuDr. Acesso em: 1º jul. 2018.

______. Instância Turística de Paranapanema. Disponível em: https://bitlybr.com/aTnb. Acesso em: 1º jul. 2018.

MINISTÉRIO DA FAZENDA. Conselho Administrativo de Recursos Fiscais. Disponível em: https://bitlybr.com/XVPSiYwr. Acesso em: 20 jun. 2018.

SUPERIOR TRIBUNAL DE JUSTIÇA. Disponível em: www.stj.jus.br.

SUPREMO TRIBUNAL FEDERAL. Disponível em: www.stf.jus.br.